Herbert Fiedler

So bittersüß, so abgrundtief

W0369176

Herbert Fiedler

So bittersüß, so abgrundtief

Die geheimen Aufzeichnungen der Herzogin Maria Augusta zu Württemberg und Teck

Eine fiktionale Autobiografie

STIEGLITZ
VERLAG
D-75417 Mühlacker

Gestaltung des Umschlags: Elser Druck GmbH
Titelbild: nach dem Kupferstich
von G.A.Wolffgang Sculp
„mit der Gnade und dem Privileg Seiner Heiligen
Kaiserlichen und Königlichen Katholischen Majestät.“

**Bibliografische Information der
Deutschen Bibliothek**
Die Deutsche Bibliothek verzeichnet diese Publikation
in der Deutschen Nationalbibliografie;
detaillierte bibliografische Daten sind im Internet
über http://dnb.ddb.de abrufbar.

ISBN-10: 3-7987-0450-3
ISBN-13: 978-3-7987-0450-3

Alle Rechte, auch die des auszugsweisen Nachdrucks,
der fotomechanischen Wiedergabe
und der Übersetzung, vorbehalten.

© Stieglitz Verlag
D-75417 Mühlacker
2023

Druck: Karl Elser Druck GmbH, Mühlacker

So bittersüß, so abgrundtief …

Am Anfang stand eine glanzvolle, fürstliche Liebesheirat – und am Ende ein einsamer Tod in entwürdigender Gefangenschaft.

Maria Augusta Anna Herzogin zu Württemberg und Teck.

Als Ehefrau des regierenden Herzogs Carl Alexander von Württemberg fand sich die überzeugte und engagierte Katholikin konfrontiert mit einem ihr gegenüber überwiegend ablehnend eingestellten ultrakonservativen, evangelischen Umfeld sowie einer weitgehend korrupten Machtelite in den Landständen, der Hofgesellschaft und in der Landesregierung.

Abweichend von der ihr zugedachten, traditionsgemäß untergeordneten Rolle der Ehefrau eines autoritären, autokratischen Landesherren zeigte sie zunehmend emanzipatorische Züge, die sich nach dem frühen Tod des Herzogs Carl Alexander von Württemberg und dem anschließenden Staatsstreich hin zu einer selbstbestimmten, scharf analysierenden und politisch gezielt agierenden Persönlichkeit entwickelten.

Über Maria Augusta liegen zum Teil sehr widersprüchliche Aussagen und Beurteilungen von Zeitzeugen und Chronisten vor, je nach dem ob diese der evangelischen oder der katholischen Konfession zuzuordnen oder welche sonstige persönliche oder politische Motivationen erkennbar sind. Und selbst unter den Historikern der Neuzeit werden die Rolle und der Charakter der Herzogin sehr kontrovers dargestellt.

Maria Augusta war zweifellos eine zwiespältige, schillernde Persönlichkeit: Unkonventionell, spontan, offen und weltgewandt entsprach sie so gar nicht dem Stereotyp der Gattin eines Landesfürsten. Dazu war Maria Augusta eine außergewöhnlich attraktive und aparte Erscheinung: schlank, schwarzhaarig, mit dunkel blitzenden Mandelaugen, einer zierlichen Nase und einem schönen, vollen Mund. Sie liebte extravagante Kleider und Schmuck, war allen schönen Künsten zugetan, vom Theater und der Oper bis hin zur Malerei. Sie war eine gute Reiterin und eine ebenso leidenschaftliche Jägerin. Sie war selbstbewusst, intelligent, gebildet, vielseitig interessiert und ausgesprochen lebensfroh. Sie konnte sehr kapriziös und ungezwungen sein, aber auch schnell aufbrausend und verletzend werden.

Die Wertschätzung ihrer Zeitgenossen und ihr menschliches wie politisches Gewicht spiegeln sich in den ihr verliehenen Auszeichnungen wider: Das Ehrenkreuz des Malteserordens, der preußische Schwarze-Adler-Orden, der Rote-Adler-Orden Brandenburg-Kulmbachs und der russische Katharinenorden – in dieser Fülle selbst für Fürstinnen jener Zeit nicht unbedingt üblich.

Da sie sich jedoch weder durch den aufwendigen Bau von Schlössern und Opernhäusern – so wie ihre Antipodin Wilhelmine von Bayreuth – noch durch bedeutende dynastische und kriegerische Auseinandersetzungen – so wie Maria-Theresia von Österreich – in den wenigen Jahren ihrer Regentschaft selbst ein Denkmal setzen konnte, blieb Maria Augusta in nahezu allen einschlägigen Werken der Historiker bis in unsere Tage hinein eine mehr oder weniger ausführliche Randnotiz, in der die oberflächlichen Vorurteile gegen sie zumeist ungeprüft weiter transportiert werden.

Ziel meiner umfangreichen Recherchen war es deshalb, aus den unterschiedlichsten Quellen möglichst viele, zum Teil kaum bekannte oder eingeordnete Informationen über Maria Augusta und ihr Leben zu sammeln, um daraus ein historisch stimmiges und an Facetten reiches Portrait zeichnen zu können, das dieser außergewöhnlichen Frau und Fürstin gerecht wird und das sie weit aus den Schatten ihres Gatten Herzog Carl Alexander und ihres Sohnes Herzog Carl Eugen heraustreten lässt.

Entstanden ist daraus diese fiktionale Autobiografie, die der Herzogin Maria Augusta zu Württemberg und Teck nach fast 270 Jahren nicht nur eine unverwechselbare Identität, sondern darüber hinaus eine eigene kraftvolle Stimme gibt.

Herbert Fiedler

PROLOG

Es ist eine Rebellion! Ein von langer Hand bis ins letzte Detail vorbereiteter und eiskalt durchgeführter Staatsstreich! Denn niemand konnte damit rechnen, dass der Herzog am 12. März 1737 so plötzlich zu Tode kommen würde!

Und nur so ist es zu erklären, wie schnell sich die Ereignisse überschlagen, wie minutiös die Aktionen unserer Gegner ablaufen und wie perfide sie zuvor die Stimmung im Land vergiftet haben. Denn in diesen Tagen versetzen immer neue Gerüchte das Volk in Panik:

Der Herzog will das Land wieder katholisch machen …

Der Herzog will alle evangelischen Kirchen konfiszieren und an die Katholiken geben …

Der Herzog will die evangelische Stiftskirche in Stuttgart einreißen lassen …

Der Herzog will alles alte Silber konfiszieren und daraus Messgeräte für die Katholiken gießen lassen …

Der Herzog lässt 50 katholische Geistliche und Wagenladungen voll mit Rosenkränzen nach Württemberg bringen …

Der Herzog hat die Truppen in Alarmbereitschaft versetzt …

Der Herzog und der Fürstbischof von Würzburg haben eine ganze Armee nach Württemberg in Marsch gesetzt, um die Katholiken an die Macht zu bringen …

Alles schamlose Lügen! Alles haltloses, frei erfundenes Gerede! In die Welt gesetzt von einer Clique von Aufrührern, um im ganzen Land Angst und Schrecken zu verbreiten!

Am 11. März war der Herzog nach Ludwigsburg gefahren, um sich dort im Schloss von den Feiern und Redouten des Karnevals in der Stuttgarter Residenz zu erholen. Dann am 13. März wollte er zu einer Reise nach Danzig aufbrechen, die ihn für Monate außer Landes führen würde.

Vor seiner Abreise wollte er noch seine engsten Berater treffen, um mit ihnen eine Reihe wichtiger Entscheidungen zu treffen: allen voran General Franz Joseph von Remchingen, Oberbefehlshaber der württembergischen Truppen, und Carl Joseph Graf Raab von Rauenheim, Gesandter des Würzburger Fürstbischofs.

Am Vormittag des 12. März herrschte deshalb im Schloss Ludwigsburg große Aufregung. Berittene Eilboten kamen und gingen, Ordonnanzen sprengten auf ihren Pferden davon …

Aus Stuttgart traf unerwartet eine Abordnung der Landstände ein und ersuchte um Audienz beim Herzog. Sie flehten ihn an, sich zu keinen unüberlegten Aktionen gegen die evangelische Religion oder die Landschaft hinreißen zu lassen. Der Herzog erregte sich über diese Unterstellungen und entließ die Delegation in Ungnade und Zorn.

Am Abend gab der Herzog zu Ehren des aus Wien angereisten Reichsgrafen Johann von Palffy einen Ball. Anschließend speiste er gut gelaunt mit Graf Palffy, dem Geheimen Finanzrat Josef Süß Oppenheimer und einigen Damen von der Oper.

Nach dem Abendessen setzte sich der Herzog mit seinen Gästen im Spiegelsalon zum Kartenspiel. Der Herzog gewann 200 Dukaten, machte diese aber großzügig den Verlierern zum Geschenk.

Gegen 22.00 Uhr zog sich der Herzog in seine Gemächer zurück. Eine Stunde später war er tot.

Josef Süß Oppenheimer fuhr noch in der Nacht zusammen mit Oberststallmeister Heinrich Reinhard Roeder von Schwende, dem Kommandanten der Bürgerwehr, in dessen Kutsche von Ludwigsburg nach Stuttgart, um mir die Nachricht vom plötzlichen Tod des Herzogs zu überbringen.

Oppenheimer war bleich und sichtlich geschockt, als er mir über die dramatischen letzten Minuten des Herzogs berichtete: beim Auskleiden habe diesen eine plötzliche, schwere Atemnot befallen. Neuffer, das beständige Faktotum des Herzogs, habe ihm die Kleider vom Leib gerissen und ihn zur Ader gelassen. Aber für jede Hilfe sei es zu spät gewesen. Schon drei oder vier Minuten danach sei der Herzog verstorben.

Kaum hatte Oppenheimer seine Botschaft überbracht und mein Apartment im Stuttgarter Schloss verlassen, wurde er von Roeder festgenommen und unter Hausarrest gestellt. Roeder gehörte ganz offensichtlich mit zu den Drahtziehern der Rebellion.

Unmittelbar nach Oppenheimers Verhaftung wurde auch dessen Personal festgesetzt, seine gesamte Korrespondenz, Akten und Unterlagen beschlagnahmt, seine Häuser in Ludwigsburg und in Stuttgart und seine Kanzleien in Stuttgart, Ludwigsburg und Frankfurt versiegelt.

In der gleichen Nacht wurden auch Jakob Friedrich Hallwachs, Johann Christian Bühler und Johann Albrecht Metz festgenommen. Alle drei Vertraute des Herzogs in Schlüsselpositionen der herzoglichen Administration.

Wenige Tage später fand die Eröffnung des Testaments des Verstorbenen statt.

Noch kurz vor seinem Tod hatte Carl Alexander sein Testament geändert und verfügt, dass ich, die Herzogin, zusammen mit dem Fürstbischof von Würzburg, Friedrich Karl von Schönborn, die Vormundschaft über unsere Söhne übernehmen und bis zur Volljährigkeit des Erbprinzen Carl Eugen als Regentin wirken sollte. Karl Rudolf von Württemberg-Neuenstadt, der Cousin des Herzogs, und der Geheime Rat ignorierten den letzten Willen Carl Alexanders.

Mit dem Hinweis auf die in Württemberg von jeher geltende Tradition, dass im Fall der Minderjährigkeit des Thronfolgers ausschließlich der nächste männliche Agnat als Regent und Oberhaupt der Vormundschaftsregierung zu fungieren habe, erklärten sie das Testament für ungültig und beanspruchten die Vormundschaft und Regentschaft für sich.

General Remchingen, der als mein Vertreter der Testamentseröffnung beigewohnt hatte, rechnete mit dem Schlimmsten. Er hat unmittelbar danach meine Leibwache in Stuttgart auf 100 Mann erhöht und eine Order an die Truppen im Land gegeben, nur Befehle zu akzeptieren, die von mir oder von ihm selbst erteilt worden waren. Aber noch bevor er zum Gegenschlag gegen die Rebellen ausholen konnte, haben diese mit Geld und vielen Versprechungen das Offizierskorps bestochen und in aller Heimlichkeit am 18. März, nur sechs Tage nach dem Tod des Herzogs, die Kollegien, Beamten und Untertanen auf den Landesadministrator Herzog Karl Rudolph von Württemberg-Neuenstadt einschwören lassen. General Remchingen, der diesen Schwur verweigerte, wurde am Tag darauf festgenommen, all seiner Ämter enthoben und unter Hausarrest gestellt.

Vier Tage später, in der Nacht des 23. März, ist auch der letzte mir noch verbliebene Unterstützer, Oberhofkanzler Johann Theodor Scheffer, verhaftet und auf dem Hohenasperg eingekerkert worden

– nachdem man ihn schon vorher dringend davor gewarnt hatte, sich meiner Angelegenheiten anzunehmen oder mir Ratschläge zu erteilen.

Damit haben die Rebellen die Macht endgültig an sich gerissen und ich bin ihnen nahezu schutzlos ausgeliefert: Mit 29 Jahren zur Witwe geworden, mit vier kleinen Kindern an meiner Seite – das jüngste zwei, das älteste, Erbprinz Carl Eugen, gerade neun Jahre alt.

Nun, ich werde nicht kapitulieren, ich werde kämpfen! Denn ich bin die Herzogin, ich bin die Löwin!

Verliebt in das Leben

Jahre später hat jemand, der meinte, es wissen zu können, behauptet, ich sei „verliebt in das Leben". Nun, ich werte dies als eines der charmanteren Urteile über mich. Denn ganz so unrecht hatte dieser Mann nicht.

Ja, ich liebe das Leben und all das Schöne, das es mir bietet. Allem voran die Menschen, die mich lieben und liebten und mit denen ich lange Zeit glücklich gewesen bin! Da stand zuallererst die Liebe meiner Mutter, die mir und meinen Kindern ihre volle Zuneigung schenkte und mir stets als liebevolle, aufmerksame und geschätzte Ratgeberin zur Seite stand, so lange sie lebte.

Geliebt habe ich auch meinen Vater, den ich oft auf seinen Reisen quer durch Europa begleiten durfte, der mir mehr Freund war als Vater und auf den ich mich stets blind verlassen konnte.

Geliebt habe ich Carl Alexander, den kaiserlichen General und dann Herzog von Württemberg, meinen Freund, Ehemann und Vater meiner Kinder.

Geliebt habe ich jeden meiner Söhne Ludwig Eugen, Friedrich Eugen und selbst Carl Eugen, der mir die schwärzesten Stunden meines Lebens bereitet hat.

Geliebt habe ich meine kleine Prinzessin Augusta Elisabeth, deren Schicksal mir Kummer, Leid und viele schlaflose Nächte bescherte.

Geliebt habe ich auch Hauptmann Christoph Friedrich von Werneck, einen der treuesten Freunde, die ich jemals an meiner Seite hatte.

Geliebt habe ich den Marquis Jean-Baptist Boyer D'Argens, der meine tiefen Gefühle für ihn und meine aufrichtige Zuneigung am Ende seinem schnöden Vorteil und seiner Karriere opferte.

Ja und natürlich war ich auch verliebt in das Leben an sich, das mir ungeahnte Freuden, aber auch unsägliches Leid bescherte!

Wer könnte es mir verdenken, dass ich nach dem so unerwarteten und unbegreiflichen Tod Carl Alexanders, nach all der Angst, den Schrecken und den Erniedrigungen, die auf die Rebellion folgten, nach dem Leben griff wie eine Ertrinkende nach dem rettenden Strohhalm? Ja, ich habe das Leben in vollen Zügen genossen, wo immer sich mir dazu die Gelegenheit geboten hat: Die nächtlichen Eskapaden bei Musik und Tanz bei meinen vielen Besuchen in Frankfurt, über die sich die in ihrer Nachtruhe gestörten Bürger und selbst der Magistrat der Stadt erregten. Die regelmäßigen Kuraufenthalte in Wildbad und Teinach in zumeist angenehmer Gesellschaft bei Jagd, Tanz und Spiel. Die ausgedehnten Jagdausflüge im Schönbuch und auf der Schafweide bei Tübingen. Die kurze Reihe der unbeschwerten Tage und Nächte in Berlin in der verschworenen Gemeinschaft meiner Freunde und Verehrer, die sich in meiner Gegenwart als Gleiche unter Gleichen fühlten. Die mit mir zusammen lachten, scherzten, sangen, tafelten und frei redeten – oft bis in den nächsten Morgen hin. Ja selbst die Visiten in Erlangen und Bayreuth habe ich genossen, auch wenn mein Verhältnis zu Markgräfin Wilhelmine alles andere als entspannt, sondern in aller Regel höchst problematisch war.

Doch all diese „Verliebtheiten" von meiner Seite waren Petitessen gegen die zahllosen Intrigen, Boshaftigkeiten und offenen Anfeindungen, die mir über die Jahre hinweg von den ach so edlen, ehrbaren Herren und Damen der Gesellschaft und der Fürstenhäuser von Stuttgart bis Wien und Berlin zuteil wurden, und die mein Leben schleichend vergifteten. Zuletzt und grausam tödlich sogar durch mein eigenes Fleisch und Blut.

Aber ich will der Reihe nach berichten.

Kindheit und Jugend

Der Monte Tasso, der Dachsberg, erhebt sich hoch über dem kleinen Bergdorf Cornello in der Nähe der oberitalienischen Stadt Bergamo. Hier liegen die Wurzeln meiner Familie.

Schon im 12. Jahrhundert hatten sich die „Tassos“ einen Namen gemacht als verwegene Männer, die in den Diensten der Republik Venedig, des Herzogtums Mailand und des Vatikans als berittene Kuriere unterwegs waren. Ihnen eilte der Ruf voraus, die besten und zuverlässigsten Reitboten in ganz Italien zu sein. Der Mut, die Zähigkeit, die Flexibilität, die Offenheit, das diplomatische Geschick und der gezielte Umgang mit den erworbenen Kenntnissen und Fähigkeiten führten die Thurn und Taxis heraus aus den Bergen. Zuerst nach Innsbruck und dann in die burgundischen Niederlande.

Schon über 200 Jahre lang war meine Familie in Brüssel, der Hauptstadt der spanischen Niederlande, ansässig gewesen und hatte von dort aus in ganz Europa ein weit verzweigtes Postnetz auf- und ausgebaut, dessen sich Fürsten, Könige und Kaiser bedienten. Unsere Residenz, das herrschaftliche Palais „Hotel de la Tour“ mit großem Innenhof und einem weitläufigen, herrlich angelegten Garten lag am Zavelberg im Westen der Stadt, gegenüber der Kirche Notre Dame du Sablon, in der Nachbarschaft des Jesuiten-Kollegs und nur wenige Straßen vom Palast der Könige entfernt.

Das „Hotel de la Tour“ war eines der Zentren des gesellschaftlichen Lebens jener Zeit in Brüssel, eindrucksvoll festgehalten in einer Sammlung detailreicher Kupferstiche. Diese entstanden anlässlich des überaus glanzvollen Festes, das mein Großvater Eugen Alexander von Thurn und Taxis zur Feier des Sieges von Karl von Lothringen 1686 über die Türken in den Festsälen und im Garten des Palais für den einheimischen Adel gegeben hatte.

Brüssel war damals schon eine der Metropolen in den spanischen Landen. Der Handel hatte die Stadt und ihre Bewohner reich gemacht. Umgeben und geschützt von einem Ring eindrucksvoller Bastionen lebten hier an die 60.000 Menschen. Im Pfälzischen Erbfolgekrieg wurde die Stadt 1695 von französischen Truppen unter massiven Beschuss aus Mörsern und Kanonen genommen. Bei dem

36-stündigen Bombardement wurden im Zentrum der Stadt mehr als 4.000 Häuser zerstört oder niedergebrannt. Besonders groß war die Zerstörung rund um den Grand Place, den Großen Markt. Vom imposanten Rathaus stand nur noch eine Ruine, die Kaufmanns- und Zunfthäuser mit ihren markanten Giebelfronten – einst der ganze Stolz der Stadt – lagen in Schutt und Asche.

Im gleichen Jahr, am 4. Oktober 1695, wurde das Haus Thurn und Taxis durch Kaiser Leopold I. in den erblichen Reichsfürstenstand erhoben.

In nur wenigen Jahren danach gelang es den Bewohnern Brüssels, die Zerstörungen zu beseitigen. Das Rathaus und die Wohn- und Zunfthäuser rund um den Grand Place entstanden noch schöner, noch glanzvoller als je zuvor.

Dann, im Jahr 1702, zwang der Spanische Erbfolgekrieg meinen Großvater, mit seiner ganzen Familie Brüssel zu verlassen. Ein Jahr zuvor hatten die Truppen des französischen Sonnenkönigs Luis XIV. das Land und die Stadt besetzt und unsere gesamten belgischen Besitztümer konfisziert. In einem langen Zug aus Equipagen und Bagagewagen ging die Reise von Brüssel nach Frankfurt am Main. Dort, in der freien Reichsstadt, befand sich die Zentrale der kaiserlichen Reichspost. Am Paradeplatz, im Haus „Zu den drei Königen", das Großvater anmieten konnte, fand unsere Familie eine neue Bleibe.

In diesem Haus kam ich am 11. August 1706 zur Welt. Als drittes Kind des Erbprinzen Anselm Franz von Thurn und Taxis und seiner Gattin Maria Ludovica Anna Francisca von Lobkowitz.

Meine frühe Jugend verbrachte ich in Frankfurt. Schon als kleines Mädchen lernte ich nicht nur Lesen, Schreiben, Französisch, Deutsch, Religion, Mathematik, Geographie, Malerei und Musik, sondern auch Reiten, Fechten und den Umgang mit Pistolen und Gewehren. Zusammen mit meinem Großvater, meinem Vater und meinem großen Bruder Alexander Ferdinand ging ich die ersten Male auf die Jagd – eine Leidenschaft, die ich nahezu mein gesamtes Leben mit Inbrunst pflegte.

In diesen Jahren in Frankfurt, später in Brüssel, mehr noch auf den vielen Reisen, die ich zusammen mit meiner Mutter, meinem Vater und meinen Geschwistern zu unseren Großeltern in Böhmen und in Baden, nach Frankfurt und Wien, zu Kuraufenthalten im Schwarzwald, in Karlsbad und Bad Pyrmont und zu den über ganz Europa verstreuten Höfen unserer weit verzweigten Verwandtschaft unternahm, wurde auch meine Liebe zu Tanz, Theater und Oper geweckt, meine Weltoffenheit und der Sinn für ein frohes, ungebundenes und ungezwungenes Leben.

Sicher sind hier auch die Wurzeln für meine „Caprice" zu finden: die Spontaneität meiner Einfälle, Reaktionen und Entscheidungen, die – gepaart mit meinem angeborenen Eigensinn – mich mehr als einmal dem Unverständnis und der Kritik meiner Mitmenschen aussetzen sollte und die letztlich mein Schicksal bestimmte.

In Frankfurt wurde 1710 auch mein kleiner Bruder Christian geboren. Vier Jahre darauf verstarb dort mein Großvater. In der Familiengruft im Dom St. Bartholomäus wurde er unter dem Geleit des Weihbischofs von Mainz und einer kaum zu übersehenden Trauergemeinde beigesetzt.

Erst 1715 konnte meine Familie nach Brüssel zurückkehren. Der Spanische Erbfolgekrieg war zu Ende gegangen, Brüssel und die Niederlande gehörten jetzt zu Österreich. Unser Palais am Zavelberg war in den Kriegswirren stark beschädigt worden, das meiste, was wertvoll oder brauchbar war, hatte man geplündert und davongetragen. Mein Vater musste über 24.000 Gulden investieren, um die Schäden zu beseitigen und das Palais wieder herzurichten. Am Ende präsentierte es sich aber prächtiger und repräsentativer als zuvor.

Für mich und meine beiden Brüder Alexander und Christian schlossen sich in Brüssel glückliche Tage der Kindheit und der Jugend an, die wir in der Obhut unserer warmherzigen Mutter verbrachten – umgeben von Hauslehrern und Bediensteten.

Mein Vater war in dieser Zeit viel unterwegs zwischen Brüssel, Frankfurt und Wien: Um das im Krieg verlorengegangene Postmonopol für die Niederlande zurückzugewinnen, um neue Postverbindungen zu schaffen und um der Aufforderung Kaiser Karl VI. nachzukommen, statt in Brüssel nun doch den ständigen Wohnsitz auf dem Boden des Kaiserreichs zu nehmen.

Die Wahl meines Vaters fiel natürlich auf Frankfurt, die Stadt, in der die Familie schon einmal Zuflucht gefunden hatte. Sich dort dauerhaft anzusiedeln, war nicht einfach. Der Magistrat der evangelischen reichsfreien Stadt zeigte sich am Zuzug eines katholischen Fürsten wenig interessiert. Über einen Strohmann, den Weinhändler Georg Friedrich Lind, gelang es meinem Vater, für 30.000 Gulden in der Großen Eschenheimer Gasse das Anwesen „Zum weißen Hof" zu erwerben. Doch wegen des fortdauernden Widerstands des Magistrats konnte er erst 1731 nach den Plänen des damals führenden französischen Architekten Robert de Cotte mit dem Bau der neuen, prachtvollen Familien-Residenz beginnen. Die Bauzeit bis zur Vollendung sollte über 12 Jahre dauern! In all diesen Jahren war und blieb Brüssel deshalb weiter der zentrale Mittelpunkt unseres familiären Lebens.

Keine Frage: unsere Familie – erst 1695 von Kaiser Leopold I. in den erblichen Reichsfürstenstand erhoben – war eine der wohlhabendsten in ganz Europa, reich an Geld, Kontakten, Einfluss und Ehren. Aber um unter den vielen alten Fürstengeschlechtern anerkannt zu werden und Sitz und Stimme im Reichsfürstenkolleg auf dem Reichstag in Regensburg zu erlangen, musste mein Vater innerhalb des Reichs nicht nur seinen Wohnsitz nehmen, sondern auch ein eigenes, fürstliches Territorium aufweisen können.

Seine Wahl fiel auf Ländereien im Reichskreis Schwaben, die in der Reformation katholisch geblieben waren. Dass meine Urgroßmutter mütterlicherseits, Maria Magdalena, Gräfin von Oettingen-Katzenstein, aus dieser Gegend stammte, dürfte dabei sicherlich auch eine Rolle gespielt haben.

Auf dem Härtsfeld, einer kargen Landschaft, zwischen dem Herzogtum Württemberg und dem Kurfürstentum Bayern gelegen, nahe der Stadt Neresheim mit ihrer markanten, herrschaftlichen Benediktiner-Abtei, erwarb mein Vater 1723 als erstes die Reichsherrschaft Eglingen. 1734 kamen der Markt Dischingen, das Schloss Trugenhofen und die nahe gelegene Herrschaft Ballmertshofen dazu. Ein Jahr später die Herrschaft Duttenstein mit der Burg gleichen Namens und den Ortschaften Demmingen und Wagenhofen. Schloss Trugenhofen, am Thurn und Taxis'schen Postkurs von Ulm nach Nürnberg gelegen, baute mein Vater als künftige Sommerresidenz der Fürsten von Thurn und Taxis aus.

Zu dieser Zeit war ich schon verheiratet, Mutter von vier hoffnungsvollen Kindern, und Herzogin von Württemberg.

Die Begegnung mit dem General

Begegnet war ich Prinz Carl Alexander von Württemberg-Winnental zu Anfang des Jahres 1726 in Wien am Hof von Kaiser Karl VI. Mein Vater hatte in Wien wichtige Verhandlungen zu führen. Meine Mutter, meine beiden Brüder und auch ich durften ihn dorthin begleiten.

Am Wiener Hof war unsere Familie nicht nur dank ihrer weit verzweigten Kontakte sehr wohl gelitten. Schließlich hatte mein Vater den Kaiser 1709 im Kampf um die spanisch-habsburgische Königskrone mit 300.000 Gulden unterstützt und legte zudem jedes Jahr allein für das niederländische Postmonopol 125.000 Gulden an Pachtgeldern auf den Tisch.

Es war Faschingssaison, die in ganz Wien mit vielen Festlichkeiten, Musik- und Opernaufführungen verbunden ist. An die Uraufführung der Oper „Spartaco“ im Wiener Hoftheater erinnere ich mich noch heute. Mehr noch als der im Stil einer Verwechslungskomödie gehaltene Inhalt des Stücks um Liebe, Leidenschaft, Eifersucht und Heldenmut faszinierte mich der Kaiserliche Generalfeldmarschall und Statthalter von Serbien, Prinz Carl Alexander von Württemberg-Winnental, mit dem ich vor der Vorstellung bekannt gemacht worden war. Er saß in der Loge des Prinzen Eugen, zusammen mit Reichsvizekanzler Friedrich Karl von Schönborn und dem ungarischen Reitergeneral Graf Johann von Palffy. So oft ich meine Augen vom Geschehen auf der Bühne dorthin richtete, begegneten sich unsere Blicke.

Nach der Vorstellung, im Foyer, gesellte sich mein Vater zusammen mit meiner Mutter und mir zu der Gruppe, die sich um Prinz Eugen gesammelt hatte. Bei einem Glas Champager-Wein kam ich mit dem General aus Württemberg ins Gespräch.

Einige Tage später traf ich Carl Alexander erneut bei einer Einladung zur Sauhatz im kaiserlichen Jagdrevier am Prater bei Wien: groß, schlank, stattlich, mit langen, blonden Locken. Ein verwegener Reiter und ausgezeichneter Jäger, wie ich feststellen konnte.

Bei dieser Gelegenheit begegnete ich zum ersten Mal auch Karl VI., Kaiser des Heiligen Römischen Reiches und Erzherzog von Österreich. Ein stolzer, vielseitiger Herrscher, dessen Jagdleidenschaft an Obsession grenzte. Leider war er ein miserabler Schütze. Bei dieser Sauhatz gelang ihm kaum ein Treffer, und wenige Jahre später erschoss er auf einer Treibjagd in Böhmen statt des anvisierten Hirsches seinen Freund und Obersten Stallmeister, Fürst Adam Franz zu Schwarzenberg.

In diesen herrlich abwechslungsreichen Tagen in Wien traf ich Carl Alexander noch mehrfach und ich hatte das Gefühl, dass auch er bei diesen Gelegenheiten meine Gesellschaft suchte – er, der reife Kriegsheld von 42 Jahren, der mit dem gefeierten Feldherrn Prinz Eugen von Savoyen gegen die Türken gekämpft hatte. Er war mit dem Prinzen eng befreundet, war vertraut mit vielen der Militärs und Diplomaten in der Umgebung des Kaisers, Hahn im Korb bei den Damen des Wiener Hofes.

Der raue Soldat entpuppte sich bald als charmanter Gesellschafter, der trotz einer Kriegsverletzung am Bein gerne tanzte, anregend plaudern konnte und mir galante Komplimente machte. Wie ich erfuhr, stammte er aus einer wenig vermögenden Seitenlinie des Hauses Württemberg. Sein Vater Friedrich Carl von Württemberg-Winnental hatte zwar fast 20 Jahre in Württemberg die Regentschaft geführt, bis der gegenwärtige Herzog Eberhard Ludwig volljährig geworden war. Doch der Besitz der Familie beschränkte sich auf die kleine Herrschaft Winnental, eine ehemalige Komturei des Deutschherren-Ordens östlich von Stuttgart und der Residenzstadt Ludwigsburg, die jedoch nur ein bescheidenes Einkommen sicherte.

Carl Alexander war der älteste Sohn der Familie und am 24. Januar 1684 geboren. Seine frühe Kindheit verbrachte er wohl behütet und unbeschwert am Hof in Stuttgart. Mit der Gefangennahme seines Vaters in einem Gefecht gegen die französische Armee bei Ötisheim im September 1692 und seiner darauf folgenden, einjährigen Internierung in Paris, änderte sich dies grundlegend. Plötzlich schlug der Familie allenthalben Misstrauen und Ablehnung, ja offene Feindschaft entgegen. Die Herzogin-Witwe Magdalena Sibylla von Hessen-Darmstadt und der Geheime Rat nutzten die Abwesenheit des Regenten, beim Kaiser die vorzeitige Mündigkeitserklärung für den Erbprinzen Eberhard Ludwig durchzusetzen.

Als Friedrich Carl von Württemberg-Winnental im Januar 1693 aus der französischen Gefangenschaft nach Stuttgart zurückkehrte, hatte ihn der Kaiser zwar zum Generalfeldmarschall ernannt, innerhalb Württembergs aber war die Familie bedeutungslos geworden und musste zusehen, wie sie finanziell über die Runden kam.

Nach einigen Monaten am fürstlichen Kollegium in Tübingen, wo man ihm Reiten, Fechten, Tanzen und Geografie beigebracht hatte, wurde Carl Alexander 1695, im Alter von elf Jahren, Soldat – als Befehlshaber eines von seinem Vater in venezianische Dienste gestellten Subsidienregiments, mit dem er an einem Feldzug in die Niederlande teilnahm.

Zwei Jahre später wurde Carl Alexander von Kaiser Leopold I. zum Oberst ernannt und erhielt den Befehl über ein Infanterieregiment seines Vaters unter dem Oberbefehl des Markgrafen Ludwig Wilhelm von Baden-Baden. Seine erste Bewährungsprobe erlebte Carl Alexander schon kurze Zeit danach im Pfälzer Erbfolgekrieg bei der Belagerung der von den Franzosen besetzten Festung Ebernburg bei Kirchheimbolanden in der Pfalz. Als die Besatzung der Festung am 27. September 1697 die Waffen streckte, wurde Carl Alexander beauftragt, die Bedingungen der Kapitulation auszuhandeln, den Vertrag über die Übergabe der Festung zu formulieren und diesen auch zu unterzeichnen.

Ein Jahr später schon waren Carl Alexander und sein Regiment auf dem Balkan anzutreffen. Bei einem Vorstoß der österreichischen Truppen auf die von den Türken besetzte Festung Temesvar im September 1698 fiel der 14-jährige dem kaiserlichen Heerführer Prinz Eugen durch besonderen Mut und Tapferkeit auf – der Beginn einer engen Verbindung und Freundschaft, die ein Leben lang währen sollte.

Als ich Carl Alexander in Wien kennenlernte, hatte er viele Kämpfe an ebenso vielen Fronten in halb Europa hinter sich, bei denen er mehrfach verwundet worden war. Im Spanischen Erbfolgekrieg kämpfte er an der Seite des Prinzen Eugen im italienischen Feldzug.

In der Schlacht bei Cassano in der Lombardei am 16. August 1705 wurde er am linken Fuß so schwer verletzt, dass die Gefahr bestand, er würde ihn verlieren. Der Fuß konnte gerettet werden, aber bis zu seinem Tod sollte diese Verletzung ihm immer wieder Probleme bereiten und schlimmste Schmerzen verursachen.

Die Geschichten über den draufgängerischen Mut, seine persönliche Tapferkeit und die großen Verdienste Carl Alexanders hörte ich aus jedem Mund. Vor allem bei den Schlachten gegen die überwältigende Übermacht des osmanischen Heeres 1716 bei Peterwardein und Temesvar, dann 1717 um Belgrad, hatte er zusammen mit seinen Soldaten aus Württemberg zu den triumphalen Siegen des Prinzen Eugen entscheidend beigetragen.

Nach der so geschichtsträchtigen Schlacht um Belgrad, überreichte der Kaiser in Wien seinem Feldherrn Prinz Eugen zum Dank und in Anerkennung seiner Verdienste einen mit Brillanten besetzten Degen. Die Generäle, allen voran Graf Palffy und Carl Alexander von Württemberg, wurden mit Anerkennungsschreiben ausgezeichnet. Carl Alexander nutzte diese Gelegenheit, um sich für das *„Commando von Belgrad"* zu bewerben, unterstützt von Prinz Eugen, *„um ihm in seinem mittellosen Zustand etwas zu helfen"*, wie es in einem Schreiben des Feldherrn an den Kaiser hieß. Der Kaiser folgte der Empfehlung mit großem Wohlwollen: Am 04. August 1719 wurde Carl Alexander zum Kommandierenden General und zum Präses der Landesverwaltung im nunmehr österreichischen Serbien ernannt.

Mit einem weiteren Dekret vom 7. September 1720 erhielt er außerdem das General-Kommando in Serbien. Danach brach Carl Alexander nach Serbien auf, um dort seine neuen, anspruchsvollen Aufgaben zu übernehmen. Als Statthalter hatte sich Carl Alexander um die politische und wirtschaftliche Entwicklung Serbiens zu kümmern. Keine leichte Aufgabe, denn das Land war vom Krieg zerstört, ausgeplündert und nahezu menschenleer. Über die Hälfte aller Ortschaften war unbewohnt, der Rest in desolatem Zustand. In der Hauptstadt Belgrad sah es nicht viel anders aus.

In nur sieben Jahren gelang es dem General, in Serbien eine funktionierende Verwaltung aufzubauen und konsequent die Neubesiedlung zu betreiben. In den Grenzregionen wurden ehemalige Soldaten ansässig, der Zuzug von Bauern, Handwerkern und Gewerbetreibenden, vor allem aus den deutschen Fürstentümern, nahm zu. Die Straßen waren sicherer geworden, die Felder wurden wieder bestellt und der Handel blühte.

Welch hohe Wertschätzung Carl Alexander wegen all seiner Verdienste als Heerführer und Gouverneur von Serbien in Wien genoss, wird deutlich aus seiner Ernennung am 20. September 1720 zum

Wirklichen Geheimen Rat und noch mehr am 23. November 1721: Kaiser Karl VI. überreichte ihm die Urkunde über die Aufnahme in den Orden des Goldenen Vlieses samt Orden und Ordensband, die ihm der Kaiser schon Jahre zuvor bei der Erstürmung von Temesvar in Aussicht gestellt hatte.

In Belgrad hatte sich der General am neu erbauten Württemberger Tor in der nach ihm benannten Alexander-Kaserne mit ihren 312 architektonisch ungewöhnlichen großen Fenstern, eine repräsentative Residenz eingerichtet. Außerdem war er dabei, am Save-Fluss, vor den Toren der Stadt, ein respektables Jagdschloss zu errichten. Es bestand aus zwei Seitenflügeln, einem Mittelbau mit Empfangssalons und Audienzzimmern, einem Zeughaus, einem Tiergarten und einem Meierhof mit Branntweinbrennerei. Dieses Jagdschloss und die Ländereien an der Save sollten mir in Serbien für einige Jahre zum geschätzten Rückzugsort und zur Heimat werden.

Die Heirat 1727

Während Carl Alexander nach Serbien zurückkehrte, reiste ich mit meiner Familie nach Hause. Bald traf in Brüssel ein Brief aus Belgrad ein. Der General gab darin seiner Freude Ausdruck, dass er mich in Wien kennen und schätzen lernen durfte. Gerne erwiderte ich sein Schreiben, viele weitere, sehr persönliche Briefe gingen zwischen Belgrad und Brüssel hin und her.

Im Sommer 1726 war ich 20 Jahre alt geworden und immer noch unverheiratet. Mein älterer Bruder neckte mich schon, ich würde wohl als alte Jungfer enden. Aber ich hatte es nicht sehr eilig mit dem Heiraten. Es ging mir gut bei meinen Eltern und weder mein Vater, noch meine Mutter drängten mich in eine Verbindung.

Es gab wohl Anwärter genug, aber bisher hatte ich noch keinen Mann kennengelernt, an dessen Seite ich mir bei näherem Hinsehen ein ganzes Leben hätte vorstellen können.

Bei Carl Alexander war dies anders. Er erschien mir temperamentvoll, gewandt, weltoffen, vielseitig interessiert und hatte feste Grundsätze. Er liebte die Musik, die Oper, den Tanz und die Jagd. Er feierte gerne und hatte Freude an gesellschaftlichen Kontakten. Er wurde mir als offen und uneigennützig beschrieben, als treuer Freund, der jede Form der Verstellung, Niedertracht und Kriecherei verabscheute. Dass er als Militär und Statthalter unbedingten Gehorsam erwartete und keinen Widerspruch duldete, sondern es gewohnt war, konsequent seinen Willen durchzusetzen, erschien mir nur natürlich.

Meiner Mutter blieb mein großes Interesse an Carl Alexander nicht verborgen. „Aber mein Kind", warnte sie mich, „an der Seite eines Soldaten wirst Du Dich auf ein unstetes Leben einrichten müssen. Er ist jetzt Statthalter in Serbien, weit weg von Deiner Heimat. Und wer weiß, wohin und in welche Länder ihn die nächsten Schlachten für den Kaiser führen werden. Wo wirst Du auf Dauer wohnen? Wo wirst Du Deine Kinder gebären und groß ziehen, die Ihr zusammen haben werdet? Du wirst sicher viel auf Reisen sein und auf vieles verzichten müssen!"

Mein Vater sah die Verbindung pragmatischer. Er nutzte seine vielfältigen Kontakte und zog Erkundigungen über Carl Alexander ein: „Er ist ein Draufgänger und Hitzkopf, er trinkt gerne und kann schnell jähzornig und ungehalten werden. Er wird mir als geschickter Taktierer beschrieben, hat aber nicht das Zeug zum Strategen. Trotzdem hat Prinz Eugen von Savoyen einen Narren an ihm gefressen und auch der Kaiser begegnet ihm mit großem Respekt und Wohlwollen."

Bekannt war allerdings auch, dass der General einen aufwendigen Lebensstil pflegte, weit aufwendiger, als es seine Verhältnisse offensichtlich gestatteten. Sein Sold als Generalfeldmarschall und Statthalter des Kaisers in Serbien belief sich auf ganze 6.000 Gulden im Jahr. Dazu kamen bescheidene Einnahmen aus seinem Regiment sowie die Apanagen und Zuwendungen, die er aus Württemberg erhielt. Das reichte ihm offenbar nicht aus, sein Leben in dem Stil zu führen, der ihm vorschwebte.Doch mein Vater schien sich an den finanziellen Schwierigkeiten des Prinzen nicht zu stören: Als der General durch seinen Vertrauten, den Regierungsrat Dr. Philipp Jacob Neuffer, um meine Hand anhalten ließ, zeigte er sich sehr geehrt. Zumal auch Prinz Eugen und der Kaiser höchstpersönlich die Werbung des Generals unterstützten.

Sehr viel später wurde ich mit der Behauptung konfrontiert, Carl Alexander habe mich vor allem wegen des Reichtums meiner Familie und der zu erwartenden hohen Mitgift begehrt und sei deshalb zur katholischen Kirche übergetreten. Eine glatte Lüge und Verdrehung aller Fakten.

Als Carl Alexander 1712 den Entschluss fasste, vom evangelischen zum katholischen Glauben zu wechseln – also 15 Jahre vor unserer Heirat – war ich ein sechsjähriges Kind, von dessen Existenz er ganz sicher nichts wusste, schon gar nicht als mögliche künftige Gattin.

Zu Anfang des 18. Jahrhunderts häuften sich unter den protestantischen Fürsten im ganzen Römischen Reich die Konversionen zum Katholizismus. Nicht ohne weitreichende Folgen, denn der Glaubenswechsel ihrer Herrscher zog in der Regel den der Bevölkerung in den von ihnen beherrschten Territorien nach sich.

Als Carl Alexander am 21. Oktober 1712 in Anwesenheit des Kaisers in der Hofkapelle zu Wien konvertierte, lag die Möglichkeit, dass er jemals Herzog von Württemberg werden würde, in weiter Ferne. Trotzdem nahmen die württembergische Kirche und die Landstände diesen Glaubenswechsel mit tiefstem Bedauern zur Kenntnis. Am meisten jedoch echauffierte sich die Mutter Carl Alexanders über diesen für sie unverständlichen Schritt. Die Gründe Carl Alexanders für den Konfessionswechsel waren sicher unterschiedlich. Zum einen hielt sich Carl Alexander in jenen Jahren – vor allem in den Wintermonaten – überwiegend in Wien auf. Dort lernte er in der toleranten, aufgeklärten Atmosphäre am Hof des Kaisers einen barocken Katholizismus kennen, der es verstand, beeindruckend zu repräsentieren. Die geistlichen Würdenträger entstammten dem Adel und Hochadel und waren offen und weltgewandt. In Wien schloss Carl Alexander auch Freundschaft mit vielen Militärs und politischen Funktionsträgern, meist katholische Adelige aus erlauchten Häusern, darunter auch Friedrich Karl Graf von Schönborn, damals Reichsvizekanzler, später dann Fürstbischof von Würzburg und Bamberg.

Eine weitere Überlegung war sicher das Streben nach einer glanzvollen Karriere als Militär im Dienste des Kaisers. Der Übertritt zur katholischen Kirche und damit die Intensivierung der Bindungen an das Haus Habsburg konnte dieser nur förderlich sein. Möglich auch, dass eine damals ins Auge gefasste Heirat mit einer der Prinzessinnen aus dem Hause Lichtenstein, das der römisch-katholischen Kirche angehörte, eine Rolle gespielt haben mag. Der regierende Herzog Eberhard Ludwig von Württemberg riet übrigens dringend von dieser Verbindung ab, weniger aus religiösen als aus rein politischen Gründen. Letztlich aber war der Wechsel der Konfession Carl Alexanders eine Gewissensentscheidung, in langen Jahren gereift, auf Basis ausgedehnter Gespräche mit dem Beichtvater des Kaisers, dem Jesuitenpater Vitus Georg Thönemann, und regelmäßiger Exerzitien im Professhaus der Jesuiten in Wien.

So jedenfalls steht es in den Briefen, die Carl Alexander an seine Mutter Eleonore Juliane von Württemberg geschrieben hat. Bis zu ihrem Tode 1724 hatte sie vergeblich gehofft und gebetet, dass ihr Sohn wieder in den Schoß der evangelischen Kirche zurückkehren möge. Die Briefe Carl Alexanders an seine Mutter fanden sich in ihrem Nachlass, und er gestattete mir, sie alle zu lesen.

Ganz sicher ist Carl Alexander also nicht wegen mir zum Katholizismus übergetreten und auch der Reichtum meiner Familie dürfte für ihn bei der Heirat nur eine untergeordnete Rolle gespielt haben.

Denn schon mein Großvater Eugen Alexander, der Erste Fürst von Thurn und Taxis, hatte das „ewige Majorat" verfügt: Dieses Hausgesetz schrieb die Einheit und Unteilbarkeit des gesamten fürstlichen Besitzes vor und regelte akribisch die Erbfolge. Diese bestimmte meinen älteren Bruder Alexander Ferdinand zum Dritten Fürsten von Thurn und Taxis und zum Erben des gesamten Familienvermögens. Außer meiner Mitgift hatte ich also im Fall einer Heirat keine Reichtümer zu erwarten!

Am 25. Februar 1727 – also ein Jahr nach unserem Kennenlernen – erklärte sich mein Vater mit unserer Heirat einverstanden. Am 12. März 1727 unterzeichneten er und Carl Alexander in Wien feierlich den „*Heiratspakten*", den Ehevertrag als Grundlage unserer künftigen Verbindung, die der „*Erhaltung, Fortpflanzung und Vermehrung aller Freundschaft, Einigkeit und Zusammensetzung zwischen den Fürstlichen Häusern Württemberg und Thurn und Taxis*" dienen sollte.

Als Mitgift setzte mein Vater 30.000 Gulden aus sowie jährlich 6.000 Gulden Zinsen aus weiteren 120.000 Gulden, die bei den

Reichsstädten Nürnberg und Augsburg hinterlegt wurden. Im Gegenzug verpflichtete sich Carl Alexander, mir jährlich 1.500 Gulden zur freien Verfügung zu stellen, außerdem 6.000 Gulden nach seinem Tod als Witwengeld.

Nachdem diese Festlegungen getroffen waren und auch Herzog Eberhard Ludwig von Württemberg und dessen Sohn Friedrich Ludwig, designierter Nachfolger auf dem Herzogsthron, dem Ehevertrag zugestimmt und *„zu der glücklich getroffenen Allianz“* gratuliert hatten, stand unserer Hochzeit am 1. Mai 1727 in Frankfurt nichts mehr im Wege.

Es wurde ein rauschendes Fest, zu dem nicht nur unsere beiden Familien, sondern auch Verwandte und viele illustre Gäste von Brüssel bis Wien geladen waren. Die Trauung vollzog der Mainzer Weihbischof Johann Edmund von Jungenfeld. Die Hochzeitsfeier fand im damals von der Familie bewohnten „Roten Haus“ und im angrenzenden Garten statt, der mit Tausenden von Lampen festlich illuminiert worden war. Erst gegen Mitternacht zogen wir Brautleute uns unter Wahrung aller Konventionen in unser Schlafgemach zurück. Hier sank ich Carl Alexander, meinem starken Prinzen und Ritter, endlich in die Arme …

Am Morgen nach der Hochzeitsnacht und dem vollzogenen „Beilager“ überreichte mir mein frisch angetrauter Gatte die traditionelle Morgengabe: kein schnödes Geldgeschenk, wie oft üblich, sondern ein aus Silber aufwendig gearbeitetes, mit wertvollen Steinen und Gemmen besetztes und mit besonderen Juwelen randvoll gefülltes Schmuckkästchen, das mich bis an mein Lebensende begleiten sollte.

Schon damals zeigte sich die Obsession Carl Alexanders für außergewöhnliche Steine. Jeden einzelnen davon hielt er mir vor die Augen und berichtete, unter welchen Umständen und aus welchen Quellen er sie erworben hatte. Dass es mit diesen Steinen eine noch ganz andere Bewandtnis hatte, das erfuhr ich erst weit nach Carl Alexanders Tod.

Belgrad und die erste Geburt

Nach der Hochzeit verbrachten wir noch einige Zeit in Frankfurt, doch bald riefen seine Verpflichtungen und Geschäfte Carl Alexander nach Serbien zurück. Natürlich begleitete ich ihn auf dieser weiten Reise. Sie führte uns erst zu Pferd und in der Kutsche bis Regensburg, dann weiter mit dem Schiff auf der Donau bis Belgrad.

Von Semlin her näherten wir uns der Stadt. Oben, auf den hochragenden Felsen, thronte die Burg, deren Bastionen immer noch die tiefen Breschen aufwiesen, die von den Kugeln der Kanonen Prinz Eugens bei der Belagerung der türkischen Garnison geschlagen worden waren.

Die starken Regenfälle der letzten Wochen hatten Donau und Save so stark anschwellen lassen, dass sich im Mündungsbereich ein großer See gebildet hatte, aus dem nur noch einige wenige Inseln ragten. Die Schiffer hatten Mühe, unsere Barke in den strudelnden Wassern unterhalb des Burgbergs ans Ufer zu steuern. Durch tiefen Morast watend, trugen sie nach der Landung erst mich und dann unser Gepäck zu der Treppe, die hinaufführte in die Stadt. Auch hier überall Zeichen der Zerstörung, die noch nicht vollständig beseitigt worden waren.

Belgrad war eine herbe Enttäuschung für mich: nur eine überschaubare Ansammlung noch immer halb zerstörter, oft unbewohnter Häuser. Dazwischen viele Baustellen, einige neue, repräsentative Gebäude – und viele Wirtshäuser und Spelunken. In den wenigen hässlichen Straßen und Gassen fast nur Soldaten, Bauern und zwielichtige Gestalten.

Was hatte ich erwartet? Orientalisches Flair wie aus der Kulisse einer italienischen Oper? Jedenfalls nicht diese unbeschreibliche Enge und Trostlosigkeit! Um Welten entfernt von den gewohnten, lieb gewonnenen, gepflegten Straßen, Plätzen, Gärten und Palästen von Brüssel, Frankfurt oder gar dem kaiserlichen Wien!

Hätte der Amtssitz Carl Alexanders, von ihm mit viel Aufwand und Geschmack eingerichtet und möbliert, nicht wenigstens einen Ansatz von Bequemlichkeit geboten, ich glaube, ich wäre am nächsten Morgen schon wieder abgereist.

Nur wenig später zeigte sich, dass die Hochzeitsnacht nicht ohne Folgen geblieben war. Carl Alexander überhäufte mich mit Aufmerksamkeiten und erwies sich auch weiterhin als zärtlicher Liebhaber. Als ich meiner Mutter und meinem Vater über meine Schwangerschaft berichtete, waren diese außer sich vor Freude über die Aussicht auf ein erstes Enkelkind. Sie boten mir jede Hilfe und Unterstützung an. So setzte ich mich zum Ende des Sommers und solange das Reisen noch nicht zu beschwerlich wurde in eine Equipage und ließ mich über Wien, Prag und Raudnitz – dem Familiensitz meiner Mutter in Böhmen – quer durch die deutschen Lande bis nach Brüssel bringen.

Während der restlichen Monate meiner Schwangerschaft verwöhnte mich meine Mutter mit allen erdenklichen Annehmlichkeiten. Ende Oktober 1727 folgte mir Carl Alexander in die Niederlande und nahm Wohnung in unserem Palais am Zavelberg. Das wenig aufregende, gepflegte Leben dort, schien ihm nicht sonderlich zu behagen. Seinem Vetter Eberhard Ludwig beschrieb er in einem Brief: *„Man verbringt die Zeit abwechselnd mit Komödien oder Opern, hin und wieder mit einem Maskenball. Des Nachts wird lange getafelt und den Tag verbringt man schlafend.“* Auch die Wildschweinhatzen und Treibjagden im Dezember boten ihm keine große Abwechslung, er beklagte sich über das wenige Wild, das ihm dabei vor die Flinte kam.

Umso glücklicher zeigte sich der General, als ich ihm am 11. Februar 1728 einen gesunden Sohn gebar. Wir tauften ihn auf den klangvollen Namen Carolus Augustus Lotharius Eugenius Ludovicus Fridericus Franziscus Alexander Josephus Adam.

Damals konnte ich nicht erahnen, dass dieses kleine, unschuldige Bündel Mensch kaum zehn Jahre später seinen Vater verlieren und als dessen Nachfolger und Erbe Herzog von Württemberg werden würde. Noch weniger konnte ich mir vorstellen, dass Carl Eugen mir dereinst die dunkelsten Stunden und Jahre meines Lebens bereiten würde! So sahen wir in diesen glücklichen Tagen in Brüssel nur den liebenswerten, hoffnungsvollen Säugling, dem sein Vater in schwärmerischer Zuneigung zu dem großen, ruhmreichen Feldherrn der Türkenkriege den bis dahin im Hause Württemberg nicht üblichen Namen EUGEN beigegeben hatte – wie allen seinen weiteren Söhnen, die ich ihm noch gebären sollte …

Am 28. Februar unterrichtete Carl Alexander die Vertreter der Landschaft in Stuttgart über die Geburt seines „*wohlgestalteten*“ Erbprinzen und bat um Übernahme der Patenschaft. Der Bitte wurde stattgegeben und zusammen mit den Glückwünschen übersandten die Landstände 150 Dublonen, also 1.125 Gulden, als Geschenk.

Schon bald nach der Geburt des Erbprinzen ging Carl Alexander wieder auf Reisen. Wann immer es ging, begleitete ich ihn. Nach Belgrad, nach Wien, nach Ludwigsburg zu seinem Vetter Eberhard Ludwig, dem regierenden Herzog von Württemberg. Nach Winnental zur Familie, nach Stuttgart, oft auch zur Kur nach Wildbad im Schwarzwald. Dort hoffte Carl Alexander auf Linderung seiner oft quälenden Kriegsleiden. Und natürlich immer wieder Frankfurt und für ausgedehnte Aufenthalte vor allem Brüssel. Denn dort hatte ich mein Söhnchen in der Obhut meiner Mutter zurückgelassen, denn ich war jung und lebenslustig, schätzte das rege kulturelle und gesellschaftliche Leben und genoss die unbeschwerten Vergnügungen, die sich mir allenthalben boten. Ich hatte einen liebevollen Ehemann, Eltern, die mich verwöhnten, und einen kleinen, gesunden Sohn, der sich jeden Tag besser und zu einem fröhlichen Kind entwickelte. Für Politik interessierte ich mich in diesen ersten Jahren meiner Ehe nur sehr am Rande.

Württemberg und die Grävenitz-Clique

Da gab es in erster Linie die vielfältigen Verpflichtungen und Aufgaben, denen Carl Alexander als Statthalter des Kaisers in Serbien nachzukommen hatte. Aber da gab es auch seine Interessen, die er in der württembergischen Heimat zu vertreten hatte.

Seinem Vetter, dem regierenden Herzog Eberhard Ludwig von Württemberg, fühlte Carl Alexander sich nicht nur freundschaftlich verbunden. Beide kannten sich aus Kindertagen, als der um acht Jahre ältere, künftige Thronerbe unter der Vormundschaft von Carl Alexanders Vater stand. Beide Cousins hatten eine beachtliche militärische Karriere hinter sich gebracht. Gemeinsam hatten sie 1712 unter dem Oberbefehl von Prinz Eugen südlich der Festung

Landau, in der Carl Alexander damals als Gouverneur eingesetzt war, gegen die Franzosen gekämpft. Also schätzten und respektierten sie sich.

Auf Betreiben der Landstände und seiner Mutter, der Herzogin-Witwe Magdalena Sibylla von Hessen-Darmstadt, war Eberhard Friedrich am 10. Januar 1693 von Kaiser Leopold I. im Alter von 17 Jahren vorzeitig für mündig erklärt worden und hatte unmittelbar danach als 10. Herzog von Württemberg die Regierung übernommen.

Vetter Eberhard Ludwig lernte ich bei einem Besuch in der Ludwigsburger Residenz als zuvorkommenden, charmanten Verwandten kennen, mit dem ich immer wieder überaus liebenswürdige Briefe wechselte. Welch tiefe Spannungen es zwischen dem Herzog, den Landständen und seinen Untertanen gab, die letztlich auch mich betreffen sollten, wurde mir erst im Lauf der Jahre vollständig klar.

Am Ludwigsburger Hof wurde mir damals auch Christiane Wilhelmine von Grävenitz vorgestellt, damals schon pro forma verheiratet mit dem Grafen Franz Ferdinand von Würben, einem böhmischen Adeligen und Kammerherrn des Kaisers. Sie war die langjährige Mätresse des Herzogs. Auch sie gab sich freundlich, ja herzlich, doch nicht nur Carl Alexander warnte mich vor dieser Frau: „Sie ist falsch wie eine Schlange, und es gibt nicht wenige, die überzeugt davon sind, dass sie mit dem Satan im Bunde steht und Eberhard Ludwig verhext hat!"

Als ich sie kennenlernte, war die Reichsgräfin Wilhelmine von Würben – so ihr offizieller Titel – 43 Jahre alt. Sie hatte dunkles Haar, stechende Augen und eine etwas zu kräftige Nase. Nein, „schön" würde ich sie nicht unbedingt nennen. Aber ich kann mir gut vorstellen, dass sie 1706, als sie im Alter von 21 Jahren, jung, schlank und mittellos, an den Hof nach Stuttgart kam, eine durchaus reizvolle Erscheinung war, die ihren kalten, berechnenden Ehrgeiz wohl zu verbergen wusste. Ihr Erscheinen am Hof war der Kern einer ganz gezielten Intrige, angezettelt von einer Clique führender Köpfe im Lande, allen voran der Hofmarschall Johann Friedrich von Staffhorst und der Bruder Wilhelmines, Friedrich Wilhelm von Grävenitz, die ihren Einfluss auf den Herzog und damit ihre Machtstellung im Land festigen und ausweiten wollten.

Die Rechnung ging auf: Schon nach kurzer Zeit gelang es der Grävenitz, sich die Gunst Eberhard Ludwigs zu sichern und ihn so an sich zu fesseln, dass er sich schon 1707 dazu überreden ließ, sie zunächst heimlich zu ehelichen und dies kurze Zeit später auch öffentlich bekanntzugeben.

Welch ein Skandal! Der württembergische Herzog ein Bigamist! Denn zu diesem Zeitpunkt war Eberhard Ludwig bereits seit neun Jahren mit Johanna Elisabeth von Baden-Durlach verheiratet und Vater eines Erbprinzen!

Der Vater der gehörnten Ehefrau, Markgraf Magnus von Baden-Durlach, war mehr als empört und informierte nicht nur rundum die befreundeten und verwandten Fürstenhäuser über das Sakrileg des Herzogs wider die Grundsätze des evangelischen Glaubens, sondern wandte sich auch an Kaiser Joseph I. in Wien.

Und auch in Württemberg formierte sich im Volk und in der Geistlichkeit Widerstand gegen die Polygamie und den offenen Ehebruch des Herzogs. Als alles Taktieren nichts mehr nutzte, beugte sich Eberhard Ludwig schließlich dem Druck von allen Seiten. 1708 wurde seine Zweitehe mit Wilhelmine von Grävenitz annulliert.

Doch schon zuvor hatte Eberhard Ludwig ihr den Titel einer Reichsgräfin zu Urach verschafft, nebst einem lebenslangen Wohnrecht auf Schloss Urach und einer Apanage von 10.000 Gulden im Jahr. Auf Geheiß des Kaisers musste die Mätresse – ausgestattet mit einer beachtlichen Abfindung von 50.000 Gulden – nun das Land verlassen und ging in der Schweiz ins Exil.

Als Ehefrau des Grafen Johann Franz Ferdinand von Würben und Freudental, kaiserlicher Kammerherr und württembergischer Landhofmeister, kehrte Wilhelmine von Grävenitz im Februar 1711 nach Württemberg zurück.

Schon 1706 hatte Eberhard Ludwig begonnen, in Ludwigsburg eine neue, glanzvolle Residenz nach dem Vorbild des Schlosses in Versailles aufzubauen. Ab 1715 zog hier auch die Reichsgräfin von Würben ein – in das Apartment, das eigentlich für die Herzogin Johanna Elisabeth eingerichtet worden war. Diese blieb im Alten Schloss in Stuttgart buchstäblich sitzen, wo sie eifersüchtig und resigniert ihre Tage zählte und in ihren Gebetbüchern nach dem Sinn des Lebens forschte.

In den kurzen Jahren danach hatte es die Grävenitz verstanden, ihre Besitztümer auf württembergischen Boden beachtlich auszubauen: Schloss Stetten im Remstal, den Schafhof in Rommelshausen, die Herrschaft Welzheim, die Herrschaften Horburg und Reichenweier, das Rittergut Freudental, Schoss Brenz samt Gut und Marktflecken, die Herrschaft Gochsheim, die Güter Heimsheim, Bochingen, Marschalkenzimmern, Albeck, Pflummern und Winzerhausen, die Grafschaft Eberstein ...

Außerdem avancierte die „Landhofmeisterin" zur Mit-Regentin und einflussreichen, unverzichtbaren Beraterin des Herzogs, die persönlich an den Sitzungen der Regierungsgremien teilnahm und die Politik Eberhard Ludwigs in ihrem Sinne steuerte. Dieser traf zeitweise keine einzige Entscheidung, ohne dass er dazu die Meinung seiner Mätresse gehört hätte. Blieb sie einmal einer der Beratungen fern, wurde sie von Eberhard Ludwig in dem ihm eigenen, mitunter rüden Tonfall herbeizitiert: Sie „*möge sich in Teufels Namen herbeischeren, es sei doch alles sonst nicht recht*".

Zwischen Serbien und Württemberg

Im Frühsommer des Jahres 1729 begleitete ich Karl Alexander erneut nach Serbien, obwohl ich bereits zum zweiten Mal guter Hoffnung war. Diese Reise stand von Anfang an unter keinem guten Stern. Auf der Fahrt von Wien durch Ungarn brach auf den schlechten Straßen ein Rad an meinem Wagen. Beim Sturz prellte ich mir so stark die Schulter, dass ich noch Wochen später große Schmerzen hatte. Kaum war ich auf dem Weg der Besserung, setzten starke Wehen ein. In der Residenz in Belgrad brachte ich am 31. August 1729 unseren zweiten Sohn zur Welt: Eugen Louis Adam.

Voll Freude vermeldete Carl Alexander die frohe Kunde an den Vetter und die Vertreter der Landschaft nach Württemberg: „*Wie ich nun nicht zweifle, meine sonders liebe Herren, werden mit mir über dergleichen beglückte Vermehrung meines Fürstlichen Hauses geneigte Vergnügung haben!*"

Doch das Glück währte nicht lange. Ob es nun an den wenig vorteilhaften Zuständen bei der Geburt in der ehemaligen Frontstadt lag, ob die lange, beschwerliche Reise auf den Balkan und der Unfall dort mich und das Kind unter meinem Herzen beeinträchtigt hatten, kann ich nicht sagen. Aber unser Zweitgeborener wurde nur sechs Wochen alt. Am 7. Oktober 1729 entschlief er für immer, und wir mussten ihn in fremder Erde bestatten.

Das Frühjahr sah uns in Wildbad im Schwarzwald zu einem längeren Kuraufenthalt. Carl Alexander hatte hier schon mehrfach in den Thermen des Fürstenbades die Linderung der durch seine Kriegsverletzungen bedingten Leiden erfahren. Für mich war es der erste Aufenthalt in diesem Heilbad im nördlichen Schwarzwald. Kein mondäner Kurort wie etwa Karlsbad in Böhmen oder Bad Pyrmont, in denen die europäische Hocharistokratie und selbst der russische Zar Peter der Große bevorzugt Kuraufenthalt nahmen. Wildbad präsentierte sich als kleine Ortschaft im Tal der Enz, umgeben von hohen Bergen. Im Zentrum lagen die Badehäuser, das evangelische Gotteshaus und eine Reihe von Gast- und Logierhäusern, von denen man einzig im „Waldhorn" angemessen speisen konnte. Außerhalb der Stadtmauer lud eine bescheidene Allee zum Flanieren ein.

Herzog Eberhard Ludwig scheute keine Mühen, um uns in dieser Einöde standesgemäß zu versorgen. Er überließ uns den Ulrichsbau, das herzogliche Schlösschen in der Mitte des Ortes. Dorthin schickte er uns nicht nur seinen Leibkoch aus Ludwigsburg, sondern versorgte uns auch mit Konfekt und Wein. Wildbret für die Tafel lieferten die Förster aus der Umgebung im Überfluss. Es liege ihm sehr daran, uns den Aufenthalt so angenehm wie möglich zu machen, schrieb der Vetter und entschuldigte sich bei mir, dass ich über die allzu ländlichen Lebensverhältnisse in dem Städtchen zu klagen habe. Obwohl in den Gasthöfen des Ortes zum Teil illustre Badegäste aus vielen Fürstentümern logierten, durch die Allee promenierten und sich an den Abenden an den Spieltischen trafen, vermisste ich doch die Vielfalt der gesellschaftlichen und kulturellen Kontakte und die Kurzweil, die ich aus Frankfurt und Brüssel gewohnt war.

Nach der Kur brach Carl Alexander auf direktem Weg nach Belgrad auf, während ich nach einem längeren Besuch bei meinen Eltern und meinem Sohn Carl Eugen in Frankfurt, einer Einladung des Markgrafen Karl Wilhelm Friedrich von Brandenburg-Ansbach in dessen Sommerresidenz nach Triesdorf bei Ansbach folgte.

Karl Wilhelm war der Sohn meiner Schwägerin Christiane Charlotte von Württemberg-Winnental, der Schwester des Generals, die im Dezember 1729 nach schwerer Krankheit verstorben war. Carl Alexander hatte diese Schwester sehr geschätzt, die als Regentin und Vormünderin ihres erstgeborenen Sohnes in Ansbach eine umsichtige, erfolgreiche Politik betrieben hatte.

Hatte ich die Mutter als offene, vielseitig gebildete und engagierte Frau mit einem großen Herzen kennengelernt, so zeigte sich der Sohn als engstirniger, selbstgefälliger Aufschneider, der den großen Fürsten gab und sich außer für die Jagd und grobe Späße für wenig anderes interessierte. Seine Mutter hatte ihm zwar jede nur mögliche wissenschaftliche und geistige Bildung angedeihen lassen, ihn nach Holland und Frankreich auf Reisen geschickt, um seinen Horizont zu erweitern und 1726 in Berlin noch seine Verlobung arrangiert, aber den Charakter ihres Sohnes hatte sie wohl wenig formen können.

Nach dem viel zu frühen Tod der Mutter – sie war nur 35 Jahre alt geworden –, wurde der Sohn 1729 als 17jähriger in Ansbach zum Markgrafen ausgerufen. Kurz vorher war er mit der ebenfalls blutjungen Lieblingstochter des preußischen Königs Friedrich Wilhelm I. verheiratet worden: Friederike Luise, die kleine Schwester des späteren Preußenkönigs Friedrich II. Diese war gerade 15 Jahre alt, noch sehr kindlich und ein wunderschönes Mädchen. Leider hatte sie von ihrem Vater eine üble Krankheit geerbt. Ständig plagten sie Übelkeit und Erbrechen, zwischendurch fiel sie in so tiefe Ohnmachten, dass man sie für tot halten konnte. Nach diesen Anfällen litt sie oft an Lähmungen der Arme und der Beine.

Ihr junger Gatte hatte für die Leiden seiner Frau nur wenig Verständnis. Außerdem beklagte er ihren starken Mundgeruch: „Sie hat faulige Zähne und riecht fürchterlich aus dem Mund. Ich mag sie nicht küssen und kann sie beim Beischlaf nur ertragen, wenn sie den Mund mit einem parfümierten Tuch bedeckt“, vertraute er mir an. Unverständnis und Ekel führten dazu, dass sich Karl Wilhelm bald nur noch für die Falkenjagd und für seine Mätressen interessierte.

Warum ich dieser Episode so starke Aufmerksamkeit widme? Ich verpasste damals nur um wenige Wochen den denkwürdigen Besuch des Kurfürsten und Königs in Preußen, Friedrich Wilhelm I., der die Fürstenhäuser in Bayreuth, Ansbach und auch in Württemberg visitierte, um hier seinen Einfluss zu stärken und Verbündete in seinem Zwist mit Österreich zu finden. Begleitet wurde er auf dieser Reise von seinem Sohn Friedrich, der wohl schon lange Pläne geschmiedet hatte, dem Einfluss seines überaus herrischen, ja brutalen Vaters zu entfliehen. Es hatte sich in den Fürstenhäusern zwischen Berlin und Wien längst herumgesprochen, wie desolat sich die Verhältnisse in der Familie des preußischen Potentaten entwickelt hatten.

Wenn man den Berichten Glauben schenken darf, herrschte am Berliner Hof eine einzige, unvorstellbare Intrige. Jeder kämpfte gegen jeden, Lügen vergifteten die Atmosphäre, und Gewalttaten des Königs gegen seine Ehefrau und seine Kinder, vornehmlich gegen den Kronprinzen und die älteste Tochter Wilhelmine, schienen an der Tagesordnung. Vetter Eberhard Ludwig, der die königliche Reisegesellschaft kurze Zeit nach deren Ansbacher Aufenthalt in Ludwigsburg empfing und beherbergte, berichtete mir später, wie sehr er den Kronprinzen bedauerte, der sichtlich unter der Knute seine Vaters litt und noch immer die Spuren der letzten gewaltsamen Auseinandersetzung mit diesem im Gesicht trug.

Jedenfalls hatte Friedrich in Ansbach unter dem Vorwand, einen ausgedehnten Spazierritt ins Land hinaus unternehmen zu wollen, seinen Schwager, den Markgrafen Karl Wilhelm, gebeten, ihm dafür das schnellste Pferd aus seinem Stall zur Verfügung zu stellen. Doch die Fluchtpläne des Kronprinzen hatte sich herumgesprochen und der Markgraf hütete sich, seinen Schwiegervater, den preußischen König, zu verärgern. So erfand er hundert Ausflüchte, um den vorgeblichen Spazierritt des Kronprinzen bis zur Abreise der Preußen zu verhindern. Diese Abfuhr dürfte für das künftige Verhältnis der beiden Schwäger nicht eben förderlich gewesen sein.

Wie gerne hätte ich damals Friedrich kennengelernt, denn schon bald kreuzte sich mein Lebensweg mit dem des Kronprinzen, der später dann – als preußischer König – großen Einfluss auf das Leben meiner Söhne und damit auch auf das meine nehmen sollte. Obwohl dies alles noch im Verborgenen lag, reiste ich mit zwiespältigen Gefühlen von Triesdorf nach Serbien weiter. Im Juni traf ich in Belgrad ein.

Den Sommer über verbrachte ich in der Hauptsache im Jagdschloss Carl Alexanders an der Save. Die Residenz in Belgrad mied ich so gut es ging, erinnerte sie mich doch zu sehr an das Unglück und den großen Verlust, den ich dort im Jahr zuvor erlitten hatte. Ich liebte den Blick aus dem Gartensaal des kleinen Schlösschens, mit seinen Kanapees, Sesseln und Spiegeln, auf die gepflegten Hecken und Rabatten, die weiten Spaziergänge entlang der Save und die Ausritte und Jagden in den umliegenden Wäldern.

Der Aufenthalt in Belgrad dagegen erfüllte mich mit heftigem Widerwillen. Der umso größer wurde, als ich feststellte, dass ich zum dritten Mal in guter Hoffnung stand. Wie gerne dachte ich an all die Annehmlichkeiten und das Leben bei unserem Kuraufenthalt in Wildbad zurück. Verglichen mit Belgrad erschien mir jetzt Württemberg als irdisches Paradies. Dies erwähnte ich auch in einem Brief an Herzog Eberhard Ludwig, der sich dadurch sehr geschmeichelt fühlte. Er freue sich, so schrieb er mir zurück, mich bald wieder im Land willkommen heißen zu dürfen. Er schätze meine Gesellschaft sehr und werde alles tun, um mir den nächsten Aufenthalt in seinen Landen so vergnüglich und angenehm als möglich zu bereiten.

Im Oktober dann brachen wir auf nach Frankfurt. Diesmal wollte ich sicher gehen, dass ich bei der Geburt des Kindes in vertrauter und zivilisierter Umgebung alle Annehmlichkeiten und Hilfen vorfinden würde, die ich bei der Niederkunft und im Wochenbett benötigte. Die Reise in die Heimat war für mich hochschwangere Frau mehr als beschwerlich. Sie führte uns in mehreren Etappen über Wien und Prag direkt nach Frankfurt.

Das Weihnachts- und das Neujahrsfest feierten wir im Kreis meiner Familie. Dann, am 6. Januar 1731, brachte ich erneut einen *„wohlgestalten Prinzen“* zur Welt: Ludwig Eugen.

Carl Alexander war glücklich und überschüttete mich mit Aufmerksamkeiten. Im März verließ er Frankfurt: wiederum zur Kur nach Wildbad, wie schon zuvor als Gast seines Vetters Eberhard Ludwig, der ihm versprochen hatte, selbstverständlich erneut für standesgemäßes Auskommen und Ambiente zu sorgen.

Diesmal schickte ich Carl Alexander alleine zur Kur, ich entschied mich, in Frankfurt bei meinen beiden Söhnen und bei meiner Mutter zu bleiben. Denn auch dieses Jahr 1731 geizte nicht mit Überraschungen. Kaum entbunden, war ich erneut mit einer Schwangerschaft gesegnet!

Anfang April verehelichte sich mein älterer Bruder Alexander Ferdinand mit Sophie Christiane Luise von Brandenburg-Bayreuth. Ein glanzvolles Fest, eine prächtige Hochzeit, der zwei Monate später in Berlin die Verlobung, dann im November die Hochzeit von Sophies Bruder Friedrich mit Wilhelmine folgte, der Tochter des preußischen Königs.

Im September entschied ich mich, diesmal Württemberg als Platz für meine Niederkunft zu wählen, die für Januar 1732 zu erwarten war. Diese Wahl hatte ich zusammen mit Carl Alexander mit viel Bedacht getroffen: Der Sohn des regierenden Herzogs, Erbprinz Friedrich Ludwig, war nach jahrelangem Leiden so schwer erkrankt, dass mit seinem baldigen Ableben zu rechnen war.

Herzog Eberhard Ludwig war 55 Jahre alt und hatte keine weiteren Nachkommen. Im Falle seines Todes konnte Carl Alexander als nächster männlicher Verwandter und ältester der drei Prinzen aus der Linie Württemberg-Winnental mit der Thronfolge rechnen.

Also galt es nun, in Württemberg Präsenz zu zeigen! Die Weichen hatte Carl Alexander in weiser Voraussicht in den letzten Jahren bereits gestellt: Nach langem Zögern hatte er schon am 11. Juni 1727 – also kurz nach unserer Hochzeit – bei einem gemeinsamen Kuraufenthalt in Stetten im Remstal mit Brief und Siegel zugesichert, dass er im Fall er Thronfolger werden würde, die bestehenden religiösen Verhältnisse in Württemberg respektieren und nicht antasten würde.

Hofrat Philipp Jakob Neuffer als Vermittler zwischen Carl Alexander und den evangelischen Verhandlungspartnern, also Herzog Eberhard Ludwig und den Landständen, hatte ihn zu dieser Unterschrift bewegen können.

Noch bedeutsamer waren die Vorsorgen, die er 1729 von Belgrad aus traf. Er war sich damals schon sehr sicher, dass – sollten sowohl Herzog Eberhard Ludwig als auch Erbprinz Friedrich Ludwig *„vom Zeitlichen in das Ewige wechseln“* – ihm der Württembergische Thron zufallen würde. Da er wegen seiner Verpflichtungen dem Kaiser gegenüber und seinen Aufgaben in Serbien in diesem Fall nicht unmittelbar in Württemberg die Regierung hätte übernehmen können, stellte er sich eine Interimsregierung vor, die ihn vorerst vertreten sollte. Als seinen Vertreter bestellte er den Hofrat Neuffer. Wie dieser bei der Regierungsübernahme vorgehen sollte, schrieb er Neuffer in seinen vom 12. Oktober 1729 datierenden Direktiven akribisch vor.

Am 28. November dann sicherte er den Württembergern ein weiteres Mal ausdrücklich zu, dass im Falle seines Regierungsantritts *„im Herzogtum Württemberg und in der Grafschaft Mömpelgard samt allen zugehörigen Graf- und Herrschaften die evangelische Religion Augsburgischer Konfession"* in keiner Weise angetastet und alle dahingehenden Vereinbarungen und Verträge aus der Vergangenheit von ihm und seinen Nachkommen eingehalten werden würden.

Trotz der eindeutigen Festlegung Carl Alexanders sondierte die Grävenitz-Partei zusammen mit Mitgliedern der Landschaft und des Geheimen Rats, beim Bruder des Generals, Heinrich Friedrich von Württemberg-Winnental, ob dieser bereit wäre, anstelle Carl Alexanders die Thronfolge zu übernehmen. Heinrich-Friedrich stand seit 1716 in kaiserlichen Diensten, als General in Ungarn, zuletzt als Oberbefehlshaber in der Lombardei. Er war evangelisch, galt als gutmütig und als Mann mit *„beschränkten Einsichten"*. Mit ihm als Herzog hätten die Landstände leichtes Spiel gehabt. Und Heinrich Friedrich schien nicht abgeneigt, dem Ruf der Räte zu folgen.

Hofrat Neuffer war es, der Carl Alexander warnte und über diese Intrige informierte, die ihm den Herzogsthron hätte kosten können! Carl Alexander griff ein, stellte seinen Bruder zur Rede und veranlasste ihn zu einer eindeutigen Absage. Um ganz sicher gehen zu können, ließ Carl Alexander sich im August und im September 1731 von seinen beiden Brüdern, Heinrich Friedrich und Friedrich Ludwig, vertraglich zusichern, dass diese ihn unterstützen und in keiner Weise behindern würden, sollte er im Herzogtum Württemberg die Thronfolge erlangen. Im Gegenzug verpflichtete er sich dazu, dass er ihre bisher bescheidenen Apanagen auf jeweils 50.000 Gulden im Jahr aufstocken würde. So hat also alles seinen Preis, selbst unter Brüdern!

Wie weit bis dahin die Verhandlungen Heinrich Friedrichs mit den Landständen gediehen waren und wie aktiv die Rolle Heinrich Friedrichs dabei gewesen war, konnte nie geklärt werden. Als der Bruder 1734 verstarb, sicherten Beamte der Landstände in seinem Domizil eiligst seine Korrespondenz und verbrannten sie. Ebenfalls vernichtet wurde alles belastende Material in den Archiven der Landstände.

Nein, niemand kann behaupten, dass Carl Alexander nicht alles versucht hätte, um mit den Landständen und den politischen Eliten in Württemberg gut und einvernehmlich zusammenzuarbeiten und auszukommen. Er respektierte deren Stellung im Land und nahm ihre Anliegen sehr ernst.

Aber erst in den folgenden Jahren wurde mir bewusst, welche Intrigen und Ränke die Landstände von der ersten Stunde an gesponnen hatten, um ihre Pfründe zu sichern: Konnten sie Carl Alexander schon nicht verhindern, so konnten sie doch seine Projekte und Initiativen boykottieren und ihm das Leben unerträglich machen.

Die Landstände wurden repräsentiert durch die „Ehrbarkeiten“: die evangelischen Prälaten und die Vertreter der bürgerlichen Oberschicht in den Städten und in den Ämtern. Politische Organe waren der Landtag, der Größere und der Engere Ausschuss. Diese „Ehrbarkeiten“ rekrutierten sich aus kaum mehr als 100 untereinander versippter und verschwägerter Familien. Im Verlauf vieler Jahrzehnte hatten sie ein weit verzweigtes Spinnennetz über das Land geworfen, Pfründe und Besitzstände untereinander aufgeteilt und waren eifersüchtig darauf bedacht, diese um jeden Preis zu wahren. Niemandem gelang es, in diesen engen Zirkel der Macht einzudringen oder akzeptiert zu werden. Schon gar nicht als Landfremder oder als Katholik!

Die Landstände beriefen sich auf den Tübinger Vertrag von 1514, in dem ihnen ein dominanter Einfluss auf die finanziellen und damit auch die politischen Entscheidungen in Württemberg zugebilligt wurde: Die eigentlichen Herrscher im Land waren nicht die Fürsten, sondern die Vertreter der Städte und der Geistlichkeit.

Sie allein hatten das Recht, Steuern zu erheben. Sie allein hatten Zugriff auf die Steuerkasse. Und selbst der Geheime Rat, das oberste Regierungsgremium, konnte gegen den Willen des allmächtigen Engeren Ausschusses der Landschaft kaum agieren: der Engere Ausschuss führte die Oberaufsicht über die Landschaftskasse, sorgte für die Tilgung der Schulden des Landes, wachte über die Einhaltung des Landrechtes, der Kirchen-, Ehe- und aller anderen Ordnungen, und er verwaltete die ominöse „Geheime Truhe“, die sich jeder anderen Kontrolle entzog und mit deren Inhalt dann 1737 auch der Putsch gegen den Herzog finanziert werden sollte.

Der Engere Ausschuss, die württembergischen „Ehrbarkeiten“, dominierte also im Herzogtum die Verwaltung, die Rechtsprechung, die Kirche und die Schulen, die Universitäten und das geistige Leben. Sie hemmten jeden Fortschritt, sie opponierten gegen jedes Vorhaben, gegen jede Neuerung, die ihre Stellung und Pfründe hätte bedrohen können!

Schon im September 1731 setzte ich Vetter Eberhard Ludwig davon in Kenntnis, das ich zu der im Januar 1732 zu erwartenden Geburt meines vierten Kindes nach Stuttgart kommen würde. Eberhard Ludwig zeigte sich hoch erfreut und schrieb mir, dass er mich gut aufnehmen und für ein angemessenes Ambiente sorgen werde.

Den Winter 1731/1732 verbrachte Carl Alexander dann auch auf dem Familiengut Winnental, während ich mit meinem kleinen Hofstaat für mehr als fünf Monate in Stuttgart im „Schlößle“ neben der Stiftskirche Quartier bezog – dem ehemaligen Probsteigebäude, das schon Carl Alexanders Mutter bewohnt hatte –, um hier auf meine Niederkunft zu warten.

Am 20. Januar 1732 setzten die Wehen ein und am Tag darauf wurde unser vierter Sohn Friedrich Eugen geboren.

Der Kampf um die Erbfolge

Die Frage nach der Erbfolge im Herzogtum Württemberg war in den Jahren seit 1726 immer drängender geworden. Herzog Eberhard Ludwig und seine Ehefrau Johanna Elisabeth von Baden-Durchlach hatten nur einen einzigen Sohn: Erbprinz Friedrich Ludwig. Dieser hatte mit 18 Jahren eine Großnichte des preußischen Königs Friedrich Wilhelm I. geheiratet. Henriette Marie war erst 14, ein kleines Mädchen mit einem runden, gutmütigen Gesicht.

Am 04. August 1718 gebar sie einen Sohn, Eberhard Friedrich, der aber schon nach kaum zwei Jahren verstarb. 1722 kam Tochter

Louise Friederike zur Welt, die jedoch von der Thronfolge ausgeschlossen war.

In den folgenden Jahren hatte Herzog Eberhard Ludwig seinen Sohn immer wieder und wenig einfühlsam mit rüden Worten dazu gedrängt, mit Henriette Marie doch noch einen Thronfolger zu zeugen. Jedoch vergebens. Schon Mitte der 20er Jahre begann Friedrich Ludwig zu kränkeln und an Gewicht zu verlieren. Weitere Kinder blieben ihm und Henriette Marie trotz aller Bemühungen versagt.

Im April 1731, als der Druck von allen Seiten immer größer wurde, ließ Vetter Eberhard Ludwig verlauten, dass er sich nun endgültig von seiner Mätresse Wilhelmine von Würben und ebenso von seiner Ehefrau, Herzogin Johanna Elisabeth, trennen und sich erneut verheiraten wolle, um mit einer neuen Ehefrau *„doch noch einen Thronfolger vorweisen zu können"*! Eine Versöhnung mit Johanna Elisabeth lehnte er ab, da er sie – wie er in einem Brief festhielt – immer noch als eine ihm *„von Gott auferlegte Strafe"* ansah. Jedoch fand sich keine neue Ehefrau für Eberhard Ludwig, da er an allen Fürstenhöfen, die heiratswillige Töchter vorzuweisen hatten, wegen seines skandalösen Liebeslebens und seiner Mätressenwirtschaft verpönt war.

Also entledigte er sich der nun hinderlichen Mätresse Christina von Würben: am 11. Mai 1731 verbannte er sie aus Ludwigsburg, beschuldigte sie sogar der Hexerei, ließ sie kurzerhand in ihrer Reichsritterschaft Freudental verhaften und setzte sie in Urach gefangen. Kein sehr kluger Schritt, denn mit dem Einmarsch in Freudental und der Inhaftierung der Reichsgräfin von Würben, beging er nicht nur einen eindeutigen Rechtsbruch, sondern zog sich damit auch den Widerstand der Reichsritterschaft im gesamten schwäbischen Reichskreis zu sowie ein eindeutiges Veto des Kaisers in Wien.

Um die Thronfolge in der eigenen Linie zu behalten und um seinen Cousin Carl Alexander von dieser auszuschließen, hatte Eberhard Ludwig keine andere Wahl, als sich doch noch und gegen alle Abneigung mit Johanna Elisabeth zu versöhnen, um mit ihr – trotz ihrer 51 Jahre – einen weiteren Sohn als möglichen Thronfolger zeugen zu können. Am 30. Juni 1731 einigten sich die beiden auf einen Versöhnungsvertrag und gingen unverzüglich ans Werk.

Schon im Mai dieses Jahres war Vetter Eberhard Ludwig zu einer denkwürdigen Reise nach Berlin aufgebrochen, um die engen verwandtschaftlichen Bindungen zum preußischen Königshaus zu festigen. Wohl spielte auch hier das Kalkül eine Rolle, sich die Unterstützung der aufstrebenden protestantischen Vormacht im Reich für all seine Pläne zu sichern. Um seine eigene Bedeutung als Souverän zu unterstreichen, ging er mit sechs prächtigen Kutschen auf die Reise, jede von sechs Hengsten gezogen. Den Kutschen folgte eine lange Kavalkade von Bediensteten zu Pferd, die den Herzog begleiteten.

In Potsdam wurde der Herzog von König Friedrich Wilhelm I. gebührend empfangen: Paraden, Bälle und Jagdveranstaltungen wechselten einander ab. 14 Tage später trat Eberhard Ludwig die strapaziöse Rückreise an. Gesundheitlich schwer angeschlagen kehrte er nach Württemberg zurück.

Der nächste Schlag ließ nicht lange auf sich warten: Am 23. November 1731 verstarb Erbprinz Friedrich Ludwig an der Schwindsucht. Da er nur seine Tochter Luise Friederike und keinen männlichen Erben hinterließ, rangierte jetzt Carl Alexander eindeutig in der Thronfolge auf dem vordersten Platz.

Die mysteriöse Schwangerschaft

Anfang des Jahres 1732 wurde am Hof gemunkelt, die Herzogin Johanna Elisabeth sei guter Hoffnung! Eine Kunde, die in weiten Teilen des Volkes und bei den Landständen mit Freuden vernommen wurde. Denn mit der Geburt eines Thronerben wäre Württemberg der verhasste katholische Herzog erspart geblieben!

Wäre es nur so gekommen! Wie anders wäre unser Leben und mein Schicksal verlaufen!

Im Sommer und Herbst 1732 hielt ich mich zusammen mit Karl Alexander erneut in Wildbad im Schwarzwald auf. Schon zu Beginn der Badesaison begegnete uns hier der jüdische Finanzmann Isaak Simon Landauer in Begleitung eines eleganten Herrn, der uns nicht nur wegen seiner guten Manieren ins Auge stach: Joseph Ben Issachar Süßkind Oppenheimer. Landauer stellte ihn uns als Spross einer angesehenen jüdischen Kaufmannsfamilie vor, der sich als Privatbankier und Finanzier unter anderem für die pfälzischen und

Kölner Kurfürsten bereits einen Namen gemacht und es zu Wohlstand gebracht hatte.

Der Name Oppenheimer hatte durchaus Klang bei Carl Alexander: Samuel Oppenheimer war der geschätzte Oberhof- und Oberkriegsfaktor in Wien gewesen. Er hatte dem Kaiser aus manch finanzieller Notlage geholfen und nahezu alle dessen Feldzüge finanziert. Samuel Oppenheimer war mit Prinz Eugen von Savoyen eng befreundet gewesen und auch sein Sohn und Nachfolger Mendel Menachem Emanuel Oppenheimer, genoss die Zuneigung und das Vertrauen des großen Feldherrn.

Carl Alexander hatte den 1703 verstorbenen Samuel Oppenheimer in Wien noch selbst erlebt. Im Gegensatz zu Joseph Süß Oppenheimer, der erst in den Jahren nach 1713 Böhmen und Österreich bereiste und dabei auch seine Wiener Verwandten kennenund schätzen lernte.

Joseph Süß Oppenheimer war eine beeindruckende Persönlichkeit: gerade gewachsen, mit wachen, braunen Augen, einem hellen, glatten Teint, nach neuester Mode gut gekleidet, mit vollendeten Manieren, präsentierte er sich als weltgewandter, kenntnisreicher Gesprächspartner mit beeindruckenden Kontakten. Von diesem Mann war Carl Alexander mehr als angetan!

Das Hubertusfest am 3. November 1732 verbrachten wir auf Einladung Herzog Eberhard Ludwigs in Ludwigsburg. Ein großes Fest mit vielen bedeutenden Gästen. Im Mittelpunkt stand eine Perforcejagd. An der Seite Carl Alexanders ritt ich inmitten der fürstlichen Jagdgesellschaft auf einem edlen englischen Schimmel und folgte beim Klang der Hörner hinter dem Picoeur und der Hundemeute über Gräben und Hecken dem Hirsch, bis dieser gestellt und erlegt werden konnte.

Zwei Tage später hatte Carl Alexander Joseph Süß Oppenheimer nach Ludwigsburg geladen. In zwei Audienzen besprach er mit ihm künftige Aufträge und Geschäfte. Der gute Eindruck, den Oppenheimer schon in Wildbad hinterlassen hatte, seine Professionalität und augenfällige Expertise, schienen Carl Alexander nun endgültig überzeugt zu haben.

Das nächste Treffen sollte wenig später erneut in Wildbad stattfinden. Am 14. November 1732 erhielt Oppenheimer zwei Patente ausgehändigt: Als Hof- und Kriegsfaktor Carl Alexanders sollte er *„in unseren Verrichtungen sowohl im Reich als zu Wien und in Belgrad öfters hin und wieder verreisen lassen, mithin derselbe sich mehrmalen in benachbarte und ausländische Orth zu begeben nötig hat.*" Im Auftrag Carl Alexanders sollte er sich also in Friedens- wie in Kriegszeiten frei und ungehindert bewegen können und wurde von jedem Zoll, Maut, Brücken-, Wege- und Pflastergeld befreit. Auf sein Ersuchen hin seien ihm *„alle benöthigte Protection, Gelait, Schutz und Schirm*" zu gewähren.

Gleichzeitig stellte auch ich Joseph Süß Oppenheimer ein weiteres Patent aus und nahm ihn als Geschäftsagent in meine Dienste. Sicher hatte Oppenheimer bei seinen Aufenthalten meine Vorliebe für feines Porzellan bemerkt: Schon kurze Zeit später sandte er mir einige Muster edlen, eleganten Geschirrs nach Wildbad, versehen mit Geschenken an meinen Beichtvater und Maria Dorothea Krafft, eine meiner Hofdamen, die ihn wohl sehr beeindruckt hatte …

Schon während des nächsten Jahres – während wir uns noch überwiegend in Belgrad aufhielten, versorgte Joseph Süß Oppenheimer den General nicht nur mit wertvollen Informationen über die aktuellen Verhältnisse und Stimmungen in Württemberg und in den angrenzenden Fürstentümern, sondern wohl auch mit einem Kredit von 80.000 Gulden – im Vorgriff auf die Apanage, die Carl Alexander als künftiger Herzog von Württemberg zu erwarten hatte.

Mit fortschreitender Zeit, vor allem kurz vor der anstehenden Geburt ihres Kindes, bot ich der Herzogin Johanna Elisabeth in Sorge um ihre Gesundheit und ehrlichen Herzens an, sie in den letzten Wochen ihrer Schwangerschaft zu begleiten und ihr vor allem bei der Geburt beizustehen. Doch Johanna Elisabeth lehnte meine Hilfe brüsk ab, ohne mir dafür Gründe zu nennen. Das hat mich tief getroffen und verletzt, hatte ich doch nur das Wohl der Schwangeren und ihres Kindes vor Augen. Und es weckte mein Misstrauen. Mir kam jetzt der Verdacht, Johanna Elisabeth könnte bei der Geburt ein fremdes Neugeborenes als ihr eigenes unterschieben, nur um einen Thronfolger präsentieren zu können!

Auch am Kaiserhof in Wien vermutete man eine Intrige, mit der Carl Alexander um das Thronerbe gebracht werden sollte. Von Carl Alexander, dem kaiserlichen Generalfeldmarschall, Statthalter Serbiens und künftigen Herzog Württembergs, erwartete man sich

Treue zum Haus Habsburg und damit Einfluss auf die Politik im Südwesten des Deutschen Reiches. Kaiser Karl VI. erteilte deshalb Carl Alexander die Weisung, nach Württemberg zu reisen und der Sache auf den Grund zu gehen. Doch Herzog Eberhard Ludwig, sonst uns beiden gegenüber die Liebenswürdigkeit in Person, verbot ausdrücklich dem Vetter aus Winnental und mir, seiner Gattin, während der Zeit der erwarteten Niederkunft der Herzogin jeglichen Besuch und Aufenthalt in Stuttgart!

Stattdessen wurden in den Kirchen Württembergs Bittgottesdienste für die im elften Monat (!) Schwangere abgehalten. Für die Herzogin war in der Ludwigsburger Residenz ein Schlafgemach eingerichtet worden mit einem beziehungsvollen Fresco an der Decke. Es zeigt die Göttin Diana, die nicht nur die Schutzpatronin der Jäger ist, sondern auch die Garantin der Fruchtbarkeit und die Helferin der Frauen bei der Niederkunft! In diesem Schlafgemach stand eine fürstliche Wiege bereit, Personal für die Wöchnerin wurde eingestellt, ja selbst die Taufe wurde schon vorbereitet. Jedoch geriet das Ereignis für alle Beteiligten, den Herzog und die Herzogin, die Landschaft und das ganze Land Württemberg, zur großen Blamage: Am Ende musste Johanna Elisabeth eingestehen, dass es kein weiteres Kind, schon gar keinen Thronfolger, geben würde, und dass sie zu keinem Zeitpunk dieser beschämenden Farce tatsächlich schwanger gewesen war!

Damit war nun eindeutig klar geworden: Sollte Herzog Eberhard Ludwig aus dem Leben gehen, würde Carl Alexander als der erste katholische Herrscher seit 1534 über das evangelische Württemberg herrschen! Damit begannen aber auch alle die jahrelangen, hinterhältigen Diffamierungen, das üble Ränkespiel, das nicht nur Carl Alexander, sondern auch mich treffen sollte.

Der Hofkanzler Friedrich Wilhelm von Grävenitz verbreitete das Gerücht, ich habe den Jesuiten versprochen, ihnen in Württemberg eine Niederlassung zu verschaffen. Und andere wiederum bedauerten es, dass man es versäumt habe, Carl Alexander Geld anzubieten, damit er auf eine Heirat mit mir, der Katholikin, verzichtet hätte.

Ganz unverblümt dagegen forderten die Landstände erneut eine vertragliche Vereinbarung, dass die evangelisch-lutherische Kirche und ihre Privilegien bei einer Regierungsübernahme durch Carl

Alexander unangetastet bleiben sollten und der künftige Herzog alle Maßnahmen zur Re-Katholisierung des Landes unterlassen werde.

Am 16. Dezember 1732 unterzeichnete Carl Alexander die geforderte Zusicherung:

– im Land darf keine andere als die evangelisch-lutherische Religion eingeführt und gelehrt werden,

– es dürfen keine katholischen Kirchen, Kapellen, Altäre oder Bilder neu erbaut oder aufgerichtet werden,

– es dürfen keine neuen katholischen Friedhöfe errichtet werden,

– es dürfen keine Prozessionen oder Wallfahrten stattfinden,

– das Allerheiligste darf öffentlich nicht gezeigt oder getragen werden,

– nirgendwo darf das „Simultaneum catholicum“ eingeführt werden, also die gleichzeitige Nutzung evangelischer Kirchen für katholische Gottesdienste,

– katholische Gottesdienste dürfen ausschließlich in der Hofkapelle des Herzogs stattfinden.

Den Jahreswechsel verbrachten wir in Winnental. Die Einladung zu einem Besuch bei Vetter Eberhard Ludwig in Ludwigsburg mussten wir zu unserem großen Bedauern ausschlagen, da wir beide mit einer starken Erkältung ans Bett gefesselt waren. Per Brief übermittelte ich Eberhard Ludwig die allerbesten Wünsche zum neuen Jahr.

Am 14. Februar 1733 verfasste und unterschrieb Eberhard Ludwig sein Testament. In diesem bestimmt er Carl Alexander zu seinem Universalerben. Für die Landstände Anlass genug, weitere Forderungen an Carl Alexander zu richten, die er am 28. Februar 1733 dann auch erneut mit seiner Unterschrift sanktionierte:

– die Besetzung sämtlicher Kirchen- und Schulstellen und die Ausübung der geistlichen Gerichtsbarkeit obliegt allein dem Konsistorium,

– ebenso die Benennung evangelischer Kreis- und Reichstagsgesandter,

– keine Ansiedlung katholischer Bürger im Land,

– keine Berufung katholischer Geistlicher an alte oder neue Kirchen und Klöster.

Erst jetzt wurde Carl Alexander von den Landständen als Erbprinz anerkannt. Doch weder Papst noch Kaiser zeigten sich begeistert, als publik wurde, auf welchen Handel Carl Alexander sich damit eingelassen hatte. Kein Wunder, denn die Tragweite wurde Carl Alexander erst bewusst, als er schon längst Herzog von Württemberg war: Schon Carl Alexanders Vater als Regent und mehr noch sein Vetter Eberhard Ludwig hatte den Einfluss der Landstände und der württembergischen Führungsschicht bis an den Rand der Bedeutungslosigkeit zurückgedrängt.

Im Gegensatz dazu hatte nun Carl Alexander mit der wiederholten Unterzeichnung der Religionsreversalien und aller Zusatzvereinbarungen und Zugeständnisse, die Vormachtstellung der Landschaft nicht nur in vollem Umfang akzeptiert und anerkannt, sondern in einem bis dahin nicht gekannten Ausmaß festgeschrieben. Mit der wachsenden Einsicht in die fatalen Folgen dieser seiner Zugeständnisse und dem daraus resultierenden Bemühen, seine Souveränität als Herzog zurückzugewinnen, blieb Carl Alexander nur eine Möglichkeit: Er musste vom Wohlwollen und der Zustimmung der Landschaft weitgehend unabhängig werden und deshalb seinen eigenen finanziellen Spielraum deutlich vergrößern und ausbauen.

Joseph Süß Oppenheimer, Carl Alexanders Hoffaktor und persönlicher Finanzberater, erschien für diese Aufgabenstellung genau der richtige Mann.

Aber ich greife den Ereignissen zu weit vor.

Mitte März 1733 traf in Winnental ein Eilbote meines Vaters ein, der uns eilends nach Frankfurt rief: Meine Schwägerin Sophie Christiane Luise von Thurn und Taxis, Ehefrau meines Bruders Alexander Ferdinand, war am 17. März zum katholischen Glauben übergetreten und hatte vor dem Erzbischof in Mainz die Konversion feierlich vollzogen! Ein Eklat in den Augen ihres Vaters, des Markgrafen Georg Friedrich Karl von Brandenburg-Bayreuth, der mit größter Empörung reagierte. Er hatte angekündigt, er wolle nach Frankfurt kommen, um die näheren Umstände in Erfahrung zu bringen, die seine Tochter zu diesem Schritt bewogen hatten – oder ob sie nicht doch entgegen aller Vereinbarungen dazu überredet und genötigt worden sei!

Mein Vater bat uns um Unterstützung gegen den aufgebrachten Markgrafen: Hilfe war auch nötig, denn der Markgraf war ein äußerst unangenehmer Zeitgenosse, ein bigotter Pietist, der

Trunksucht ergeben und so hemmungslos brutal, dass er sich nicht scheute, sich mit seinem eigenen Sohn bei Meinungsverschiedenheiten in aller Öffentlichkeit zu prügeln!

Im Verlauf des Frühjahrs schließlich erkrankte Vetter Eberhard Ludwig schwer. Die Nachricht erreichte uns in Belgrad, wohin wir kurz zuvor zurückgekehrt waren. Ich schrieb dem Vetter, wie sehr wir bedauerten, dass er so sehr leiden müsse und wünschte ihm baldige Genesung und Gottes Segen.

Carl Alexander wäre am liebsten sofort nach Württemberg aufgebrochen, war zu dieser Zeit aber so malade, dass er selbst das Bett hüten musste. In diesen Tagen wich ich nicht von seiner Seite, obwohl ich mich selbst nicht sonderlich wohl fühlte: meine erneute, fünfte Schwangerschaft verlief nicht ohne Komplikationen.

Sobald Carl Alexander wieder auf den Beinen war, trat ich die Reise nach Frankfurt an, ins Haus meiner Eltern, um dort meine Niederkunft zu erwarten. Am 1. August 1733 schließlich schenkte ich hier Prinz Alexander Eugen das Leben. Kaum, dass es mein Zustand nach der Geburt erlaubte, kehrte ich wieder an die Seite meines Ehegatten nach Belgrad zurück. Ursprünglich sollte mich Joseph Süß Oppenheimer auf dieser Reise begleiten, da er jedoch dringende Geschäfte für Carl Alexander erledigen mußte, blieb er in Frankfurt zurück.

Als Herzog Eberhard Ludwig am 31. Oktober 1733 in den Morgenstunden verstarb, hatten weder Carl Alexander noch ich Gelegenheit gefunden, nach Stuttgart zu reisen, um Eberhard Ludwig am Krankenlager aufzusuchen. Noch in der Nacht seines Todes übermittelte der Geheime Rat die Bitte, Carl Alexander möge als Nachfolger die Regentschaft über das Herzogtum Württemberg übernehmen und sicherte seine volle Unterstützung zu. Gleichzeitig traf auch ein Eilbote des Hofrats Philipp Jakob Neuffer mit der Todesnachricht in Belgrad ein. Neuffer ließ übermitteln, er werde die von Carl Alexander für diesen Fall getroffenen Dispositionen getreulich befolgen. Carl Alexander hatte die Übernahme der Regierung noch im Mai bis ins kleinste Detail vorbereitet und Neuffer entsprechend instruiert. Bis zum Eintreffen des neuen Regenten sollte Herzog Karl Rudolf von Württemberg-Neuenstein, ebenfalls ein Vetter Carl Alexanders, an der Spitze eines Ratsgremiums die Regierungsgeschäfte führen.

Eiligst regelte Carl Alexander seine Geschäfte in Belgrad. Anfang November brach er auf nach Wien, mit kleinem Gefolge und nur mit dem Nötigsten versehen. Es sollte ein Abschied für immer werden, denn keiner von uns beiden kehrte jemals nach Belgrad oder Serbien zurück. Carl Alexander blieb zwar bis zu seinem Tode 1737 Statthalter Serbiens und nahm starken Anteil am Geschehen auf dem Balkan, wurde in Belgrad jedoch bis zur Rückeroberung Serbiens durch die Türken von einem seiner ehemaligen Kampfgefährten, dem General Philipp Graf von Marulli, vertreten.

Am 14. November 1733 erreichten wir Wien. Dort schloss Carl Alexander, nun schon designierter Herzog von Württemberg, mit Kaiser Karl VI. einen Vertrag, der die Übernahme württembergischer Truppen in den Sold des Kaisers regelte. In Wien wurde es einhellig begrüßt, dass mit Carl Alexander nun ein politisch verlässlicher, dem Kaiser treu ergebener Herzog in Württemberg an die Macht kam.

Von Wien aus gab Carl Alexander auch weitere Anweisungen an die Interimsregierung. Diese galten in erster Linie der Sicherheit und den Finanzen des Herzogtums. Denn Vetter Eberhard Ludwig hatte durch den Bau des Schlosses in Ludwigsburg und seinen aufwendigen Lebensstil einen kaum zu übersehenden Berg von Schulden hinterlassen. Diesen durch sparsames, solides Wirtschaften abzubauen und den Haushalt des Herzogtums zu sanieren, war Carl Alexanders erklärtes Ziel.

Am 23. November 1733, auf den Tag genau zwei Jahre nach dem Tod seines einzigen Sohnes, wurde Eberhard Ludwig in der Gruft unter der Ludwigsburger Schlosskirche beigesetzt. In seinem Testament hatte Eberhard Ludwig zwar bestimmt, dass Ludwigsburg als ständige Residenz und Regierungssitz beibehalten werden sollte. Carl Alexander jedoch entschied sich anders. Residenz- und Regierungsstadt sollte wieder Stuttgart werden. Im dortigen Alten Schloss wollte er seinen künftigen Wohnsitz nehmen. Die Landschaft bewilligte umgehend 120.000 Gulden, die Stadt Stuttgart steuerte weitere 50.000 Gulden bei, um das mit den Jahren heruntergekommene Schloss zu einem repräsentativen Herzogssitz um- und auszubauen. Für die erste Zeit sollten wir in Stuttgart im Prinzenbau neben der alten Kanzlei unsere Apartments beziehen.

Noch von Wien aus hatte Carl Alexander den Landständen auf deren Bitte hin ihre Privilegien einmal mehr zugesichert. Und wieder einmal war dies nicht genug. Der Engere Ausschuss schickte Herzog Carl Rudolph von Württemberg-Neuenstadt vor, um erneut die Religionsreversalien bestätigt zu erhalten. Doch damit ließ Carl Alexander sich dieses Mal Zeit.

Von Wien her kommend reisten wir auf der Donau gemeinsam nach Regensburg. Dort trennten sich unsere Wege. Während ich über Nürnberg und Würzburg nach Frankfurt fuhr, begab sich Carl Alexander nach Ulm und dann nach Göppingen. Ein kleines Landstädtchen, das im Norden von dem eindrucksvollen Bergkegel des Hohenstaufen überragt wird, damals noch gekrönt von der Ruine einer alten Burg, Stammsitz des Geschlechts der Stauferkaiser.

Vor dem Göppinger Schloss erwartete ihn ein Regiment Dragoner, der Premierminister Graf Friedrich Wilhelm von Grävenitz und der Geheime Rat Ulrich von Negendanck, die Carl Alexander dorthin beordert hatte.

Am 16. Dezember 1733 traf Carl Alexander – von Esslingen und Berg her kommend – in Stuttgart auf dem Schlossplatz ein. Die ganze Stadt befand sich auf den Beinen, den neuen Herzog willkommen zu heißen. Hier traf ich Carl Alexander wieder, zusammen mit unseren vier Söhnen Carl Eugen, Ludwig Eugen, Friedrich Eugen und dem sechs Monate alten Alexander Eugen.

Stuttgart – nie hätte ich gedacht, dass ich hier einmal als Herzogin residieren würde: Eingeschlossen von Weinbergen, lag die Stadt mit ihren bescheidenen rund 12.000 Einwohnern in einem engen Tal, das sich nach Osten zum Neckar und nach Cannstatt hin öffnet: im Zentrum die Altstadt mit ihrem Gassengewirr rund um den Marktplatz, am östlichen Rand das Schloss mit dem Neuen Bau, der Kanzlei, dem Prinzenbau, der Stiftskirche und dem Marstall. Rechts davon der Zwinger und der Schlossgarten mit dem „Garten der Herzogin", dem alten und dem neuen Lusthaus, der Rennbahn, dem Labyrinth, der Grotte und dem Pomeranzengarten. Südlich der Altsstadt lag die St. Leonhardsvorstadt, nördlich die Liebfrauenvorstadt mit dem großen See, schon damals nur noch ein großes, verlandendes Sumpfgebiet, das später gänzlich aufgefüllt und als große

Wiese genutzt werden sollte. Eine kleine, überschaubare Welt, in der man sich sicher hätte zu Hause fühlen können.

Aber schon bald schlug uns, schlug mir – sobald die anfängliche Begeisterung im Volk über die Ankunft des Kriegeshelden nachgelassen hatte – zuerst Ablehnung, später dann oft offener Hass entgegen. Und der Stuttgarter Hof – ganz anders, als ich dies aus den Hofhaltungen meiner Familie in Brüssel und in Frankfurt gewohnt war – erwies sich als mörderische Schlangengrube, in der es schwer war, Freund und Feind auseinander zu halten.

Doch von all dem ahnte ich noch nichts, als das Volk die Hüte und Kappen schwenkte und den neuen Herzog mit unverhohlener Begeisterung empfing.

Auf Drängen des engeren Ausschusses der Landschaft, bestätigte Carl Alexander am 17. Dezember 1733 feierlich deren Privilegien und die Rechte der protestantische Religion. In dem Vertrag, den er dabei unterzeichnete, hieß es: *„Also wollen wir zur Übung unseres Privat-Gottesdienstes in unserem fürstlichen Schloss allhier eine besondere Kapelle einrichten …“*. Das bedeutete, dass die vorhandene Kapelle im Schloss weiterhin ausschließlich für protestantische Gottesdienste zur Verfügung stehen sollte und der Herzog sich in einem der Räume im Schloss eine neue Kapelle für seine katholischen Gottesdienste einzurichten hatte.

Und weiter verpflichtete sich Carl Alexander dazu, auch in Ludwigsburg den katholischen Gottesdienst zusammen mit den dort lebenden Katholiken ausschließlich in privatem, nicht öffentlichen Rahmen abzuhalten! Damit nicht genug, sicherte Carl Alexander der Landschaft weitreichende Privilegien zu, die den im Land führenden Familien ihre traditionelle Machtpositionen sichern sollten. Er übertrug alle Rechte, die ihm, dem Herzog, als Oberhaupt der evangelischen Kirche zustanden, auf den Geheimen Rat und das Kirchenkonsistorium. Und er sicherte zu, dass alle Hof- und Behördenstellen, Professoren, Lehrer, Gesandte des Landes im Reichs- und Kreistag ausschließlich mit Männern besetzt werden sollten, die der evangelisch-lutherischen Kirche angehörten, und diese auf die Landesverfassung einzuschwören. Alles Schritte, immer tiefer hinein in die totale Abhängigkeit vom Wohlwollen der Landstände und der evangelischen Kirche.

Marode Staatsfinanzen und Cliquen-Wirtschaft

Die maroden Staatsfinanzen zu sanieren, war eines der ersten, großen Ziele Carl Alexanders: Wie eine erste Bestandsaufnahme zeigte, hatte Vetter Eberhard Ludwig einen Schuldenberg von genau 1.503.864 Gulden hinterlassen! Zurückzuführen auf den Bau der neuen Residenz in Ludwigsburg, kombiniert mit einer kaum zu überbietenden Verschwendungssucht, mit Korruption und Misswirtschaft. Damit sollte nun endgültig Schluss sein!

Einer der ersten Schritte, des Problems Herr zu werden, war die Abrechnung mit der Grävenitz-Clique, die sich in den Jahren, in denen Herzog Eberhard Ludwig seiner Mätresse völlig verfallen war, schamlos bereichert hatte – durch Ämterkauf, Lotterien, Bank- und Geldgeschäfte, den Verkauf von Konzessionen und durch merkantile Projekte, deren Erlöse ausnahmslos in den vielen Taschen der Hofschranzen versickerten. Wie man sieht, alles Maßnahmen zur Geldbeschaffung, die in Württemberg genauso üblich waren wie anderswo – längst bevor Carl Alexander Herzog wurde. Dass auch er später darauf zurückgriff, um seine Kassen zu füllen, erscheint deshalb wenig verwunderlich. Diese Methoden der alleinigen Urheberschaft Joseph Süß Oppenheimers anzulasten, so wie am Ende geschehen, war also mehr als fragwürdig.

Noch im Dezember 1733 leitete Carl Alexander gegen die Grävenitz-Clique Untersuchungen ein und ließ deren Protagonisten – soweit man ihrer habhaft werden konnte – inhaftieren. Allen voran die obersten Drahtzieher, Premierminister Graf Friedrich Wilhelm von Grävenitz und den württembergischen Gesandten am immerwährenden Reichstag in Regensburg, Graf Viktor Sigmund von Grävenitz. Johann Friedrich von Staffhorst, der die Grävenitz mit nach Württemberg geholt hatte, und der Gesandte Johann Heinrich Baron Schütz-Pflummern von Hohenstein, der die spätere Scheinehe der Grävenitz mit Johann Franz Ferdinand von Würben vermittelt hatte, waren zu diesem Zeitpunkt bereits verstorben und konnten nicht mehr zur Rechenschaft gezogen werden.

Christina Wilhelmina von Würben hatte schon 1732 das Land verlassen, nachdem Eberhard Ludwig einem vom Kaiser initiierten

Vergleich hatte zustimmen müssen: Die Grävenitz übereignete ihre Güter Gochsheim, Stetten und Brenz für 125.000 Gulden an den Herzog (weitere 85.000 Gulden erhielt sie von ihm für den Verkauf ihrer Herrschaft Freudenstadt) und verpflichtete sich dazu, nie wieder württembergischen Boden zu betreten. Doch noch immer hatte sie umfangreiches Vermögen und Besitz in Württemberg. Der Prozess gegen sie zog sich nahezu drei Jahre hin. Erst als Carl Alexander auf ein Ende drängte und seinen Hoffaktor Joseph Süß Oppenheimer beauftragte, eine Lösung zu finden, willigte die Würben 1736 in einen neuerlichen Vergleich ein. Nach langen, zähen Verhandlungen verzichtete sie auf ihr gesamtes Eigentum im Land und wurde dafür statt der verlangten 340.000 Gulden mit nur 150.000 Gulden entschädigt.

Man hat Oppenheimer später vorgeworfen, er habe sich von der Grävenitz bestechen lassen und bei dem Handel kräftig abkassiert. Tatsache jedoch ist, dass die vom württembergischen Geheimen Legationsrat Philipp Eberhard Zech ursprünglich angebotenen 120.000 Gulden von der Gräfin entschieden abgelehnt worden waren und kein Geringerer als König Wilhelm I. von Preußen sich schon beim Prozess in Wien und während der folgenden Verhandlungen um einen Vergleich vehement für die Interessen der Grävenitz eingesetzt hatte. Wo und wie also hätte Oppenheimer bei dieser Gemengelage für sich jemals einen nennenswerten Gewinn herausschlagen können?

Friedrich Wilhelm von Grävenitz wurde 1734 aus der Haft entlassen und flüchtete nach Wien. Auch er hatte gegen eine Entschädigung von 50.000 Gulden auf all seine Württemberger Besitzungen verzichtet. Darunter auch das Lehen Heimsheim und Perouse, samt dem von ihm in Heimsheim errichteten Schloss. Das somit frei gewordene Lehen und Schloss übereignete mir Carl Alexander am 04. Juli 1734 zur Nutzung auf Lebenszeit.

Der Prozess gegen die Grävenitz-Clique war im In- und Ausland mit großem Interesse verfolgt worden und fand vor allem in der Bevölkerung Württembergs große Zustimmung. Carl Alexander gelang es damit, zu Beginn seiner Herrschaft ein unmissverständliches Zeichen zu setzen, die Verwaltung von korrupten Parteigängern zu säubern und die frei gewordenen Regierungsämter mit ihm ergebenen Männern zu besetzen.

Noch waren wir dabei, uns in Stuttgart häuslich einzurichten: Carl Alexander hatte die Arbeiten am Schloss in Ludwigsburg gestoppt, um Geld zu sparen. Stattdessen sollte die Residenz, wie versprochen, wieder nach Stuttgart verlegt werden.

Doch das Alte Schloss war sichtlich in die Jahre gekommen: Die Dächer waren undicht, in den Türmen nisteten die Falken und es drohten die Decken einzustürzen. So lange die Renovierungsarbeiten dauerten, logierten Carl Alexander und der Hofstaat im Prinzenbau. Nur für mich und die verwitwete Erbprinzessin Henrietta Marie wurden Apartments im Schloss eingerichtet. Die dafür notwendigen Möbel, Gemälde, Tapisserien, Vorhänge und Teppiche wurden aus Ludwigsburg herbeigeschafft.

Im Dezember 1733 hatte ich – nun regierende Herzogin in Württemberg – das Patent für unseren Hoffaktor Joseph Süß Oppenheimer bestätigt, das ich ihm zusammen mit Carl Alexander 1732 in Wildbad ausgestellt hatte: Ein sehr großer und nicht unbedingt üblicher Vertrauensbeweis für den Hoffaktor, der damit zu unserem persönlichen Beauftragten in allen finanziellen Angelegenheiten aufstieg. Seine Dienste wusste ich durchaus zu schätzen: Er besorgte mir Geld und Kredite für meine Hofhaltung, beglich offene Rechnungen und orderte für mich im Ausland kostbare Stoffe, Seide, Atlas, Spitzen und Stickereien, Schmuck und Juwelen.

Ende 1733 hatte Carl Alexander seinen Hoffaktor mit einer Mission beauftragt, deren Gegenstand und Ziel im Dunkeln lagen. Der Herzog und auch Oppenheimer schwiegen darüber. Möglich, dass es hier schon um Verhandlungen mit der Gräfin von Würben ging. Wahrscheinlicher aber sind vertrauliche Ermittlungen Oppenheimers rund um die Münze. Beides jedoch Themen, die Carl Alexander in diesen Wochen stark beschäftigten. Sicher weiß ich nur, dass Oppenheimer vom Herzog am 17. Dezember *„auf den nächstkünftigen Dienstag“* militärisch knapp, mit der ihm eigenen Ungeduld und etwas barsch zurückbeordert wurde, um ihm schnellstmöglich und persönlich über das Ergebnis dieser Mission Bericht zu erstatten.

Oppenheimer erschien jedoch erst am 2. Januar 1734 in Stuttgart und wurde beim Herzog zur Audienz unter vier Augen vorgelassen: Schon dieser erster offizielle, geheimnisvolle Auftritt Oppenheimers bei Hof wurde von den herzoglichen Beamten mit größtem Argwohn registriert und beobachtet. Wie immer der Auftrag des Herzogs an Oppenheimer gelautet haben mag, er muss erfolgreich verlaufen sein. Denn nur wenige Tage später, am 9. Januar, berief Carl Alexander seinen Hoffaktor, der schon zwei Jahre zuvor aus Mannheim nach Frankfurt übergesiedelt war, dort zu seinem persönlichen Residenten.

Schon bei seiner Ankunft vor zwei Jahren in Frankfurt hatte Joseph Süß Oppenheimer eindeutig Format und seinen überaus starken Willen bewiesen: Statt sich, wie alle Frankfurter Juden, dort in der Judengasse anzusiedeln, hatte Oppenheimer im renommierten „Gasthof zum Goldenen Schwan“ mitten im Zentrum der Stadt einige Zimmer angemietet. Anfänglich war dies vom Magistrat geduldet worden, doch seit Frühjahr 1733 gab es deshalb heftige Auseinandersetzungen, die sich nun verstärkten. Denn mittlerweile belegte Oppenheimer im „Goldenen Schwan“ eine Flucht von 13 Zimmern, in denen er seine Angestellten, seinen Geschäftsbetrieb und seinen Hausstand untergebracht hatte. Dazu bestand er darauf, an der Hauswand das Wappen des Herzogs anzubringen, so wie alle anderen Residenten deutscher Fürsten in Frankfurt auch.

In dieser Auseinandersetzung mit dem Frankfurter Magistrat wurde nun auch Carl Alexander immer mehr aktiv, und es bedurfte einiger Diplomatie und guten Zuredens, bis die Frankfurter die Wohnung seines jüdischen Residenten außerhalb des Judengettos akzeptierten.

Was jedoch in meinen Augen weit schwerer wog, als die Abwehr des Magistrats, war der Umstand, dass Carl Alexander den erst am 2. Juni 1733 noch von Herzog Eberhard Ludwig ernannten Residenten Württembergs, Hofrat Heinrich Ehrenfried Luther, mit einem einzigen Federstrich zu Gunsten Oppenheimers entließ: Einer mehr auf der Liste unserer Feinde, die sich in den nächsten Monaten und Jahren ständig mehren sollten, bis am Ende der Hass auf den Herzog und mehr noch auf Joseph Süß Oppenheimer obsiegte!

Am 24. Januar 1734, einem Sonntag, feierte Carl Alexander mit allem Pomp seinen 50. Geburtstag. Dieser begann mit einer herrschaftlichen Hirschjagd im Schönbuch und endete am Abend mit einem großen Ball im Stuttgarter Lusthaus, zu dem die ganze Stadt festlich illuminiert worden war. Obwohl die Karnevalszeit noch nicht angebrochen war, hatte Carl Alexander bei all diesen Festlichkeiten „Maskerade“ angeordnet. Noch lebten wir erst wenige Wochen in Stuttgart, sodass zumindest mir viele der geladenen Gäste gänzlich unbekannt waren. Doch wer war nun diese ominöse Madame T. mit den roten Haaren in der grünen Maske einer Nymphe? Bereits zur Hirschjagd war Madame T. mit einem ganzen Rudel serbischer Braken erschienen und, wie mir auffiel, war sie vom Herzog mit besonders großer Freude und sehr vertraut begrüßt worden, so als habe er sie schon sehnlich erwartet!

Wie soll ich meine Gefühle beschreiben? Carl Alexander, dem ich bis dahin bedingungslos vertraut hatte, machte ein großes, mir unverständliches Geheimnis um diese Dame! Ein erster tiefer Zweifel und Riss in meiner Liebe zu ihm, der sich im Verlauf des Tages und des Abends, beim Hofball, noch vertiefte. Der Herzog schien nur Augen und Ohren für Madame T. zu haben, tanzte sogar mit ihr – ein ganz besonderer Gunstbeweis wie ich wusste, denn Carl Alexanders immer schmerzende Beinwunde bewirkte, dass er zumeist nicht länger als unbedingt nötig auf dem Parkett verbleiben mochte.

Wen auch immer ich befragte, niemand wollte die grüne Nymphe kennen. Und niemand wagte wohl, sie mir vorzustellen. Selbst Oppenheimer, der zu dem Fest aus Frankfurt nach Stuttgart gekommen war und dem sonst nichts und niemand unbekannt blieb, gebrauchte Ausflüchte und gab sich ahnungslos.

Und ob Carl Alexander die Nacht nach seinem Geburtstag in seinem Apartment im Prinzenbau mit Madame T. verbrachte, blieb mir auf immer ebenso verborgen wie deren wahre Identität. Sicher ist nur, dass sie wohl von gewissem Adel war, dafür sprachen schon die Hunde und ihr ganzes Auftreten bei der Jagd, an der Tafel und später dann auf dem Tanzparkett.

Was mich befremdete und erschütterte, war dieser mir bis dahin unbekannte Charakterzug des Herzogs: Machte er sich denn keinerlei Gedanken darüber, wie sehr es mich verletzten musste, wenn er – kaum zum regierenden Herzog von Württemberg avanciert – alle Hemmungen fallen ließ und eine heimliche Mätresse präsentierte? Bemerkte er denn nicht die wenigen mitleidigen und meist mehr als hämischen Blicke, die mir hinter vorgehaltenen Fächern und Händen vom Hofstaat und den Gästen zugeworfen wurden? Wie sollte ich Respekt und Anerkennung als seine Ehefrau, als seine Herzogin erfahren in diesem mir immer noch so abweisend fremden Land, wenn er mich vor aller Augen so offen bloßstellte und brüskierte? Wollte er mich in eine Reihe stellen mit der bedauernswerten Herzogin-Witwe Johanna Elisabeth, deren Leben ausschließlich aus Demütigungen dieser Art bestanden hatte und die bis heute darunter litt?

Ich war zu überrascht, verunsichert und getroffen, als dass ich sofort hätte reagieren können. Als ich mir endlich ein Herz nahm und Carl Alexander zur Rede stellte, war Madame T. mit ihren Hunden längst aus Stuttgart verschwunden, und er zeigte sich in seiner polternden Art über meine Nachfrage höchst ungehalten und hüllte sich ansonsten in Schweigen.

Es verging eine ganze Reihe von Monaten, als Carl Alexander mir die nächste Überraschung dieser Art präsentierte: seine siebenjährige Tochter Henriette aus einem Verhältnis mit Juliane von Taubenheim, einer geborenen Caretti.

Im selben Jahr 1726, in dem ich ihn in Wien kennenlernte und mich in ihn verliebte, hatte Carl Alexander wohl auch *„eine vertrauliche Affektion“* zu der Witwe des kaiserlichen Hauptmanns von Taubenheim gefasst, der kurze Zeit zuvor den Tod gefunden hatte.

Ob die Taubenheim damals schon in Belgrad lebte oder ob sie sich erst später dort niederließ, konnte ich nicht erfahren. Die *„vertrauliche Affektion“* jedenfalls ging wohl so tief, dass Juliane von Taubenheim schwanger wurde und 1727 eine Tochter zur Welt brachte, die Carl Alexander als sein leibliches Kind anerkannte.

Henriette wuchs die erste Zeit bei ihrer Mutter in Belgrad auf, dann wurde sie in Wien in einem Kloster der Ursulinerinnen erzogen. Dann, im Verlauf des Jahres 1734 , holte Carl Alexander seine Tochter nach Stuttgart. Ein erneuter Affront gegen mich, denn die ganze Stadt zerriss sich das Maul, als er das Mädchen ausgerechnet beim Bürgermeister Ernst Friedrich Schweizer, einem meiner Intimfeinde in der Residenzstadt, in Kost und Logis gab. Später dann brachte er das Mädchen in einem Frauenkloster in Heidelberg unter.

Die Gründe, die dazu führten, erfuhr ich erst sechs Jahre später, weit nach dem Tod Carl Alexanders, von Expeditionsrat Johann Friedrich Neuffer, dem Faktotum und Vertrauten des Herzogs: Juliana von Taubenheim, die sich – wie dreist und unverschämt von ihr – in der Zwischenzeit *„Gräfin de la Tour et Tassis"* nannte, war in den 30er Jahren in Wien wegen ihres unsittlichen Lebenswandels in Verruf geraten. So sah sich der Herzog 1734 gezwungen, Henriette zu sich nach Württemberg zu holen.

Nach dem Tod des Herzogs hatte die Taubenheim ihre Tochter wieder zurück nach Wien geholt, wo sie sich 1740 an den Kaiser wandte und um dessen Unterstützung bat, von Württemberg die angeblich ausstehenden Alimente für ihre Tochter einzufordern. Ihren Anspruch begründete sie damit, dass Carl Alexander ihr seinerzeit in Belgrad die Ehe versprochen habe. Nur deshalb habe sie sich mit ihm eingelassen.

1727, nach der Geburt der kleinen Henriette, habe er ihr für die Tochter einen jährlichen Unterhalt von 500 Gulden auf Lebenszeit zugesichert. Seit seinem Tode weigerten sich die Württemberger jedoch, weiter für den Unterhalt der unehelichen Tochter des Herzogs aufzukommen.

Auf Grund der Intervention des Kaisers einigte sich der Herzogadministrator dann mit der Gräfin auf jährliche Unterhaltszahlungen von 200 Gulden für die Mutter und 150 Gulden für Henriette.

Außerdem erfuhr ich bei dieser Gelegenheit im Jahr 1740 von Neuffer, dass Carl Alexander seiner Geliebten bei der Geburt Henriettes Juwelen im Wert von 70.000 Gulden übergeben hatte, die er jedoch kurze Zeit später, gegen das Versprechen, ihr eine gleiche Summe in bar übereignen zu wollen, wieder zurückgefordert hatte.

Ganz sicher hatten nicht wenige jener Juwelen, die er ursprünglich seiner Geliebten zugedacht hatte, kurze Zeit später ihren Weg in das wunderschöne Kästchen gefunden, das Carl Alexander mir, seiner jungen Braut, nach unserer Hochzeitsnacht im Mai 1727 als Morgengabe überreichte.

So erhielt ich posthum noch die Bestätigung, dass ich bei jenem Geburtstagsfest im Jahr 1734 mit meinen Vermutungen und Gefühlen durchaus richtig gelegen hatte! Wie unverfroren von Carl Alexander, wie ignorant, wie unsensibel, wie überaus rücksichtslos mir gegenüber! Erst Madame T., die heimliche Geliebte, nach Stuttgart zu bringen, dann auch noch die uneheliche Tochter! Kein Wunder, dass all die bigotten Klatschmäuler in der Stadt und am Hof sich über mich lustig machten und sich das Maul zerrissen!

Und mehr noch: Jetzt war ich mir mehr als sicher, dass Carl Alexander mich von Anfang an mit der Taubenheim schamlos hintergangen und betrogen hatte: Während er um mich warb, nach unserer Hochzeit, während meiner Schwangerschaften, während unserer gesamten Belgrader Zeit!

Warum also, so fragte ich mich jetzt tatsächlich, hatte er mich damals geheiratet? Hatte er mir seine Zuneigung, seine Fürsorge, seine Liebe nur vorgespielt und war es ihm doch nur um meine Mitgift, die Apanage und das mögliche zu erwartende Erbe der Tochter aus reichem Hause gegangen?

Die Erbhuldigung für den neuen Herzog

Noch ahnte ich von all dem nichts, als drei Tage nach dem für mich so zwiespältigen Geburtstagsfest für Carl Alexander am 27. Januar 1734 zur Erbhuldigung in der Stiftskirche die Eidglocke geläutet wurde. Alle Einwohner Stuttgarts über 16 Jahren versammelten sich festlich gekleidet auf dem Markt. Pauken und Trompeten erklangen, und geleitet von einem großen Gefolge und der Leibgarde fuhr der Herzog in einem sechsspännigen Wagen vom Schloss zum Herrenhaus. Unter einem Baldachin warteten dort der Magistrat der Stadt und die Vertreter der Landschaft, die den Herzog begrüßten, den Eid auf ihn ablegten und dem neuen Landesherrn huldigten. Im Gegenzug bestätigte Herzog Carl Alexander ein weiteres Mal die im Tübinger Vertrag von 1514 festgelegten Freiheiten und Privilegien der Landschaft und die im Westfälischen Frieden von 1648 zugesicherte evangelisch-lutherische Landesreligion.

Es folgte ein glanzvolles Fest mit der Aufführung einer Komödie, einer üppigen Hoftafel und einem Ball zu Ehren des neuen Herzogs und mir, seiner Herzogin.

Die Huldigungszeremonie wiederholte sich in ähnlicher Weise am 1. Februar 1734 in Tübingen, der zweiten Haupt- und Residenzstadt des Herzogtums.

Dann, am 21. Februar 1734, rief mich lautes Wehklagen an die Wiege meines jüngsten Sohnes Alexander Eugen. Der kleine Prinz lag bleich in seinen Kissen und regte sich nicht. Als seine Amme ihn aus den Kissen nahm und mir in die Arme legte, hatte das Leben ihn bereits verlassen. Kaum ein halbes Jahr, nachdem ich ihm das Leben schenken durfte, hatte der Herr mir auch diesen Sohn wieder genommen. Welch schreckliche Tage! Wie gerne hätte ich in diesem Moment auf all die neuen Ehren als Herzogin verzichtet! Mehr noch auf das kaiserliche Patent, das den Prinzen noch kurz vor seinem Tod mit dem Titel eines Oberst beglückte.

Doch alles Weinen und Wehklagen half nicht. Am 26. Februar 1734 wurde mein Söhnchen, Prinz Alexander Eugen von Württemberg, in einem kleinen Sarg aus Eiche und Zinn mit dem eingravierten herzoglichen Wappen auf dem Deckel zur ewigen Ruhe gebettet. Was hätte aus ihm alles werden können? Ein herausragender Militär, ein verwegener Haudegen wie sein Vater? Oder vielleicht ein weltoffener, gerechter, mitfühlender und sensibler Herrscher in den württembergischen Landen? Wer konnte, wer wollte das schon wissen?

Der Herr hat's genommen, der Herr hat's gegeben: Kurze Zeit später stellte ich fest, dass ich erneut *„gesegneten Leibes"* war. Nachdem zu Anfang des Sommers mein Zustand nicht mehr zu verbergen war, machte die gute Nachricht die Runde und veranlasste den Engeren Ausschuss, mir am 24. Juli zum *„wiedermaligen hohen Ehesegen"* die besten Glückwünsche zu übermitteln.

Zuvor markierte der 9. März ein ganz besonderes Datum: An diesem Tag erhielt Joseph Süß Oppenheimer von Carl Alexander den Pachtvertrag über die württembergische Münze ausgehändigt. Mir sagte dies sehr wenig, denn sonderlich haben mich zu jener Zeit die Geschäfte der beiden nicht interessiert. Natürlich ging es um Geld, viel Geld.

Wenig später, am 18. März, traf – nach drei Monaten einer langen, beschwerlichen Reise – ein Konvoi aus 28 Kutschen und Bagagewagen mit dem wertvollsten Inventar und den wichtigsten Dokumenten aus Carl Alexanders Belgrader Residenz in Stuttgart ein. Begleitet wurde der unter dem Kommando des Hauptmanns und General-Adjutanten Joseph Adam Graf von Zedtwitz stehende Wagenzug von über 100 Soldaten und Bediensteten des Belgrader Haushalts.

Das Mobiliar und vor allem die vielen zuverlässigen, vertrauten Gesichter hatte ich seit meiner Abreise aus Serbien schmerzlich vermisst. Es fühlte sich an wie ein Stück Heimat, das damit in das Stuttgarter Schloss einzog und uns die Atmosphäre und das Leben dort angenehmer gestaltete. Denn mittlerweile spürte ich auf Schritt und Tritt die Ablehnung und das Misstrauen, das uns von den Funktionsträgern im Land, der bürgerlichen Oberschicht und dem evangelischen Klerus entgegenschlug.

Ich bin von meinen Eltern, insbesondere von meiner tief gläubigen Mutter, im katholischen Glauben erzogen worden. Als Kind und auch als Erwachsene achtete ich die Gebote, ging regelmäßig zum Gottesdienst und zur Beichte und empfing die Sakramente. Auch wenn ich nie zu den Menschen gehörte, die ins Extreme verfallen – wenn nötig, verteidigte ich meine Kirche und meinen Glauben!

Hatte ich bei unserer Ankunft in Stuttgart im Dezember noch gehofft, bald wenigstens in der Hofkapelle den ersten Gottesdienst feiern zu können, sah ich mich getäuscht: Die bisherige Hofkapelle blieb auf Grund der von Carl Alexander gemachten Zugeständnisse auf Dauer den Evangelischen überlassen, der zugesicherte Neubau einer katholischen Kapelle wurde mit allen möglichen Ausreden verzögert. Unsere Gottesdienste mussten in einem der Zimmer im Schloss stattfinden.

Die beiden Kapuzinerpater, die der päpstliche Nuntius in Wien für uns ausgewählt und nach Stuttgart beordert hatte, trafen Anfang März hier ein und wurden – weil sich der Herzog zu dieser Zeit auf Inspektionsreise im Schwarzwald befand – bei Hof nicht vorgelassen. Tagelang mussten die Pater sich ihren Unterhalt vor den Stuttgarter Haustüren erbetteln! Ich stellte sie dann unter meinen ganz persönlichen Schutz, so wie alle weiteren, die ihnen noch folgen sollten.

Zwei von ihnen fanden später dann Unterkunft im Haus Joseph Süß Oppenheimers und waren gerne gesehene Gäste an seiner Tafel.

Erst am 4. April 1734 konnte auf mein Betreiben und meine Anordnung hin der erste feierliche katholische Gottesdienst mit Predigt im Stuttgarter Schloss stattfinden. Als Ort dafür wählte ich nun erst recht die evangelische Schlosskapelle. Ich nahm in Kauf, dass diese Provokation auf den schärfsten Protest stoßen würde. Doch ich legte noch größeren Wert darauf, meine Religion und ihre Zeremonien in ihrer ganzen Pracht wenigsten im Schloss ungehindert an dem Ort entfalten zu können, der ihr dafür am besten gebührt.

Wenige Tage später erfuhr ich, dass die Frau meines Hofkochs einen Sohn geboren hatte, der getauft werden sollte. Der Koch wohnte mit seiner Familie in einem der Häuser in der Stadt. Um der Mutter im Wochenbett zu ermöglichen, der Taufe ihres Neugeborenen beizuwohnen, erteilte ich Pater Benno Lussi den Auftrag, den Knaben nicht im Schloss, sondern unmittelbar im Haus des Hofkochs zu taufen. Der Stuttgarter Bürgermeister erfuhr davon und ließ verhindern, dass der Pater die Taufe vollzog. Als dieser unverrichteter Dinge wieder ins Schloss kam, schickte ich ihn erneut in die Stadt zurück, diesmal begleitet von der herzoglichen Leibgarde und der herzoglichen Musikkapelle, die vor dem Haus des Kochs geistliche Musik aufspielte, während drinnen der Pater das Kind wie von mir befohlen taufte! Die Leibgarde sorge während der Zeremonie für Ruhe und Sicherheit.

Natürlich werteten die evangelischen Bürger und ihre Geistlichkeit die Durchsetzung der katholischen Haustaufe als grobe Provokation. Der Hofmarschall lud die Kapuzinerpater vor, äußerte sein größtes Missfallen und drohte, wegen dieser Verstöße gegen die Religionszusicherungen des Herzogs beim Corpus Evangelicorum des Regensburger Reichstages Klage zu erheben. Was für eine Anmaßung! Im Gegenzug gab ich Anweisung, künftig alle neu geborenen Kinder der katholischen Hofbeamten öffentlich im großen Rittersaal des Schlosses, in dem nun auch die Gottesdienste gefeiert wurden, zu taufen. Bei jeder dieser Taufen würde ich persönlich zugegen sein. Künftige Beschwerden gegen die von den Kapuzinern vorgenommenen religiösen Handlungen seien unmittelbar an den Herzog und an niemanden sonst zu richten! Nach dieser unmissverständlichen Anweisung und meiner Abreise zu einem längeren Aufenthalt auf der Festung Hohentwiel, bei dem mich mein Beichtvater Joseph Richmut begleitete, glätteten sich die Wogen und es kehrte erst einmal Ruhe ein. Von da an konnten die Kapuziner in der Stadt unbehelligt auch Kranke und Sterbende besuchen und die Sakramente spenden.

Dabei blieb es leider nicht auf Dauer. Landschaft, Geheimer Rat und das Konsistorium wachten mit Argusaugen darüber, dass sich Carl Alexander an die eingegangenen Verpflichtungen hielt. Ständig hatten sie unsere katholischen Privatgottesdienste und unsere Hofgeistlichen im Visier und beklagten sich über jeden noch so kleinen, angeblichen Verstoß. In meinen Augen waren es zumeist Nichtigkeiten, die ihre kleinlichen, rechthaberischen und intoleranten Reaktionen auslösten.

Wiederholt bedrängte ich Carl Alexander wegen dieser unhaltbaren Zustände. In einer hitzigen Auseinandersetzung warf ich ihm vor, dass sich Katholiken heute in Württemberg weit größerer Verfolgung ausgesetzt sehen mussten als noch zu Zeiten seines evangelischen Vorgängers! Und dass er sich nicht ausreichend um die Rechte und Probleme seiner katholischen Untertanen kümmere.

Carl Alexander wies meine Vorwürfe weit von sich. Ja, natürlich gab es katholische Bedienstete am Hof und katholische Offiziere im Heer. Und bei unseren „privaten" Gottesdiensten im Schloss versammelten sich oft mehr als 300 Personen, auch von außerhalb des Schlosses, die der Messe und den Predigten beiwohnten. Aber der Herzog wollte die im Land vorherrschende antikatholische Stimmung nicht weiter anheizen und vermied von sich aus peinlichst jede Provokation. Ja, mitunter gewann ich den Eindruck, er wende sich ganz bewusst gegen geistliche wie weltliche katholische Würdenträger, um seinen strikt neutralen Kurs in Sachen Religion zu demonstrieren.

Umso mehr fühlte ich mich dazu verpflichtet, gegen alle Widerstände dafür Sorge zu tragen, zumindest in unserem unmittelbaren Umfeld die Ausübung katholischer Gottesdienste und Seelsorge zu ermöglichen. Immer wieder kam es deshalb zu Auseinandersetzungen zwischen Carl Alexander und mir. Die Hoffnung des Papstes und der katholischen Kurie, dass der Regierungsantritt eines katholischen Herzogs in Württemberg zur Re-Katholisierung des Landes führen werde, entbehrte allerdings jeder Grundlage: Die Religionsreversalien, die Carl Alexander mehrfach zugesichert und unterzeichnet hatte, und auch die im Reich geltenden Gesetze sprachen eindeutig dagegen. Außerdem war ich mir damals schon sicher: Man würde Carl Alexander eher beseitigen als eine Re-Katholisierung Württembergs durch ihn zuzulassen!

Der polnische Erbfolgekrieg

Gleich zu seinem Regierungsantritt hatte Carl Alexander mir ein eigenes Kürassierregiment verliehen, das aus einer Schwadron Garde du Corps und drei weiteren Schwadronen neu errichtet und unter den Befehl des Obersten Philipp Albrecht von Gaisberg gestellt wurde. Das Kürassierregiment erhielt den Namen „Herzogin Maria Augusta" und begleitete mich bis 1741, dem Jahr, in dem ich es dem preußischen König Friedrich II. überstellte. Jetzt aber, im Frühjahr des Jahres 1734, zogen meine Kürassiere – und nicht nur sie – erst einmal in den Krieg!

Schon am 6. Februar 1734 hatte Kaiser Karl VI. seinen treuen Gefolgsmann Carl Alexander, Herzog von Württemberg, zum Reichsgeneralfeldmarschall und Oberbefehlshaber der kaiserlichen Truppen im schwäbischen Reichskreis ernannt. Den Anlass dazu gab der seit Monaten schwelende Krieg um die Thronfolge in Polen. Frankreich hatte dem Kaiser schon im Oktober 1733 den Krieg erklärt, und französische Truppen hatten daraufhin bei Kehl den Rhein überschritten.

Unmittelbar, nachdem Carl Alexander das Kommando über die kaiserlichen Truppen übernommen hatte, ernannte er Joseph Süß Oppenheimer zum Kriegsfaktor und beauftragte ihn, für Infanterie und Dragoner Zelte zu beschaffen. Ein Jahr später schlossen die beiden einen Kontrakt zur Lieferung von großen Mengen von Mehl, Hafer und Heu, später dann auch Brot und Verpflegung für sämtliche Truppen des Schwäbischen Kreises, dann 1736 auch noch für die Ausrüstung der württembergischen Haustruppen mit neuen Uniformen. Außer für Württemberg, den Schwäbischen Reichskreis und den Kaiser betätigte sich Oppenheimer auch als Heereslieferant für Hessen-Darmstadt, Kurköln, Münster und Paderborn.

Wie schon seine Verwandten in Wien arbeitete auch Joseph Süß Oppenheimer stets auf eigene Rechnung und eigenes Risiko. In erster Linie machten also all diese militärischen Großaufträge jener Jahre Oppenheimer zum wohlhabenden, ja reichen Mann.

Sobald es seine Verpflichtungen erlaubten, brach Carl Alexander im Frühjahr 1734 auf, um im Schwarzwald die vorhandenen Verteidigungsanlagen zu inspizieren und dafür zu sorgen, dass diese instand gesetzt und ausgebaut wurden. Außerdem ging er daran, die württembergischen Truppen auszubauen. Die dafür notwendigen finanziellen Mittel genehmigte der Große Ausschuss der Landschaft Zähne knirschend und nach langen Diskussionen. Ebenso stimmte die Landschaft der von Carl Alexander geforderten Wiedereinführung der im Volk verhassten Kriegssteuer – den Trizesimen zu, dem 30. Teil der Ernte an Wein, Getreide und Heu.

Wie sich später zeigte, sollte dieser Aufwand sich für das Land gelohnt haben: Die feindlichen französischen Truppen konnten fern gehalten werden und auch von der Einquartierung der kaiserlichen Soldaten blieb das Herzogtum Württemberg auf Betreiben Carl Alexanders weitgehend verschont.

Zum Osterfest am 25. April 1734 traf Herzog Carl Alexander im Hauptquartier der kaiserlichen Truppen in Heilbronn ein. Am 27. April stieß er zusammen mit den anderen Generälen zu den 35.000 Soldaten der kaiserlichen Armee, die sich entlang der Ettlinger Linien positionierte, einer im nördlichen Schwarzwald gelegenen Verteidigungsanlage. Am 4. Mai speiste Prinz Eugen von Savoyen zusammen mit Carl Alexander im Audienzsaal des Karlsruher Schlosses, als die Nachricht eintraf, dass die Franzosen die Ettlinger Linien durchbrochen hatten, auf Philippsburg zumarschierten und bei Neckarau den Rhein passiert hatten.

Bei der drohenden Gefahr eines französischen Einfalls in Württemberg hatte Carl Alexander Befehl gegeben, mich und die Kinder in Sicherheit zu bringen. Am 5. Mai reiste ich mit dem zweijährigen Prinzen Friedrich Eugen, begleitet von einigen Bediensteten und elf Stadtreitern, von Stuttgart nach Tübingen und dann weiter zur Festung Hohentwiel bei Singen im Schwarzwald. Wenige Tage später folgte uns der kleine Prinz Ludwig Eugen mit seiner Begleitung. Unser ältester Sohn, Carl Eugen, befand sich nach wie vor in der Obhut meiner Mutter in Brüssel und war dort in Sicherheit. Erst als sich die Lage an der Kriegsfront beruhigte und sich zeigte, dass uns in Stuttgart keine unmittelbare Gefahr drohte, kehrte ich im Juni mit meinen zwei Söhnen in die Residenz zurück.

Carl Alexander befand sich auch den Sommer und den Herbst über bei der Armee. Anfang Juli war im Hauptquartier des Prinzen Eugen der preußische König Friedrich Wilhelm eingetroffen, begleitet von seinem Sohn, dem Kronprinzen Friedrich. Dieser sollte auf Wunsch seines Vaters bei Prinz Eugen zusehen *„wie ein Held sich Lorbeeren sammele“*, und sich Kenntnisse in der Kriegsführung aneignen.

Während man sehr daran interessiert war, das Verhältnis zwischen Wien und Preußen zu verbessern und sich deshalb gerne des designierten Thronfolgers annahm, war Carl Alexander auf König Friedrich Wilhelm selbst weniger gut zu sprechen. Nicht nur, weil dieser sich nur sehr zögerlich bereitfand, den Kaiser im Kampf gegen die Franzosen zu unterstützen, sondern weil er ganz offen und in mehrfacher Hinsicht gegen Carl Alexander opponierte. Der Soldatenkönig missgönnte dem Herzog nicht nur die Stellung als Reichsgeneralfeldmarschall, sondern er hatte der Gräfin Würben Zuflucht in Berlin gewährt, verhindert, dass sie zum Prozess gegen die Grävenitz-Clique nach Württemberg ausgeliefert wurde und zugelassen, dass die Frau Hetzparolen gegen den Herzog verbreitete.

Andererseits war der preußische König schon damals ein schwer kranker Mann, und es war abzusehen, dass er nicht mehr allzu lange leben würde. Prinz Eugen und Carl Alexander trafen sich deshalb gerne und häufig mit Kronprinz Friedrich zu ausgedehnten Unterredungen, bei denen Tabak geschnupft, gegessen, getrunken und über die längst geschlagenen Schlachten schwadroniert wurde: Cassano, Peterwardein, Temesvar, Belgrad … Die drei Herren verstanden sich prächtig, und wie man mir berichtete, zeigte sich der junge preußische Kronprinz von den Erlebnissen des Prinzen Eugen und des Herzogs von Württemberg tief beeindruckt. Nach weinseliger Runde pflegten sich die drei Herren zum Abschied herzlich auf beide Wangen zu küssen!

Am 18. Juli hatte die Festung Philippsburg kapituliert und obwohl die kaiserlichen Truppen auf 70.000 Mann angewachsen waren, gelang es ihnen nicht, die Franzosen zurückzuschlagen, denn Prinz Eugen verzichtete darauf, offensiv gegen den Feind vorzugehen. Die Gefechte zogen sich Woche um Woche, Monat für Monat in die Länge.

Die ständige Abwesenheit meines Gatten und seinen Einsatz an der Front hätte ich noch ertragen. Nicht aber die Eskapaden, zu denen die Herren im Generalstab trotz der Scharmützel und Kanonaden an der französischen Front offensichtlich genügend Zeit und Muße fanden. Im September erhielt ich die Kenntnis von einem Spottgedicht, das wohl aus der Feder des preußischen Kronprinzen Friedrich stammte:

Venus, wie kommt's, dass Deine bleichen Wangen
Dir Scharen von Verehrern zieh'n ins Haus?
Herzöge, Prinzen stehen alles aus
Um Deine Gunst im Wettstreit zu erlangen.
Doch hör' ich, dass, gebannt von Deiner Hand,
Sie kaum berührten Deines Busens Rand.
Noch bist Du voller Stolz und Sprödigkeit;
Doch folg' der Liebe Ruf, nimm wahr die Zeit,
Damit der Weihrauch nicht, den man Dir spendet,
Aus Liebesgram im Freudenhause endet!

Das Epigramm machte im Generalstab der kaiserlichen Truppen die Runde und sorgte dort für einiges Aufsehen. Wie ich erfuhr, war mit der „Venus“ die Komtesse Augustine von Wiser gemeint, die jüngste von drei Schwestern, die sich in Heidelberg von den dort stationierten Generalen, Herzögen und Prinzen den Hof machen ließen. Einer der Herren, die sich in die Reize der blassen Augustine vergafft hatten und der, wie man mir berichtete, außergewöhnlich eifersüchtig auf das Verhalten der jungen Dame reagierte, war kein anderer als mein Carl Alexander, der Herzog von Württemberg.

Dass Carl Alexander offensichtlich nichts Besseres zu tun hatte, als seine Zeit mit amourösen Spielen in den Armen einer Geliebten zu verschwenden, während ich wochen- und monatelang schwanger und alleine auf mich gestellt in dem mir so feindlich gesonnenen

Stuttgart ausharren und auf die Geburt meines sechsten Kindes warten musste, enttäuschte und kränkte mich einmal mehr.

Nein, obwohl ich impulsiv und schnell in Rage zu bringen bin, habe ich Carl Alexander dieses Mal nicht zur Rede gestellt, sondern meine Kenntnis über seine Fehltritte für mich behalten. Vielleicht war dies ein Fehler, denn mein bisher grenzenloses Vertrauen und meine Liebe zu ihm war nun endgültig schwer erschüttert worden und setzte den Beginn einer zunehmenden Entfremdung, die in immer kontroverseren Auseinandersetzungen zwischen uns beiden mündete.

Bereits im August kehrte König Friedrich Wilhelm von Preußen schwer krank nach Berlin zurück, während Kronprinz Friedrich noch blieb, um die preußischen Truppen ins Winterquartier zu führen. Mitte Oktober verließ auch er die Rhein-Armee, ohne dass ich auch dieses Mal die Gelegenheit gefunden hätte, ihn persönlich kennen zu lernen.

Am 2. Oktober 1734 reiste Prinz Eugen endgültig nach Wien ab. Den Oberbefehl über die Truppen, die sich rund um die Reichsstadt Heilbronn und im nordwestlichen Teil des Herzogtums Württemberg für den bevorstehenden Winter einquartierten, übergab er an Carl Alexander.

Im Stuttgarter Residenzschloss bereitete ich im Oktober meine sechste Entbindung vor. Die vorangegangenen hatte ich in der liebevollen Obhut meiner Mutter und meiner Familie in Brüssel und Frankfurt oder in den Händen von zweifelhaften Hebammen und Feldscheren auf dem Balkan erlebt. Dieses Mal war alles anders. Jetzt war ich regierende Herzogin von Württemberg, verfügte über eine Heerschar dienstbarer Geister und die erfahrensten und angesehensten Ärzte und Professoren der Tübinger Fakultät. Außerdem wusste ich Henrietta Maria an meiner Seite, die Witwe des Erbprinzen Friedrich Ludwig, die zu dieser Zeit mit mir zusammen im Stuttgarter Schloss residierte und die mir mittlerweile zur aufmerksamen Freundin geworden war.

In der Nacht vom 29. auf den 30. Oktober 1734, um 4.00 Uhr morgens, erblickte meine Tochter Auguste Elisabeth Marie Luise das Licht der Welt: Mein kleines Prinzesschen! Wie sehr habe ich Dich Zeit meines Lebens geliebt, vom ersten Augenblick an, in dem ich Dich in meinen Armen hielt!

Noch am gleichen Tag sollte die Taufe der neugeborenen Prinzessin stattfinden. Dazu hatte ich einige Deputierte und Mitglieder des Geheimen Rats geladen, die als Taufpaten stellvertretend für die Landschaft fungieren sollten: voran mein Intimfeind, der Stuttgarter Bürgermeister Johann Daniel Hoffmann, der Konsistorialrat und Prälat Philipp Heinrich Weißensee, die Geheimen Räte Konrad Abel und Ulrich von Negendanck. Punkt 12.00 Uhr öffneten sich die Türen meines Schlafzimmers und die Herren wurden hereingeführt. Der Raum war abgedunkelt, nur auf dem für die Taufe vorbereiteten Tisch brannten zwei Kerzen. Ich selbst lag auf dem Bett, zu meiner Seite die Witwe des Erbprinzen, Damen und Kavaliere der Hofgesellschaft und meine Dienerschaft. Meine in Kissen eingebundene kleine Prinzessin schlief selig und wurde von der Hofdame Magdalene Schaffelitzki von Muckadell getragen. Pater Joseph Richmuth und zwei weitere Kapuzinermönche in weißen Gewändern vollzogen die Taufezeremonie. Danach durfte jeder der vier Taufpaten der Landschaft und des Geheimen Rats das Neugeborene kurz in den Arm nehmen und die Geschenke der Landschaft überreichen: 800 Gulden für mich, die Wöchnerin, und 1.600 Gulden für die kleine Prinzessin Auguste Elisabeth.

Zum Ende der Taufe konnte ich es mir nicht versagen, den versammelten Herren der Landschaft und des Geheimen Rates zu versichern, dass ich mich bemühen würde, sie bei der Geburt meines nächsten Kindes mit einem weiteren Erbprinzen zu überraschen. Ich nehme an, die Herren nahmen diese meine Ankündigung mit sehr gemischten Gefühlen zur Kenntnis. Dabei war ich mir bereits zu diesem Zeitpunkt mehr als sicher, dass es kein nächstes Mal geben würde.

Denn nur einer hatte bei der Taufe meiner Prinzessin im Stuttgarter Residenzschloss gefehlt: Der Vater, Carl Alexander. Der hatte in den Tagen zuvor sein Hauptquartier in Heilbronn verlassen und ging am 1. November 1734 mit 20.000 Mann bei Worms gegen die Franzosen über den Rhein.

Erst zum Weihnachtsfest sah ich Carl Alexander in Heilbronn wieder. Der Rat der Stadt, vertreten durch den Bürgermeister Wilhelm Ludwig Bardili und den Ratskonsulenten Georg Heinrich Geiling, bereiteten uns am 23. Dezember 1734 in der Stadt einen herzlichen Empfang. Wir wohnten, mit weitem Blick über das Neckartal, im Sommerhaus des Deutschherren Ordens in Sontheim, in dem auch schon Prinz Eugen von Savoyen während seines Aufenthalts Quartier genommen hatte.

In den Tagen nach dem Weihnachtsfest veranstaltete Carl Alexander für seine zahlreichen Silvestergäste eine vergnügliche Hatz auf Bär, Wildschwein, Stier und Esel.

Am 7. Januar 1735, am Tag nach Dreikönig, fand in Heilbronn nach alter Tradition der Schwörtag statt, an dem die Bürgerschaft auf dem Marktplatz dem Inneren Rat huldigte. Zu diesem Schauspiel war ich als Ehrengast geladen. Man ließ mich hochfürstlich in einer sechsspännigen Kutsche abholen und bewirtete mich nach der Zeremonie in der Ratsstube mit Tee, Kaffee und Konfekt.

Wenige Tage danach reiste ich von Heilbronn aus nach Wildbad weiter. Dort traf ich wieder auf Carl Alexander und auf meine Mutter, die zusammen mit unserem Erstgeborenen Carl Eugen aus Brüssel angereist war.

Den Januar verbrachten wir vereint mit allen unseren Kindern in Wildbad, um im Fürstenbad zu kuren und um in den Wäldern der Umgebung Hirsche zu jagen. Die Abende genossen wir im intimen Kreis unserer kleinen Hofgesellschaft und ausgewählter Gäste – darunter auch der badische Oberhofmarschall Wilhelm Friedrich Schilling von Cannstatt – an der reich gedeckten Tafel, beim vergnüglichen Kartenspiel – Quadrille oder Pharo – und einmal sogar bei Molières Komödie „l'ecole des femmes".

Während Carl Alexander zu den kaiserlichen Truppen am Rhein zurückkehrte, begleitete ich meine Mutter zur Familie nach Frankfurt.

Im Frühjahr 1735 wurde ich für meine Verdienste als Verteidigerin des katholischen Glaubens vom Papst und von Antonio Manoel de Vilhena, dem 66. Großmeister, mit dem Ehrenkreuz des Malteserordens ausgezeichnet. Eine Anerkennung und Ehre, die mich umso mehr mit großem Stolz erfüllte, da ich erst die dritte Frau war, an die dieser hohe Orden jemals verliehen worden war. So fand ich mich in der illustren Gesellschaft der Königin von Spanien und der römischen Fürstin Ucella, die beide dem Orden reiche Geschenke und Güter übereignet hatten, um mit dem Malteserorden geehrt zu werden. Das Ordenspatent hatte Emanuel Pinto von Fonseca unterzeichnet, Vizekanzler des Ordens. Gekleidet in eine kostbare, eigens für diesen Anlass entworfene, mit Silberfäden durchwirkte schwarze Robe wurde ich am 10. April 1735 auf dem kurpfälzischen Schloss Schwetzingen in einer feierlichen Zeremonie zur Ordensritterin geschlagen. Der Großprior des deutschen Malteserordens, Graf Philipp Wilhelm von Nesselrode und Reichenstein persönlich würdigte meine Verdienste als Verteidigerin des katholischen Glaubens in Württemberg und als zuverlässige Beschützerin der Hofkapläne. Dann drapierte er das „Kreuz des Glaubens“ auf meiner Brust.

Mitte Mai kehrte auch Prinz Eugen aus Wien zur Armee zurück, die in der Zwischenzeit durch russische Kampfverbände unter dem Befehl von General Peter Graf von Lasy verstärkt worden war. Während im Schwarzwald General Petrasch mit einem Teil der Truppen bereitstand, um gegen die Franzosen vorzurücken, blieb Prinz Eugen mit seinen Streitkräften zwischen Bruchsal und Heidelberg auf Wartestellung.

In diesen Tagen erkrankte Carl Alexander schwer und musste das Hauptquartier in Bruchsal verlassen: Die Wunde an der Brust, die er sich im Spanischen Erbfolgekrieg zugezogen hatte, war wieder aufgebrochen. Am 22. Juni 1735 erlitt er einen Blutsturz, und man fürchtete um sein Leben. Doch Carl Alexander hatte großes Glück. Drei Tage nach dem Zusammenbruch war er wieder soweit hergestellt, dass er sich zu einer längeren Kur nach Wildbad begeben konnte. Danach zog er sich ins Schloss nach Ludwigsburg zurück, um sich dort weiter zu erholen.

Mit Carl Alexander kehrte in Ludwigsburg wieder der Glanz vergangener Tage ein: Im August 1735 arrangierte Carl Alexander zu meinem 29. Geburtstag ein rauschendes Fest. Zu den besonderen Gästen zählten mein Vater, Fürst Anselm Franz von Thurn und Taxis, und ein enger Freund des Herzogs, Feldmarschall Prinz Ferdinand Maria von Bayern, der sich gleich ihm bei der Schlacht um Belgrad besondere Meriten verdient hatte. Erst im Herbst war Carl Alexander – bis auf sein Bein, das ständig Schmerzen bereitete – gesundheitlich wieder soweit hergestellt, dass er auf Bitten Prinz Eugens in dessen Hauptquartier zu Heidelberg erneut das Kommando über die kaiserlichen Truppen übernehmen konnte.

Am 3. Oktober 1735 war dann endlich Friede: Im ganzen Land läuteten die Glocken, die Menschen tanzten auf den Straßen. Der polnische Erbfolgekrieg endete mit einem Präliminarfrieden, der in Wien ausgehandelt worden war und dem ein halbes Jahr später der endgültige Friedensvertrag zwischen den kontrahierenden Mächten folgte.

Sobald die Zeiten ruhiger geworden waren, konnten wir am Hof in Stuttgart unseren Gäste auch wieder große Empfänge bieten. Gegen Ende Oktober beehrte uns erneut Obermarschall Baron Wilhelm Friedrich Schilling von Cannstatt, Sproß eines uralten, württembergischen Adelshauses, der es in den Diensten seines Schwiegervaters, des Markgrafen Karl Wilhelm von Baden-Durlach, zu hohen Ehren gebracht hatte. Sein jüngerer Bruder, Oberhofmarschall Karl Friedrich Freiherr Schilling von Cannstatt, war schon 1734 in württembergische Dienste getreten und hatte während des Einfalls der Franzosen an der Seite Carl Alexanders gekämpft.

Baron Wilhelm Friedrich Schilling von Cannstatt machte am Nachmittag des 23. Oktober 1735 dem Herzog seine Aufwartung. Carl Alexander empfing ihn im Bett liegend, da er wegen der schmerzenden Wunde am Fuß kaum aufstehen konnte. Das Gespräch der beiden ging um die Verpflegung der russischen Truppen, immerhin über 13.500 Soldaten, die Baden-Durlach alleine nicht aufbringen konnte. Zumal die Russen bei Unterbringung und Verköstigung hohe Ansprüche stellten. Andererseits verhielten sie sich so diszipliniert und zuvorkommend, dass unter den Bauern, die ihnen Quartier zu geben hatten, der Spruch ging: „*Lieber sechs Russen als ein Kaiserlicher!*" Carl Alexander versprach dem Baron, er werde sich der Sache annehmen und eine Lösung finden.

Dem besonderen Gast zu Ehren gab es am Abend ein Konzert, anschließend lud ich den Baron ein, mit mir zusammen in meinem Apartment zu speisen. Den Baron kannte ich schon von Wildbad und anderen Gelegenheiten her als angenehmen, charmanten Gesellschafter, der mich mit kurzweiligen Anekdoten vom Hof in Karlsruhe unterhielt.

Am Abend des nächsten Tages war der Baron erneut zugegen, zur Komödie „ Le Legataire Universel", die am Bett des Herzogs gespielt wurde. Im Rittersaal des Schlosses wurde anschließend im Kreis der Hofgesellschaft an mehreren Tafeln gespeist und getanzt.

Am Tag darauf nahm der Baron wieder Abschied, nachdem er im Schlafzimmer des Herzogs zu Abend gespeist hatte: Der Herzog, wegen seiner Beinverletzung an einem separaten Tischchen, unser Gast zusammen mit weiteren Herren und Damen des Hofes an einer Tafel, bei der ich den Vorsitz führte.

Weit spektakulärer gestaltete sich eine längere Visite des russischen Generals Peter Graf von Lasy, der uns gegen Ende des Jahres in Stuttgart beehrte, nachdem Carl Alexander die Versorgung seiner Truppen in der Markgrafschaft Baden-Durlach geregelt hatte.

Carl Alexander hatte den General dazu eingeladen, sich mit ihm zusammen auf den Wiesen vor dem Seegassentor das Manöver einiger seiner Regimenter anzusehen, das General von Remchingen kommandierte. Die Demonstration verlief zu aller Zufriedenheit, sodass der Herzog am Abend gerne zur festlichen Tafel im Rittersaal der Residenz lud. Dabei hatte er Graf Lasy an seiner rechten Seite platziert, gleich neben mir. Zu meiner Rechten dagegen saß General James Francis Edward von Keith. Wie Lacy ein Jacobit, der seine Heimat Schottland verlassen hatte, nachdem der katholische König Jacob II. von England und Schottland von seinen protestantischen Gegnern vertrieben worden war. Wie Lasy war auch Keith in russische Dienste getreten: Ein erfahrener Militär, der sich 1737 im Türkenkrieg bei der Erstürmung von Otschakow seine Meriten verdienen sollte. 1747 avancierte er dann zum Generalfeldmarschall in der preußischen Armee.

Mit meinen beiden Tischherrn unterhielt ich mich angeregt über ihre irische und schottische Heimat und ihre vielen Erlebnisse in den Diensten Zar Peters des Großen und der Zarin Anna Ivanovna. Dabei verrieten sie mir eines der Geheimnisse ihrer militärischen Erfolge und stellten mir eine Demonstration in Aussicht. Schon wenige Tage später beorderte Graf Lasy ein ganzes Bataillon seiner Soldaten nach Stuttgart und ließ sie mir zu Ehren im Lustgarten gefechtsmäßig und unter Feuer exerzieren – ein mehr als beeindruckendes Erlebnis, das die ganze Hofgesellschaft von der großen Altane im Obergeschoss des Neuen Lusthauses aus fasziniert verfolgte.

Geld, Macht und Intrigen

Krieg und Krankheit hatten verhindert, dass Carl Alexander die Zügel der Regierung in Württemberg seinen Vorstellungen entsprechend straff in die Hand nehmen konnte, so wie er dies zum Beginn seiner Regierungszeit angekündigt hatte: *„Ich will selbst regieren, ich will die eingeschlichene Unordnung bessern, ich will die Untertanen hören und ihnen helfen“*. Erst jetzt, fast zwei Jahre später, fand er die Zeit, sein Land zu befördern und ihm politisch wie militärisch die herausragende Stellung zu verschaffen, die ihm nach seiner Meinung unter den Ländern im Südwesten des Reichs zustand – mit ihm selbst, dem Herzog, im Mittelpunkt!

Carl Alexander folgte dabei einem Konzept, das er schon als Statthalter von Serbien entwickelt und 1721 in einer Denkschrift an den Kaiser festgehalten hatte: Seine Ideen und Projekte aus der Belgrader Zeit im Bereich von Wirtschaft und Finanzen, versuchte er nun Schritt für Schritt auch in Württemberg umzusetzen. Carl Alexander setzte alles daran, die vorhandenen Schulden abzubauen, die Herzog Eberhard Ludwig angehäuft hatte, dabei sparsam zu wirtschaften, um neue Schulden zu vermeiden, und Württemberg wirtschafts- und finanzpolitisch zu stärken. Man hätte meinen sollen, dass die Landstände diese Zielsetzungen Carl Alexanders nur gut heißen und unterstützen konnten. Immer wieder versuchte er, die Landschaft und ihre Gremien für seine Projekte und Reformen zu gewinnen und gemeinsame Wege zu finden. Doch den ehrbaren Familien ging es nur darum, mit Zähnen und Klauen ihre Pfründe und Besitzstände zu verteidigen. Grundsätzlich sperrten sie sich gegen alles Fremde und alle Neuerungen, die den kleinbürgerlich, ländlich geprägten Charakter des Landes hätten verändern können. Kein Wunder, dass die Atmosphäre zwischen Herzog und Landschaft immer frostiger und gespannter wurde.

Eines der größten Anliegen Carl Alexanders war die Stärkung der Verteidigungsbereitschaft seines Landes: der weitere Ausbau der vorhandenen und der Bau neuer Festungen sowie die Schaffung eines stehenden Heeres. Mit dem Wiener Preliminarfrieden vom 3. Oktober 1735 aber war es mit der Zustimmung der Ehrbarkeiten und der Landschaft zu Sonderausgaben und Kriegssteuer vorbei. Erst nach zähem Ringen erklärte sich der Große Ausschuss am 31. Mai 1736 mit der von Carl Alexander gewünschten Heeresreform und dem Aufbau einer stehenden Truppe von 12.000 Mann einverstanden. Finanziert werden sollte dieses ausschließlich aus Landeskindern rekrutierte Heer durch eine Verdoppelung der Jahressteuer und die Trizesimen. Die Umsetzung des Vorhabens ging aber nur sehr schleppend voran.

Um aus der ständigen, totalen Abhängigkeit von den Landständen herauszukommen, strebte Carl Alexander die Erschließung neuer Geldquellen an. An erster Stelle stand hier die Reform und Neuordnung des Kammerguts. Das Kammergut bestand im wesentlichen aus einem umfangreichen Besitz aus Wäldern und Ackerland. Über deren Erträge konnte der jeweils regierende Landesfürst zwar frei verfügen, der Besitz als solcher aber durfte weder verkauft noch privat vererbt werden. Mit den Einkünften aus dem Kammergut wurden die Kosten der Hofhaltung und ursprünglich auch die kompletten Staatsausgaben bestritten.

Um den Neubau des Ludwigsburger Schlosses finanzieren zu können, hatte Herzog Eberhard Ludwig Teile dieses Kammerguts verpfändet und widerrechtlich sogar verkauft. Carl Alexander war sehr daran gelegen, diese alten Verbindlichkeiten abzulösen. Schon 1734 hatte er deshalb eine Bestandsaufnahme angeordnet und jedermann um Verbesserungsvorschläge gebeten. Außerdem versuchte er, durch sparsameres Wirtschaften die Schulden abzubauen. Joseph Süß Oppenheimer machte im Auftrag Carl Alexanders Vorschläge zur Reorganisation der Rentkammer nach französischem und preußischem Vorbild. Allein durch diese straffere administrative Organisation und Kontrolle des Kammerguts gelang es dann auch, schon nach kurzer Zeit eine Steigerung der Einnahmen um 52 Prozent zu erreichen. Durch die Neuerungen stiegen die Einnahmen des Staates in nur drei Jahren von 138.000 Gulden auf insgesamt 299.000 Gulden. Gleichzeitig konnte die Schuldenlast um 187.500 Gulden reduziert werden und im August 1736 gelang es Carl Alexander, für 35.000 Gulden die von Herzog Eberhard Ludwig verpfändeten württembergischen Hausjuwelen auszulösen.

Auch in anderen Bereichen griff Carl Alexander auf die Expertise, die Empfehlungen und die Hilfe seines Hoffaktors zurück.

Schon im März 1734 hatte er mit Joseph Süß Oppenheimer einen Kontrakt geschlossen, um die Gold- und Silberlieferungen an die Württembergische Münze profitabler zu gestalten. Oppenheimer bot ihm an, die Münze zu pachten, künftig zu festgelegten Preisen wöchentlich Gold und Silber zu liefern und so die Einnahmen für den Herzog jährlich auf 100.000 Gulden zu steigern und damit mehr als zu verdoppeln.

Wie zu erwarten hatte sich das Kammer-Kollegium vehement und wiederholt der Verpachtung widersetzt. Der Direktor der Rentkammer, Johann Eberhard Georgii, führte die Reichsgesetze ins Feld und argumentierte, dass der Herzog vor allem die Münzhoheit behalten müsse, um sich vor Betrug und Münzverschlechterung zu schützen. Doch auch Georgii konnte am Ende nicht verhehlen, dass das Münzwesen während der Verpachtung an Oppenheimer weit besser als vorher florierte. So waren in nur 17 Monaten Münzen *„allein an Gold 6.099.130 fl. und an Silber 2.368.212 fl.“* ausgegeben worden, *„welches in so kurzer Zeit gewiss ein Grosses ist“*, musste Georgii neidlos zugestehen.

Was mich allerdings weit mehr beeindruckte als diese nackten Zahlen war eine Episode ganz am Rande: Oppenheimer beschäftigte in der Münze neben dem Münzmeister, dem Münzwardein, der den Feingehalt und das Münzgewicht zu überwachen hatte, und einigen weiteren Münzspezialisten, auch mehrere Arbeiter. Absolut ungewöhnlich dabei: Unter diesen Arbeitern befand sich sogar eine Frau. Diese Frau hatte keinen Ehemann, aber sechs kleine Kinder, die sie ganz auf sich allein gestellt kleiden und ernähren musste. Isaak Samuel Levi, dem Kassier Oppenheimers, war diese Frau in Heidelberg als gute, zuverlässige Arbeitskraft aufgefallen. Er hatte sie Oppenheimer empfohlen, wenn er denn *„keine Abscheu davor habe“*. Oppenheimer hatte weder moralische noch sonstige Bedenken, sondern holte die Frau nach Stuttgart. In der Münze gab er ihr samt ihren Kindern Unterkunft, Lohn und Brot.

Dann, im September 1734, hatte Carl Alexander die Rentkammer angewiesen, ihm Vorschläge für die Neuordnung der Pulver- und Salpeterproduktion auszuarbeiten. Mit dem dürftigen Ergebnis zeigte er sich wenig zufrieden und beauftragte erneut Joseph Süß Oppenheimer mit der Ausarbeitung des Projekts. Dieser legte ihm wenig später ein Gutachten vor, das darauf hinauslief, die Menge des bisher gefertigten Pulvers von 230 Zentner auf 2.000 Zentner zu steigern und den Ertrag von 5.000 Gulden auf 20.000 Gulden zu erhöhen – und das in weit besserer Qualität. Voraussetzung dafür sei – so Oppenheimer – die Leitung und Verantwortung für die Produktion dem Kollegium der Rentkammer zu entziehen und in die Hand eines allein verantwortlichen, kompetenten Direktors zu geben. Weiter empfahl Oppenheimer dem Herzog – hier ganz der gewiefte Geschäftsmann – seine Stellung als Fürst und Oberst im Reichskreis zu nutzen und sich beim kaiserlichen Kriegskommissariat den Auftrag zur Lieferung von Pulver und Salpeter zu sichern.

Im Jahr 1736 erreichte die Konfrontation mit den Ehrbarkeiten und den Landständen einen weiteren Höhepunkt: so sollte die „Akzise", eine Verbrauchssteuer, die bisher die Haupteinnahme der Landschaft darstellte, künftig zwischen dieser und dem Herzog aufgeteilt werden. Und ohne dies groß mit der Landschaft abzustimmen, hatte Carl Alexander außerdem das Pupillenamt, das Gratialamt und das Fiskalamt neu errichten lassen.

Das am 30. April 1736 etablierte Pupillenamt sollte die Erbschaft der Waisenkinder zentral verwalten und effektiver als bisher anlegen, um von den Zinsen deren Auskommen und Ausbildung bestreiten und ihnen bei Erlangung der Volljährigkeit das Erbe in voller Höhe auszahlen zu können. Nach Meinung Carl Alexanders seien diese Gelder nur allzu oft in dunklen Kanälen versickert, die Kinder seien außerdem schlecht versorgt worden und deshalb in vielen Fällen schon früh verstorben.

Das Gratialamt unter der Leitung von Joseph Süß Oppenheimer betrieb von Oktober 1736 den schon unter Herzog Eberhard Ludwig üblichen Ämterhandel. Nun aber sehr systematisch und zum ausschließlichen Vorteil der herzoglichen Kasse. Außerdem erhielten den Zuschlag nur Bewerber, die dem Herzog genehm erschienen.

Auch das am 15. Oktober 1736 ins Leben gerufene Fiskalamt unterstand Joseph Süß Oppenheimer. Dieses sollte als Behördenaufsicht fungieren und die Disziplin der Beamten steigern. Bei nachgewiesenen Verstößen wurden die Übeltäter zur Kasse gebeten und hohe Geldstrafen verhängt.

Weiter hatte Carl Alexander am 16. Juli 1736 den Münzrat Johann Sigmund Firnkranz zum unabhängigen Finanzkontrolleur ernannt, der die Oberaufsicht über alle Kassen des Landes haben sollte, auch über die der Landschaft. Wegen der fortgesetzten Hinhaltetaktik der Landschaft konnte Firnkranz aber erst im Januar 1737 seine Arbeit aufnehmen – wenige Wochen vor dem plötzlichen Tod des Herzogs.

Mehr noch als die Neuordnung des Kammerguts tangierten die von Carl Alexander betriebene umfassende Steuerreform und die neu geschaffenen Ämter die Interessen der Landschaft, der Ehrbarkeiten, der Gemeinden und auch der Beamten.

Ab dem 11. Januar 1737 wurde die Besoldung der Beamten besteuert. Weitere Einnahmen für den Herzog sollten eine Luxus-, eine Vermögens- und eine Stempelsteuer bringen. Doch auch diese Vorhaben trafen auf den entschiedenen Widerstand der Ehrbarkeiten und der Landschaft und wurden von diesen so lange hinausgezögert, bis Tod und Rebellion allen Bemühungen Carl Alexanders ein Ende setzten!

Da sich die Konfrontation zwischen Carl Alexander und den Landständen immer weiter zuspitzte, hatte Carl Alexander seinen Freund, den Würzburger Fürstbischof Graf Schönborn, um Unterstützung gebeten und ein Gutachten in Auftrag gegeben, um die Rechtmäßigkeit und Gültigkeit der im Tübinger Vertrag von 1514 vereinbarten Rechte der Landstände überprüfen zu lassen. Gegen Jahresende 1736 lag dieses Gutachten vor: Auf 186 Seiten wurde festgestellt, dass der Landschaft lediglich eine beratende Funktion zukam und dass Carl Alexander niemals dazu verpflichtet gewesen sei, Religionszusagen oder Privilegien zu unterzeichnen, die über die Bestimmungen des Westfälischen Friedens von 1648 hinausgingen. Und diese sahen vor, dass die drei großen Religionen – Katholiken, Lutheraner und Calvinisten – gleichberechtigt nebeneinander leben sollten und in der Ausübung ihres Glaubens nicht behindert werden durften.

Anfang des Jahres 1737 setzte Carl Alexander den seit dem 10. Januar in Stuttgart tagenden Großen Ausschuss der Landschaft darüber in Kenntnis, dass sich seiner Ansicht nach die alten Verträge zwischen Landesfürst und Landschaft überholt hatten und er den Hemmnissen und Intrigen gegen ihn und seine Politik ein Ende bereiten werde. Eine klare Kampfansage, die General von Remchingen in seiner unverblümten Sprache noch eindeutiger formulierte: Der Herzog werde den gordischen Knoten *„mit des Alexanders Säbel entzwei hauen und der Landschaftshydra auf den Kopf treten"*!

Bis zum Beginn des Jahres 1737 hatte Carl Alexander die Position der Landschaft schwer erschüttert und sie immer weiter in die Defensive gedrängt: Er dominierte die Politik des Landes, er konnte Einfluss nehmen auf die Besetzung wichtiger Posten und Ämter, und er war dabei, die Finanzen Württembergs zu sanieren und einen immer größeren Teil der Einnahmen in seine Kassen zu lenken! Welche Gegenreaktion all diese Projekte und Vorhaben des Herzogs, all die starken Worte und Drohungen, hervorrufen würden, hatten sich wohl weder Carl Alexander, noch seine Berater, am allerwenigsten der Haudegen Remchingen, in ihrem ganzen schlimmen Ausmaß vorstellen können …

Die Ehekrise

Der Krieg, die Krankheit und sicher auch die vielen Hemmnisse, Auseinandersetzungen und Intrigen, denen Carl Alexander in den Jahren vor und nach der Thronbesteigung ausgesetzt war, führten dazu, dass er sich zunehmend veränderte. Hatte er früher schon großen Wert darauf gelegt, dass seinen Wünschen, Anweisungen und Befehlen ohne großes Wenn und Aber strikt Folge geleistet wurde, so führte jetzt jedes tatsächliche oder vermeintliche Abweichen davon zu immer heftigeren Wutausbrüchen und anhaltendem Misstrauen.

Der Erste, den es traf, war Christoph Peter von Forstner, Hofrichter und Präsident des Geheimen Rats bis 1734, danach Obervogt und Obersthofmeister in Tübingen. Am 28. Dezember 1735 entfernte ihn Carl Alexander aus allen seinen Ämtern. Einer der wichtigsten Ratgeber Carl Alexanders in den ersten Jahren war Christoph Dietrich von Keller, 1733 von Carl Alexander zum Geheimen Rat und zum Geheimen Kabinettssekretär ernannt. 1734 hatte Keller den Herzog ins Feld begleitet und war von diesem 1735 als Gesandter nach Wien beordert worden. Doch schon ein Jahr später erregte er das Missfallen Carl Alexanders, der ihn aufforderte *„er solle es unterlassen, eigenständige Überlegungen zur Politik des Landes anzustellen“*. Er sei nicht gewillt, andere an seiner Stelle regieren zu lassen. Der Herzog warf Keller vor, er stecke mit der Landschaft unter einer Decke. Das Maß war voll, nachdem sich Keller am Hof des Kaisers in Wien der Nobilitierung von Joseph Süß Oppenheimer, also dessen Erhebung in den Adelsstand, vehement widersetzt hatte.

Oppenheimer hoffte, durch die Nobilitierung nicht nur Zugang zu den entsprechenden Kreisen in Württemberg zu erhalten, sondern dachte, dass er in diesem Stand und unter dem besonderen Schutz des Kaisers gewissermaßen unantastbar werden würde. Denn schon 1736 machte er sich wegen der immer massiver werdenden Anfeindungen von allen Seiten größte Sorgen um seine künftige Sicherheit. Carl Alexander unterstützte die Nobilitierung Oppenheimers nach Kräften, suchte geeignete Argumente und wies auf die vielfältigen Meriten seines Finanzrats hin. Doch stieß er mit seinem Ansinnen nicht nur beim Kaiser auf Granit.

Im Januar 1737 wurde Keller nach Stuttgart zurückgerufen und damit seine Laufbahn in Diensten des Herzogs beendet.

Selbst der ihm treu ergebene Hofrat Philipp Jakob Neuffer, der 1727 in Carl Alexanders Auftrag bei meinem Vater um meine Hand angehalten hatte, der ihn im Streit um die Erbfolge unterstützt und ihm so den Weg nach Stuttgart geebnet hatte, verlor nach 22 Jahren treu erwiesener Dienste die Gunst des Herzogs und wurde von diesem in den Ruhestand geschickt.

Gefürchtet war bei seinen Untergebenen Carl Alexanders Tabaksdose, auf der er mit steigernder Erregung vehement mit den Fingern zu trommeln und die er in nicht wenigen Fällen seinem Gegenüber wutentbrannt an den Kopf zu werfen pflegte! Nein, auch wenn er selbst mir gegenüber immer häufiger aufbrausend und ungehalten war: so enthemmt und gar gewalttätig habe ich Carl Alexander mir gegenüber nie erlebt! Doch die kontroversen Wortwechsel, Unverständnis und gegenseitiges Misstrauen wurden auch zwischen uns beiden zunehmend verletzend und erreichten schon im Verlauf des Jahres 1735 und Anfang 1736 ein unerträgliches Ausmaß.

Sicher war auch ich nicht ganz unschuldig an dieser Situation, denn meine Frustration stieg von Monat zu Monat. Ende 1733 war ich mit den besten Absichten als neue Herzogin nach Württemberg gekommen. Drei Jahre später fühlte ich mich in dieser mir gegenüber feindselig gestimmten Gesellschaft immer noch abgelehnt, angefeindet und weitgehend isoliert. Was immer ich, die Landfremde, die Katholikin, veranstaltete – alles wurde ins Negative verzerrt und mit Häme kommentiert:.

Zeigte ich mich im Theater, auf Opern, bei Festen und beim Tanz in Begleitung anderer Herrn ausgelassen und vergnüglich, so hieß es: Die Liederliche!

Präsentierte ich mich in neuen Kleidern und mit auffälligem Schmuck, so war ich die Putzsüchtige, die Verschwenderische!

Unterstützte ich die katholischen Geistlichen, setzte ich mich für die freie Ausübung von Gottesdiensten, der Sakramente und der katholischen Rituale ein, dann nannte man mich bigott und eine Widersacherin der evangelischen Religion!

Mein Gott, ich war jung, ich war offen, tolerant und lebensfroh – und ich war die Herzogin! Ich hatte einen fürstlichen Hof zu führen, hatte Gäste zu bewirten, hatte zu repräsentieren! Dabei fand das alles in vergleichsweise bescheidenem Rahmen statt! Um Geld zu sparen, hatte Carl Alexander bei Regierungsantritt das Personal am Hof, die Hofmusik und auch die Theatertruppe schon aufs Nötigste reduziert.

Erst 1736 ließ er im ehemaligen Armbrusthaus am südlichen Rand der Altstadt nach erfolgtem Umbau ein Theater eröffnen. Nein, kein exklusives Hoftheater, sondern ein Haus, zu dem jedermann Zugang hatte, der sich einen der Plätze auf den Rängen, im Parkett, oder in einer der Logen leisten konnte!

Der Aus- und Umbau im Alten Schloss ging nur schleppend voran. Anfang 1736 lebte ich dort immer noch alleine mit meinen beiden jüngeren Söhnen, meiner kleinen Tochter und den 26 Mitgliedern meines überschaubaren Hofstaates. Seite an Seite mit der verwitweten Erbprinzessin Henriette Marie und deren 20 Bediensteten.

Freilich, Carl Alexander legte mir keine Steine in den Weg, wenn ich meine Wünsche nach neuen Kleidern, Schmuck und anderen Kostbarkeiten äußerte. So ließ er 1736 auf mein Anraten und Betreiben hin für 24.000 Gulden über 400 Gemälde aus der Sammlung des Freiherrn Gustav Adolf von Gotter, preußischer und württembergischer Gesandter in Wien, aufkaufen – ein kultureller Schatz, der sicher auch noch Generationen nach uns erfreuen wird!

Weniger interessiert zeigte Carl Alexander sich jedoch, wenn ich mich zu seiner Politik, seinen wirtschaftlichen Projekten oder zu seinen Personalentscheidungen äußerte. Schon der leiseste Ansatz von Kritik machte ihn fuchsteufelswild.

Unsere Auseinandersetzungen erreichten ihren Höhepunkt im Karneval 1736. Auch dieses Mal wurde dieser – wie stets zum Missfallen der evangelischen Gemeinde – ganz groß und ausgelassen gefeiert: mit viel Musik, Schlitten- und Karussellfahrten, Serenaden, Maskenbällen und Lotterien. Um genügend Publikum und Tanzpartnerinnen zu haben, hatte Carl Alexander schon im Jahr zuvor alle Bediensteten der Kanzleien aufgefordert, mit ihren erwachsenen Töchtern zu den Redouten zu erscheinen und hatte Zuwiderhandlungen sanktioniert.

Beim großen Maskenball im Lusthaus geriet ich mit Carl Alexander in einen heftigen Streit. Der Auslöser war wohl so banal, dass ich ihn heute nicht mehr benennen könnte. Ich erinnere mich nur noch daran, dass die Person meiner Obersthofmeisterin Schaffelitzki im Mittelpunkt der Auseinandersetzung stand. Jedenfalls gab ein Wort das andere, bis Carl Alexander mich erbost im Kreis eines entgeisterten und betretenen Auditoriums – darunter mehrerer der Geheimen Räte, Regierungsräte und Kavaliere vom Hof – stehenließ und nach Ludwigsburg abreiste.

Der Vorfall machte in Stuttgart und im Land Furore. Hinter vorgehaltener Hand wurde schon gemunkelt, der Herzog und die Herzogin würden sich scheiden lassen!

Am 26. Februar 1736 schickte mir Carl Alexander aus Ludwigsburg sein Faktotum, den Expeditionsrat Joachim Friedrich Neuffer nach Stuttgart. Neuffer war der uneingeschränkte Herr über die *„Garderobe“*, also das Vorzimmer des Herzogs, Verwalter zu Winnental, und sein engster Vertrauter. Neuffer erschien an diesem Tag in meinem Apartment, druckste eine ganze Weile herum, bis er mir mit vielen Entschuldigungen den vom Herzog *„gnädigst ausgegebenen*

Befehl" übermittelte: Einen Brief, in dem Carl Alexander mich mit harschen Worten aufforderte, mich bei ihm zu entschuldigen!

ICH sollte mich bei IHM entschuldigen!

Dabei war er es, der mich ständig maßregelte und düpierte – und der ganz offensichtlich und ungeniert mit der einen oder anderen Dame aus den Theater- und Opernensembles *„Amour machte"*, eifersüchtig darauf bedacht, dass die *„Galane"* aus der Truppe, denen er androhte, sie auspeitschen zu lassen, nicht länger die Sängerinnen behelligten, auf die er selbst längst ein Auge geworfen hatte. Und denen er Blumen, Konfekt und kleine Geschenke schickte, um sie für sich selbst empfänglich zu machen! Und er war es auch, der mich mit flammendem Misstrauen verfolgte, als zwei der Damen vom Hofe das Gerücht in die Welt gesetzt hatten, ich hätte eine Affäre mit dem Hofmeister meiner Söhne. Die beiden wollten mich am Kleid erkannt haben, als ich mich zu später Stunde in das Schlafzimmer des Hofmeisters schlich! Wie die beiden Damen zu ihrer Beobachtung kamen oder ob nur eine neuerliche Intrige dahintersteckte, kann ich nicht sagen. Jedenfalls wurde in Stuttgart und im ganzen Land noch lange darüber spekuliert und die Mutmaßungen in den buntesten Farben ausgeschmückt: Wasser auf die Mühlen all jener, die schon immer gewusst haben wollten, wie liederlich und verkommen die katholische Herzogin doch ist!

Carl Alexander jedenfalls schenkte den Gerüchten soweit Glauben, dass er die beiden Damen verhören und den Fall untersuchen ließ. Zu welchen Ergebnissen die Nachforschungen führten und zu welchen Schlüssen der Herzog dabei gekommen ist – auch darüber habe ich keine Kenntnis. Fest stand nur, dass jenes Kleid, in dem mich die beiden Damen in jener Nacht gesehen haben wollten, nicht mehr auffindbar war und auch für immer verschwunden blieb! Doch seitdem hatte ich das Gefühl, dass Carl Alexander voller Misstrauen jeden meiner Schritte beobachten und überwachen ließ: Ich empfand auch dies einfach nur kränkend und entwürdigend.

Die Nachrichten über die Zwistigkeiten, die dunklen Gewitterwolken über unserer Ehe, fanden ihren Weg bis nach Würzburg. Erst als mich ein Brief des Fürstbischofs Graf von Schönborn erreichte, in dem er versuchte, die Wogen zu glätten und an meine Vernunft appellierte, rang ich mich dazu durch, Carl Alexander einen langen Brief nach Ludwigsburg zu senden.

„Monseigneur", schrieb ich ihm, *„wir sind untröstlich und besonders schmerzhaft berührt durch Euere mir gegenüber geäußerten Ungnade und die darauf vorgenommene Reise nach Ludwigsburg und die dadurch erfolgte mir unerträgliche Trennung von Ihrer aller wertgeschätzten Person!"* Weiter teilte ich ihm mit, dass ich inzwischen eingesehen hätte, dass eine Fürstin ihrem Herrn und Gemahl *„gemütvolle Respektabsichten und Schuldigkeiten"* entgegenbringen müsse – und ich würde deshalb nahezu von jedermann als die Schuldige dieses Streits angesehen. Andererseits stellte ich klar, dass ich nicht aus Vorsatz gehandelt hatte und dass es mir leid tue, seinen Unwillen erregt zu haben. Ich versicherte ihm, alles in meiner Macht stehende tun zu wollen, um seine Zuwendung, sein über alles geschätztes Wohlwollen und seine Liebe zurückzugewinnen. Ich würde künftig die Anlässe für die mir gemachten Vorwürfe vermeiden, ihm den schuldigen Respekt und ehrerbietiges Verhalten entgegenbringen, den Herren und Damen am Hof die gebührende Achtung bezeugen und mich nicht in Dinge einmischen, die mich nichts angingen. Weiter versprach ich, künftig meinen Gatten weder durch aufreizende Reden noch durch unziemliche Antworten zu beleidigen und mich mit meinen Urteilen über andere Personen zurückzuhalten. Schließlich bat ich Carl Alexander in diesem Brief, mir doch wieder seine unschätzbare Huld und sein Wohlwollen zu gewähren, damit ich mich ohne Rückhalt in seine Arme werfen könne! Den Brief unterzeichnete ich *„mit liebreizender Hochachtung, Euer Liebten untertänigste Dienerin Augusta, Herzogin zu Württemberg"*

Wie ich bald zu hören bekam, zeigte sich Carl Alexander wenig erfreut über mein Schreiben, in dem ich mit meinen Beteuerungen wohl allzu dick aufgetragen hatte und mir die eine oder andere versteckte Spitze nicht hatte verkneifen können. Der Herzog war offensichtlich sensibel genug, zwischen den Zeilen zu lesen und das viele Gift zu schmecken, das mir bei der Formulierung der so konziliant und unterwürfig klingenden Floskeln aus der Feder geflossen war!

So blieb das Tischtuch zwischen uns weiterhin zerschnitten – so lange, bis Fürstbischof Graf von Schönborn im Mai 1736 Carl Alexander in Ludwigsburg einen längeren Besuch abstattete. Dabei redete er uns beiden mehrfach ins Gewissen und konnte am Ende nach langen Gesprächen und Vermittlungen zwischen Carl Alexander und mir eine Versöhnung stiften.

Mag sein, dass dabei auch eine Rolle spielte, dass kaum einen Monat zuvor, am 21. April 1736, nach längerer Krankheit, aber im gesegneten Alter von 73 Jahren, in seinem Stadtpalais an der Himmelpfortgasse in Wien Prinz Eugen von Savoyen verstorben war – Vorbild, Mäzen, Freund und Vertrauter Carl Alexanders. Ein Verlust, der in diesem alles entscheidenden Jahr so viele der Handlungen und Entscheidungen des Herzogs beeinflusst haben dürfte! Oder ahnte er bereits, dass auch er nicht mehr lange unter den Lebenden weilen würde?

Was auch immer, die gravierenden Ereignisse dieses Frühjahrs markierten eine Zeitenwende! An den Grenzen Serbiens mehrten sich die Überfälle marodierender türkischer Banden, die Bauern ermordeten, die Vorräte plünderten und das Vieh wegtrieben. In der Ukraine hatten im April und Mai 54.000 Russen die von den Tataren gehaltene Krim angegriffen.

Noch konnte sich Carl Alexander nicht dazu entschließen, seine Besitztümer in Serbien aufzugeben, aber er ordnete an, aus dem Wildgehege seines Landhauses 35 der schönsten Hirsche zu verschiffen und über die Donau nach Ulm und weiter nach Stuttgart zu bringen.

Weitaus bedeutungsvoller aber waren die Konferenzen und Gespräche, die der Herzog während des Aufenthalts von Fürstbischof Friedrich Karl Graf Schönborn zur konfessionellen Umgestaltung Württembergs führte. Der Fürstbischof war im Mai 1736 nach Ludwigsburg gekommen und von Carl Alexander mit höchsten Ehren empfangen worden. Bälle, Theater, Konzerte und Jagden sorgten während des Aufenthalts des Fürstbischofs für standesgemäße Unterhaltung. Jeden Morgen las der Fürstbischof im Audienzzimmer für den Herzog und den ganzen Hofstaat die Messe. Am 22. Mai erteilte der Fürstbischof mehr als hundert Katholiken, allen voran dem Herzog selbst und unseren Söhnen, das Sakrament der Heiligen Firmung.

Der Herzog schätzte den klugen, erfahrenen, weltoffenen und um zehn Jahre älteren Freund als Mensch und Berater. Auch dieses Mal suchte er dessen Rat in persönlichen, politischen, rechtlichen und vor allem auch konfessionellen Angelegenheiten.

Nein, dabei ging es nicht um die Re-Katholisierung des Landes, wie viele vermuteten und fürchteten, sondern ausschließlich um das Simultaneum, also die gleichberechtigte Ausübung der Religionen – und darum, wie die Stellung und der Einfluss der Landstände minimiert werden könnte.

Außerdem besprach Carl Alexander mit dem Freund sein im Jahr 1735 aufgestelltes Testament und verfügte darin eine ganze Reihe von Änderungen. Vormünder des minderjährigen Erbprinzen Carl Eugen sollten nicht – wie in Württemberg üblich – der nächste Agnat, also der nächste männliche Blutsverwandte, im Verein mit der Herzogin-Witwe sein, sondern allein diese zusammen mit dem Fürstbischof von Würzburg, dem zudem in allen politischen Fragen des Landes ein entscheidendes Mitspracherecht eingeräumt werden sollte. Eng verbunden mit diesen Festlegungen im neu formulierten Testament waren die *„Instruktionen zur Erziehung der Württembergischen Prinzen"*. Ein ausführlicher, detaillierter Erziehungsplan mit einer genauen Tages- und Studienordnung für unsere Söhne, die ihre *„Glückseligkeit im alten katholischen Glauben"* finden, jedoch auch zur Achtung der protestantischen Konfession nach den Buchstaben des Reichsrechtes erzogen werden sollten. Darüber hinaus sollten sie mit den Regierungsgeschäften vertraut gemacht werden. Der tägliche, umfangreiche Stundenplan sah außerdem Unterricht in Deutsch, Italienisch, Französisch, Latein, Geschichte, Mathematik, Philosophie, Staatsrecht und eine ganze Reihe weiterer Fächer vor, sowie Exerzitien und den regelmäßigen Besuch der Hl. Messe.

Denn endlich hatte Carl Alexander dem schon mehrfach geäußerten Ansinnen der Landstände zugestimmt, den Erbprinzen Carl Eugen aus Brüssel nach Stuttgart heimzuholen, da es jetzt an der Zeit sei, ihn in die Regierungsgeschäfte einzuführen. Die Landschaft hatte dazu die Reisekosten in Höhe von 7.500 Gulden genehmigt. Zusammen mit dem Hofmedicus Dr. Johann Wendel Bilfinger waren der Oberstjägermeister Geheimrat Christian Heinich Geyer von Geyersberg und der Kammerherr Oberstleutnant Johann Baptist de Monleon nach Brüssel geschickt worden, um den Erbprinzen und seine Entourage auf der Reise nach Stuttgart zu begleiten und über jede zurückgelegte Etappe zu berichten. Die Reisegesellschaft brach am 18. April 1736 in Brüssel auf und traf am 25. April in Ludwigsburg ein.

Die Ankunft des Erbprinzen

Meinen Erstgeborenen, Erbprinz Carl Eugen, konnte ich erst einige Wochen später, im Mai 1736, in die Arme schließen, nachdem der Würzburger Fürstbischof Graf von Schönborn in Ludwigsburg eingetroffen war und ich mich auf sein Betreiben hin mit Carl Alexander wieder versöhnt hatte. So lange hatte er mir das Wiedersehen mit meinem Sohn verwehrt!

Ein hübscher Junge, und so groß war er geworden! Etwas schmal, mit blassem Taint, aber mit aufmerksamen, lebendigen Augen. Und mit hinreißend vollendeten Manieren! Ein kleiner, charmanter Kavalier, der mich mit *„Madame et tres chere Mama“* ansprach, ehe er mir mit einer leichten Verbeugung die Hand küsste: Madame und sehr liebe Mutter!

Als Carl Eugen geboren wurde, geschah dies im Palais meiner Eltern in Brüssel. Und da Carl Alexander zu jener Zeit noch Statthalter in Serbien war, uns die Unannehmlichkeiten in Belgrad sowie viele beschwerliche Reisen bevorstanden, war ich gerne auf den Vorschlag meiner Mutter eingegangen, ihr den Säugling wenigsten während der ersten Jahre anzuvertrauen. Meine Eltern versprachen, sich um das Kind zu kümmern und alles zu arrangieren, um ihm eine fundierte, standesgemäße Erziehung zukommen zu lassen. So wuchs Carl Eugen vornehmlich in Brüssel in der Obhut von Ammen, Gouvernanten, Dienern und Lehrern auf. Regelmäßig begleitete er meine Eltern auch nach Frankfurt, wenn die Geschäfte meines Vaters sie dorthin führten. Und ebenso regelmäßig erhielt ich Berichte über die Entwicklung Carl Eugens. Und wann immer sich die Gelegenheit dazu bot, kam ich alleine oder in Begleitung

Carl Alexanders für Tage und Wochen nach Brüssel oder Frankfurt, um meinen Erstgeborenen aufwachsen zu sehen.

Im gleichen Maße, in dem Carl Alexander sich damit konfrontiert sah, in Württemberg die Nachfolge als Herzog und Landesherr anzutreten, rückte auch Carl Eugen als Erstgeborener und Erbprinz in den Fokus dynastischer Überlegungen. Schon kurz nachdem Carl Alexander als neuer Herzog nach Württemberg gekommen war, im Jahr 1734, äußerte die Landschaft den Wunsch, dass auch der Erbprinz im Land aufwachsen und im Collegium Illustre in Tübingen erzogen werden sollte.

Es war meine Mutter, die sich vehement und ausdrücklich gegen eine lutherische Erziehung ihres Enkels wehrte. Immer wieder betonte sie, welch große Bedeutung es für sie habe, Carl Eugen zu seinem Besten in katholischen Landen und im katholischen Glauben aufwachsen zu lassen, denn so schrieb sie mir, *„ ... es scheint mir, dass der Herzog bei mir mehr Herr über seinen Sohn sein wird, als in seinem eigenen Haus!“* Carl Alexander sah dies ebenso. Statt ihn nach Württemberg zu holen, beließ er Carl Eugen gerne noch weiter in der Obhut meiner Mutter.

Für unsere beiden anderen Söhne, Ludwig Eugen und Friedrich Eugen, die wir seit ihrer Geburt die meiste Zeit um uns hatten, berief Carl Alexander 1734 einen französischen Erzieher: den Baron Frederic-Charles de Montolieu, einen damals 30jährigen Hugenotten aus dem Languedoc, der als Freiwilliger zur Rheinarmee des Prinzen Eugen von Savoyen gestoßen war. Der Herzog hatte ihn im Gefolge des Heerführers kennen- und schätzen gelernt, nach Württemberg geholt und zum Kammerjunker ernannt. Baron de Montolieu hatte da bereits ein bewegtes Leben hinter sich: Geboren als Sohn von Daniel Louis de Montolieu, Marquis de Saint-Hippolyte, Generalmajor in der preußischen Armee, war er in Berlin aufgewachsen, hatte sich am preußischen Hof verdient gemacht und war dafür 1724 mit dem Schlüssel des Kammerherr geehrt worden. Bei einem Aufenthalt in Leipzig hatte er Anne de Galhac kennen- und lieben gelernt. Sie stammte aus einer an Geld und Einfluss reichen Familie hugenottischer Kaufleute. Am 10. Juni 1725 hatten der Marquis und Anne geheiratet, zwei Jahre später kam beider Sohn Louis zur Welt.

1731, nach der missglückten Flucht des Kronprinzen Friedrich, war Montolieu jedoch bei König Friedrich Wilhelm in Ungnade gefallen, weil er entgegen eines Erlasses des Königs dem Kronprinzen Geld geliehen hatte. Er wurde vom König zu einer Strafe von 1.000 Dukaten verurteilt und unter Hausarrest gestellt. Um einer möglichen weiteren, noch härteren Bestrafung zu entgehen, war Montolieu mit seiner Familie zu Verwandten nach London geflohen. 1734 hatte sich ihm dann die Gelegenheit geboten, sich der Rheinarmee des Prinzen Eugen anzuschließen.

Schon bald, nachdem Carl Eugen nun nach Ludwigsburg gekommen war, wurde ihm und unseren weiteren Söhnen, neben Montolieu der General von Remchingen als Obersthofmeister zur Seite gestellt.

Jetzt, im Alter von acht Jahren, beherrschte Carl Eugen bereits ausgezeichnet Französisch, so wie er es in Brüssel im Haus meiner Eltern gelernt hatte. Deutsch hingegen konnte er kaum sprechen und verstehen, geschweige denn lesen und schreiben.

Wie schon erwähnt, hatten wir unseren Sohn in Brüssel und Frankfurt regelmäßig besucht, um uns von seiner Gesundheit und seiner guten Entwicklung zu überzeugen. Trotz allem: ungeachtet aller Bemühungen, rief die jahrelange Trennung eine Distanz zwischen uns hervor, die ich nie wirklich überwinden konnte. Es fehlte ihm wie mir die kontinuierliche Wärme und die Nähe, die allein die Grundlage ist für bedingungsloses Vertrauen – ein entscheidender Mangel, den wir nie ausgleichen konnten und der schließlich auch zur schrecklichen Eskalation zwischen Carl Eugen und mir führte.

Doch daran zu denken, bestand in diesen Tagen kein Anlass: Zusammen mit dem Erbprinz, den beiden nachgeborenen Prinzen und der kleinen Prinzessin waren wir endlich als Familie vereint. Das Land war befriedet, wehrhaft und auf dem Weg in eine gute, wirtschaftlich gesicherte Zukunft. Die Herrschaft war gesichert und die Landstände, die Ehrbaren in ihre Grenzen verwiesen …

Ende des Jahres 1736 wurden endlich auch die Arbeiten in und an der Stuttgarter Residenz abgeschlossen. Der Herzog konnte nun ebenfalls mit dem gesamten Hofstaat aus dem Prinzenbau in repräsentative Räume im Schloss übersiedeln. Alles würde sich nun zum Guten wenden. So jedenfalls dachte ich, und so schien es mir …

Die Wolken verdunkeln sich

Das Weihnachtsfest und den Jahreswechsel 1736/1737 begingen wir zum ersten Mal alle gemeinsam im Schloss zu Stuttgart. Konzerte, Theateraufführungen und Bankette wechselten sich ab. Carl Alexander war bester Stimmung. Auch wenn die Landschaft ständig versucht hatte, gegen die Vorhaben des Herzogs zu opponieren, letztlich konnten sie keines seiner Projekte verhindern.

Hatte Carl Alexander noch wenige Monate zuvor darüber geklagt, dass er weder am Tag noch in der Nacht Ruhe habe, weil die Landstände sich als *„procuratores patriae"* aufspielten und er ständig auf ihre Gegnerschaft stoße, so hatte er sie jetzt in eine absolut passive Rolle gedrängt und war dabei, sie vollständig zu entmachten.

Doch keiner von uns, weder Carl Alexander noch seine Getreuen, allen voran General von Remchingen, der die Truppen hinter sich wähnte und bei jeder Gelegenheit starke Reden führte, sah am Horizont die dunklen Wolken aufziehen.

Schon Wochen zuvor war dem Oberhofkanzler Scheffer zwar aufgefallen, dass die Landschaft begonnen hatte, die Geheimen Räte und die Subalternen in den Ministerien mit beträchtlichen Geldgeschenken zu bestechen. Doch niemand erlangte Kenntnis davon, dass sich die Gremien der Landschaft in diesen Tagen außerhalb Stuttgarts in geheimen Zirkeln trafen und die Weichen für einen Staatsstreich stellten: Aus der Landschaftskasse wurden heimlich größere Summen entnommen, am Hof des Kaisers in Wien wurden Agenten etabliert, um dort bei Bedarf schnell und nachhaltig für die Landschaft tätig werden zu können …

Der Einzige, der seine Bedenken äußerte und warnte, war Joseph Süß Oppenheimer. Er nahm die Anzeichen nicht nur wahr, er nahm sie auch ernst: Die sich mehrende Anzahl der Spottgedichte, die im Volk über ihn kolportiert wurden, die letztlich aber den Herzog treffen sollten. Die immer seltsamer anmutenden Gerüchte über die Machenschaften der Katholiken, insbesondere der Kapuziner. Die angeblich bevorstehende gewaltsame Abschaffung der lutherischen Religion und die Re-Katholisierung des Landes. Ein Giftanschlag auf das Leben des Herzogs … Inständig bat Joseph Süß Oppenheimer den Herzog, ihn von seinen Ämtern zu suspendieren, damit er sich außer Landes begeben und in Sicherheit bringen konnte. Doch Carl Alexander lachte nur über diese Ängste und zeigte sich immer ungnädiger seinem Oberfinanzrat gegenüber. Schließlich stellte er Oppenheimer wenigstens einen umfangreichen Schutzbrief aus. Wie sich schon bald zeigen sollte, war dieser jedoch das Papier nicht wert, auf dem er geschrieben worden war.

Statt ihn also zu entlassen oder auch nur zu beurlauben, forderte der Herzog weitere Dienste von seinem Finanzrat: Oppenheimer sollte Carl Alexander unter anderem eine ganze Reihe besonders schöner und seltener Juwelen besorgen, deren Wert bei mehr als 100.000 Reichstalern lag. Am 4. Januar 1737 unterzeichnete der Herzog über diese Summe eine Schuldverschreibung. Joseph Süß Oppenheimer sollte die Hälfte davon aus Erlösen des Ämterverkaufs zurückerhalten, die andere Hälfte aus der privaten Schatulle des Herzogs.

Und wieder einmal stand der Karneval vor der Tür! Vom 26. Februar an sollte in Stuttgart im Schloss, im Lusthaus, in den Straßen der Stadt und in der neu eröffneten Oper bis zum Aschermittwoch am 6. März, ein einziges, rauschendes Fest gefeiert werden: Mit Aufführungen der Oper „Adriano in Siria" des Dichters Pietro Metastasios. Mit einer ganzen Reihe von Maskeraden. Mit der Inszenierung einer Bauernhochzeit, bei der der Brautzug aus Kavalieren und Damen des Hofes in Bauernkleidern durch die Stadt zog. Mit musikalischen Schlittenfahrten. Mit Glücksspielen und Lotterien. Im großen Ballsaal im Lusthaus der Stuttgarter Residenz und in den angrenzenden, weitläufigen Räumen zählten wir Hunderte von Gästen aus dem ganzen Land! Sogar von Baden her waren sie angereist. Alle waren maskiert und trugen die aufwendigsten Kostüme. Wer genug getanzt hatte, bummelte durch die kühlen, mit vielen exotischen Pflanzen als Gärten gestalteten Räume, ließ sich die erlesenen Speisen und Leckereien schmecken oder suchte an den Spieltischen Entspannung und Zerstreuung. Für jede der Damen lag ein Schmuckstück als Präsent bereit. Feuerwerke und Illuminationen boten weitere Abwechslung.

Dann am 13. März 1737 – so war der Plan – wollte der Herzog mit seiner Entourage eine seit langem geplante Reise antreten. Erstes Ziel war Würzburg. In einer Konferenz mit Bischof Graf Schönborn wollte Carl Eugen das weitere Vorgehen gegen die Landstände abstimmen, um anschließend nach Danzig weiterzureisen. Dort hatte er vor, einen bekannten Arzt und Heiler zu konsultieren, der ihm helfen sollte, sein verletztes Bein, das ihm immer unerträglichere Schmerzen bereitete, endgültig zu kurieren.

Schon im Jahr zuvor hatte er von diesem Heiler ein Pülverchen erhalten, das – auf die Wunde aufgetragen – angeblich wahre Wunder gewirkt hatte: Bei den Redouten im Karneval 1736 jedenfalls konnte Carl Alexander gelegentlich sogar das Tanzbein schwingen! Der Herzog glaubte so sehr an die Wirkung des Pulvers und war so begeistert, dass er dem Heiler zum Dank 400 Gulden zukommen ließ. Meinen Einwand, er hätte es genauso gut und weniger teuer mit bewährten, heimischen Pflanzenextrakten versuchen können, wies er wie immer als Einmischungsversuch brüsk von sich. Auch den Rat seiner Ärzte, von derartigen Wundermitteln keinen Gebrauch zu machen, schlug Carl Alexander in den Wind.

Stattdessen war er nur noch mehr entschlossen, den Heiler – ein steinalter, angeblich armenischer Prinz mit dem so gar nicht armenisch klingenden Namen Uhl Hulderop – persönlich aufzusuchen. Vielleicht hoffte der Herzog auch auf eine Essenz, über die der Wunderarzt verfügen sollte und von der es hieß, ein Fingerhut voll, alle zwei Jahre eingenommen, könne das Leben auf mehrere hundert Jahre verlängern? Auch dies in meinen Augen nur gotteslästerliche Scharlatanerie, Aberglaube und bloße Geldschneiderei. Denn wer konnte schon so vermessen sein, mit Essenzen und Pülverchen den natürlichen Lauf des Lebens verlängern zu wollen, und unserem Herrn und Gott ernsthaft ins Handwerk pfuschen?

Warum also, so warf ich Carl Alexander vor, wollte er unbedingt nach Danzig reisen, seine Familie und Württemberg so lange alleine lassen? Und das in einer Zeit, in der sich die Stimmung im Land immer mehr gegen ihn, gegen uns, wandte? War er es müde zu regieren? Hatte er die ständigen Auseinandersetzungen mit den Geheimen Räten und den Landständen satt? Oder hatte er ganz andere Pläne, von denen ich nichts wusste? Trotz meiner Einwände wollte er sich um keinen Preis von seinem Vorhaben abbringen lassen. Für die Zeit seiner Abwesenheit hatte der Herzog eine Interimsregierung berufen: Ich, die Herzogin, sollte zusammen mit

General von Remchingen, dem Oberhofkanzler von Scheffer, dem Oberststallmeister von Roeder, dem Geheimen Rat von Pfau und dem Staatssekretär von Lautz die Regierungsgeschäfte führen.

Zum Beginn der Passionszeit, am 7. März, setzte der Herzog die Unterschrift unter eine ganze Reihe von Zusätzen zu seinem im Jahr 1735 verfassten Testament, so als hätte er geahnt, dass sein Leben bald ein Ende nehmen würde. In diesem neuen Testament versprach der Herzog seinen Untertaten die Glaubensfreiheit: drei Konfessionen – die evangelisch-lutherisch, die reformierte und die römisch-katholische Kirche – sollten in Württemberg gleichberechtigt nebeneinander existieren. Er legte auch fest, dass Übertritte von der einen zur anderen Konfession möglich sein sollten, und dass es Aufgabe der Regierenden sei, ihre Untertanen, gleich welcher Konfession, zu lieben und zu schützen. Zwar legte er seinen Erben auch ans Herz, der katholischen Kirche treu zu bleiben, doch alle Beschlüsse und Verträge des Westfälischen Friedens und die im Reich in religiösen Fragen geltenden Gesetze und Verordnungen sollten respektiert und eingehalten werden. Ausdrücklich forderte er seine Nachfolger auf dem Herzogsthron auf, in religiösen Fragen stets so zu agieren, dass das Verhältnis zwischen den Untertanen und der Regierung nicht belastet, sondern in gegenseitigem Vertrauen zueinander geregelt werde. Sieht so das Manifest eines Herrschers aus, der insgeheim plant, die Katholiken mit Waffengewalt zur Macht zu bringen und die Lutheraner unter Rosenkränzen zu ersticken?

In seinem ursprünglichen Testament von 1735 hatte der Herzog – so wie es Usus war – noch seinen Cousin Carl Rudolph von Württemberg-Neuenstadt mit der Obervormundschaft und Regentschaft betrauen wollen. Im neuen Testament dagegen bestimmte der Herzog nun ausdrücklich mich, die Herzogin, zur Regentin und Hauptvormünderin – zusammen mit dem Fürstbischof von Würzburg und Bamberg, Friedrich Karl von Schönborn, der mir als Ratgeber zur Seite gestellt werden sollte. Ganz eindeutig hieß es da, der Fürstbischof sei auch in allen anderen Reichs-, Kreis-, Regierungs-, Kriegs- und Friedensangelegenheiten als Ratgeber und Mitentscheider heranzuziehen. Somit schien für die Zeit der Abwesenheit des Herzogs und darüber hinaus alles gut bedacht, geregelt und wohlgeordnet.

Doch der Karneval, der so überaus glanzvoll, unterhaltsam und in Harmonie begonnen hatte, fand sein Ende in einem spektakulären, alles erschütternden Zerwürfnis!

Beim letzten der vielen Bälle, spät Abends noch, war ich mit dem Herzog erneut in einen abgrundtiefen Streit geraten: Allzu offensichtlich und über die Maßen hatte er während der ganzen Karnevalszeit immer wieder mit einer der Opernsängerinnen intensiv und mehr als nur verliebt getändelt.

Signorina Teres Ceroni war blutjung, talentiert und eine aparte Erscheinung. Und sie war erst kurz zuvor von Riccardo Broschi, dem „compositore di musica", engagiert und nach Stuttgart geholt worden. Zur Premiere der Oper „Adriano in Siria" hatte Broschi mit ihr die Rolle der erkrankten Sopranistin Margarita Furiosi besetzt. Und während Teres Ceroni mit engelsgleicher Stimme die Arien der Parther-Prinzessin Emirena sang, die dem Kaiser Hadrian als Kriegsbeute in die Hände gefallen war und ihn becircte, war Carl Alexander auf die Signorina aufmerksam geworden. Schon in der Loge in der Oper konnte er kein Auge von ihr wenden. Und wie Kaiser Hadrian zu Emirena, hatte der Herzog dabei zu Teres wohl eine „affection" gefasst und war ihrem jugendlichen Charme erlegen …

Jedenfalls war er bei jedem Ball auf seinem Hinkebein wie der sprichwörtliche Gockel um die Ceroni herumstolziert – und hatte mich damit erneut vor aller Augen lächerlich gemacht und brüskiert! Unsere Auseinandersetzung bei diesem letzten Tanz in der Karnevalssaison fand vor aller Augen statt. Ein Wort gab das andere, es wurde immer lauter, und es fielen die heftigsten Worte von beiden Seiten. Dass ich Carl Alexander die Pest an den Hals wünschte, war wohl noch das mildeste: Der große Polterer, bei Freund und Feind berüchtigt für seine unbeherrschten Wutausbrüche, hatte dieses Mal in mir seine ebenbürtige Meisterin gefunden! Den Umstehenden stand das blanke Entsetzen im Gesicht, alle wichen zurück, bis nur noch wir beide uns im Ballsaal gegenüberstanden. Das Krachen der Flügeltüren, als ich den Herzog vor Wut entbrannt stehen ließ, hallte noch lange in meinen Ohren nach und wirkte wie ein böses Omen. Zutiefst beleidigt, verletzt, gedemütigt und flammend vor Zorn, zog ich mich in mein Apartment zurück , das ich während der nächsten Tage nicht mehr verließ.

Der Tod des Herzogs

Am Montag, den 11. März 1737, reiste der Herzog ohne Entschuldigung, ohne Versöhnung und auch ohne Abschied mit kleiner Suite – darunter auch besagte Signorina aus der Oper samt ihren Freundinnen – nach Ludwigsburg. Dort wollte Carl Alexander die letzten Vorbereitungen für die Reise nach Würzburg und Danzig treffen.

Der Folgetag, der 12. März 1737, war ein Schicksalstag. Außergewöhnlich in jeder Hinsicht. Der Tag, an dem sich mein weiteres Schicksal entscheiden sollte. Es regnete, es hagelte und es schneite abwechselnd. Dazwischen schien wieder die Sonne. In der Stuttgarter Residenz stolperte ich zu Tode erschrocken über eine schwarze Katze mit einem ebenso schwarzen, reglosen Kätzchen im Maul. Im Schloss zu Ludwigsburg fiel ein großer Spiegel von der Wand und zerbarst in tausend Stücke. Und angeblich tauchte dort auch ein unheimlicher Magier auf, der vorgab, dem Herzog die Zukunft weissagen zu wollen. Mit seinen kryptischen Äußerungen und dunklen Beschwörungen ängstigte er die Diener und Kammerzofen.

Dazu ging in ganz Württemberg die nackte Angst um, denn stündlich erwartete man den Einmarsch der katholischen Invasionstruppen aus Würzburg.

Gegen 10.00 Uhr am späten Abend, beim Auskleiden, befielen den Herzog ganz plötzlich rasende Schmerzen in der Brust und Erstickungsanfälle. Er stöhnte: *„Wie sticht's mich! Mir wird so eng!"* Joachim Friedrich Neuffer, die graue Eminenz, wie immer an der Seite des Herzogs, riss ihm die Kleider vom Leib und ließ ihn zur Ader. Doch nur wenige dicke Tropfen Blut quollen hervor. Der letzte Hilferuf des Herzogs galt seinem Beichtvater Pater Kaspar Tschott und seinem Gott: *„Herr Jesus, ich muss sterben!"* – dann sank er tot zu Boden.

Noch in derselben Nacht, von Dienstag auf Mittwoch, riss eine Clique aus Mitgliedern des Engeren Ausschusses, ehemaligen und unzufriedenen Beamten und einer Reihe protestantischer Offiziere die Macht im Lande an sich.

Um Mitternacht, kaum zwei Stunden nachdem der Herzog verstorben war und mir Joseph Süß Oppenheimer und der Oberststallmeister von Roeder die Nachricht vom Tod des Herzogs überbracht hatten, machte sich schon der Hauptmann Graf Friedrich Georg von Wied auf, um den Agnaten, Herzog Karl Rudolph von Württemberg-Neuenstadt, zu informieren und ihn zu bitten, – widerrechtlich und entgegen dem letzten Willen des Verblichenen – die Interimsregierung und die Administration im Herzogtum Württemberg zu übernehmen.

Nachdem ich die Nachricht vom Tod des Herzogs erhalten hatte, ließ ich sofort anspannen und fuhr hinaus nach Ludwigsburg. Im Schloss dort herrschte allenthalben Chaos. Der Leichnam Carl Alexanders lag noch im Schlafzimmer seines Apartments auf dem Bett, halb entkleidet, im gleichen Zustand, in dem er den Tod gefunden hatte. Man hatte ihm ein Hemd übergezogen, die Augen zugedrückt, die Hände über der Brust gefaltet, einen Rosenkranz um seine Finger gewickelt und ihn mit einem Tuch aus blauem Samt zugedeckt. Die Bediensteten, namentlich Expeditionsrat Neuffer, befanden sich in aufgelöstem Zustand. Neuffer bestätigte, was schon Joseph Süß Oppenheimer mir berichtet hatte: Dass sich der Herzog nach dem Abendessen und dem Kartenspiel in sein Schlafgemach zurückgezogen hatte, dort plötzlich unter starken Schmerzen in der Brust und Atemnot litt und nach dem erfolglosen Aderlass röchelnd auf dem Bett zusammengebrochen war. Schon in Agonie habe er nach Arznei und nach seinem Beichtvater gerufen, doch schon drei oder vier Minuten später sei er verstorben. Dass Carl Alexander sich zu diesem Zeitpunkt nicht alleine im Schlafzimmer aufhielt, sondern dort schon von Signorina Ceroni erwartet wurde, wollte Neuffer mir anfänglich verschweigen, doch als ich nicht nachließ zu insistieren, bestätigte er zögernd und unter vielen Ausflüchten die Anwesenheit der Dame.

Der große Carl Alexander, der Held von Peterwardein und Belgrad, gefällt zwischen Kartenspiel und verliebter Tändelei, getötet, halb nackt, in einem so völlig unwürdigen, ungünstigen, unerwarteten Augenblick! Nun lag er hier auf seinem prachtvollen Bett im weichen Kerzenlicht, umgeben von Samt und Seide. Noch immer beeindruckend groß und massig, doch nicht mehr polternd, unwirsch und fordernd, sondern so unglaublich ruhig, still, fast friedlich …

Mein armer Carl Alexander! Gott möge seiner Seele gnädig sein!

Ich kniete nieder neben dem toten Herzog, der mein Leben gewesen war, und sprach das Vaterunser, das Ave Maria und das Totengebet, den Psalm 130:

Aus der Tiefe rufe ich, Herr, zu dir:
Herr, höre meine Stimme! Wende dein Ohr mir zu, achte auf mein lautes Flehen!
Würdest du, Herr, unsere Sünden beachten, Herr, wer könnte bestehen?
Doch bei dir ist Vergebung, damit man in Ehrfurcht dir dient.
Ich hoffe auf den Herrn, es hofft meine Seele, ich warte voll Vertrauen auf sein Wort.
Meine Seele wartet auf den Herrn, mehr als die Wächter auf den Morgen.
Mehr als die Wächter auf den Morgen, soll Israel harren auf den Herrn.
Denn beim Herrn ist die Huld, bei ihm ist Erlösung in Fülle.
Ja, er wird Israel erlösen von all seinen Sünden.

Dann ließ ich mir von Neuffer die schwere, schwarze Schatulle aushändigen, die der Herzog auf allen seinen Reisen für gewöhnlich mit sich führte. Von dieser Schatulle wussten nur wenige, ihren Inhalt kannte niemand. Nur mir hatte Carl Alexander einmal anvertraut, dass sich in ihr all jene Schätze befanden, die er schon in Belgrad, dann später, auch durch die Vermittlung Joseph Süß Oppenheimers, zu vielen Gelegenheiten erworben hatte: All die vielen seltenen, überaus wertvollen Juwelen, sein ganz besonderer, privater Schatz, den er nicht im herzoglichen Kunstkabinett im Alten Lusthaus zu Stuttgart vor aller Augen zur Schau stellen wollte. Anschließend ließ ich mich auf schnellstem Wege wieder zurück nach Stuttgart in die Residenz bringen.

Während meiner Abwesenheit hatte man hier schon sämtliche Stadttore verschließen lassen und alle in der Stadt einquartierten Soldaten alarmiert. Noch im Morgengrauen rollte eine beispiellose Verhaftungswelle über das Land, der in den nächsten Stunden, Tagen und Wochen nahezu alle Funktionsträger und Beamten zum Opfer fielen, von denen man wusste oder vermutete, dass sie loyal zum Herzog und seiner Familie standen: insgesamt 60 oder 70 Personen, allen voran der Geheime Finanzrat Joseph Süß Oppenheimer, die Regierungs- und Expeditionsräte Jakob Friedrich Hallwachs, Johann Christian Bühler, Johann Albrecht Metz, der Münzrat Johann Sigmund Firnkranz, schließlich auch General Franz Joseph von Remchingen und zuletzt Oberhofkanzler Johann Theodor Scheffer.

Besonders schlimm traf es Oppenheimer und die Juden der Stadt Stuttgart: Nachdem Oppenheimer unmittelbar nach dessen nächtlicher Visite im Schloss von Oberststallmeister von Roeder gefangengenommen und in seinem Haus in der Seegasse festgesetzt worden war, trieben die Soldaten und eine johlende Menge den ganzen Mittwoch über – *„gleich einer Hasenjagd“*, wie es im Bericht eines Konfidenten über die Vorgänge dieser Tage in Stuttgart hieß – nicht nur alle Juden, sondern auch alle anderen zusammen, die auch nur im entfernten mit Oppenheimer in Verbindung gestanden hatten. Sie schlugen auf die armen Menschen ein, bewarfen sie mit Steinen und misshandelten sie in jeder Weise.

Später wurde behauptet, ich, die Herzogin, habe diese Festnahmen angeordnet oder gebilligt, weil der Herzog mir dies vor seiner Abreise so befohlen habe. Jener „Konfident“, der seinen Bericht am 17. März 1737 ablieferte, hingegen wusste ganz gegenteilig noch viel Erstaunlicheres zu berichten: *„Indessen redet man hier ohne Scheu, dass an dem Tage nach Ihrer hochfürstlichen Durchlaucht so unvermutetem Abschied aus dieser Welt, erstaunliche Sachen hätten publiziert werden sollen, die executiv befolgt werden müssen. Da nämlich der Obrist-Stallmeister Herr von Roeder wie auch der Obrist-Hofkanzler Scheffer abgedankt und auf die Festung Hohentwil in continenti gebracht, der Obrist-Forstmeister, Herr von Geissau, aber nach Asperg in Arrest gebracht werden sollen, an dererstatt der Jud Süß die Interimsregierung dirigieret und seine Complices nebst ihm das Ruder am Regiment besorgt hätten … “*

Was nichts anderes besagen sollte, als dass der Mord am Herzog und die ganze Rebellion von Joseph Süß Oppenheimer ausging, um ihn als Rädelsführer an die Spitze der Interimsregierung zu bringen. Was für eine absurde Behauptung, welch unglaublicher Schwachsinn! Weder ich, noch der Herzog selbst hatten irgendwelche Festnahmen angeordnet! All diese Behauptungen und Unterstellungen sollten nur dazu dienen, von den wahren Drahtziehern des Putsches abzulenken und die Wut auf Joseph Süß Oppenheimer im Volk endgültig zum Kochen zu bringen. Denn schon in den langen Wochen und Monaten zuvor hatte die Landschaft ihn als den „Landverderber“ instrumentalisiert, der den Herzog einzig in seinem Sinne und zu seinem Vorteil dominiert und manipuliert habe.

Ebenfalls am Mittwoch, in der Mittagszeit, traf Karl Rudolph von Württemberg-Neuenstadt in der Stadt ein. Zu seinem Empfang standen eine Kompanie Grenadiere und eine Paradekutsche bereit, mit der er in den Hof des Schlosses rollte, um mir und meinen Kindern zum Tod des Herzogs zu kondolieren.

Die Obduktion des Leichnams des Herzogs fand am 14. März 1737 in der Ludwigsburger Residenz statt. Versammelt hatten sich dazu der Geheime Rat und Regierungspräsident von Beulwitz, der Oberschenk Schenk von Geyern, die Leibärzte des verstorbenen Herzogs, Seeger, Bilfinger und Breyer, der Leibchirurg Hillwer und der Militärchirurg Major Bellair.

Der plötzliche, unerwartete und so schnelle Tod Carl Alexanders legte nahe, dass auf ihn ein Giftanschlag verübt worden war: Schon in den nächsten Tagen kursierten im Volk dazu die wildesten Vermutungen. Am hartnäckigsten hielt sich das Gerücht, dass sein Faktotum Neuffer dem Herzog das Gift verabreicht habe. Schließlich schien er der Einzige gewesen zu sein, der zum Zeitpunkt des Todes beim Herzog weilte …

Doch die Ärzte fanden keine Spur von Gift im Körper des Herzogs. Recht nüchtern konstatierten sie in ihrem Sektionsbericht, den ich mir später genauer angesehen habe, dass der Bauch des Herzogs gewaltig vergrößert und gespannt gewesen sei. Nach der äußerlichen Untersuchung hatten die Ärzte den Leichnam geöffnet und sorgfältig jedes Organ untersucht. Sie fanden Gallen- und Nierensteine so groß wie Haselnüsse und in den Lungen, vornehmlich im linken Lungenflügel, eine Ansammlung von *„vielem schwarzem und schaumigtem Geblüt“*. Am Ende konstatierten Sie, dass Carl Alexander *„nicht an einem Schlagfluss, nicht an einer Infamation der Gangrens, nicht an einem Blutsturz, auch nicht an einem Polypo oder an einer Vomica majori, varice und aneurismate repertine ruptis, sondern an einem Steckfluss und in dem Blut recht ersticket seien …* “

Ein Steckfluss also war nach Ansicht der Ärzte die Ursache für Carl Alexanders unerwarteten, so überaus schnellen Tod. Doch warum und wie es zu diesem so plötzlichen Ersticken am eigenen

Blute hatte kommen können, darüber hüllten sie sich in Schweigen. Die Begründung lieferten postwendend andere: Mit seinem ach so ausschweifenden Lebenswandel habe der Herzog seinen so unvermuteten, unrühmlichen Tod selbst verschuldet. Seine Brust sei so *„voll Staub, Rauch und Dampf des Karnevals und der Opern"* gewesen, dass es zu der *„suffocatio sanguinis"*, der *„Erstickung am eigenen Blut"*, also einem Lungenödem, gekommen sei. So konnte man selbst den Tod des Herzogs noch verwenden, um ihn posthum beim Volk in das denkbar schlechteste Licht zu rücken!

Oder wollte man mit den Diffamierungen von einer ganz anderen Todesursache ablenken? Dies erscheint möglich, denn die Ärzte hatten es bei der Obduktion – aus purer Nachlässigkeit oder aus gezielter Absicht? – wohl unterlassen, auch noch den Inhalt des Magens zu untersuchen. In ihrem Obduktionsbericht gab es darauf jedenfalls keinerlei Hinweis.

Hätten die Ärzte festgestellt, dass nicht der Lebenswandel, sondern Gift der Auslöser des plötzlichen Lungenödems war, dann hätte dies die Frage nach den Verantwortlichen aufgeworfen – nicht nur unter dem Volk in Württemberg, sondern bis hinauf in das Reich und zum Kaiser! Der Fürstenmord wäre ganz sicherlich von diesem konsequent ermittelt und streng geahndet worden! Doch so passten der mysteriöse Tod des Herzogs und das Urteil der Ärzte ganz ausgezeichnet in die aggressive Stimmung dieser Tage.

Der Diakon der Stuttgarter Stiftskirche, Christoph Konrad Heller, ebenso wie der Spezial zu Ludwigsburg, Johann Jakob Stahlegger und sogar der Hofprediger Johannes Öchslin, Beichtvater der Herzogin-Witwe Johanna Elisabeth, verkündeten öffentlich von der Kanzel: Der Teufel habe den Herzog geholt und Gott selbst habe eingegriffen, um die evangelische Kirche zu retten und das Land von ihren ärgsten Widersachern zu befreien: *„Du, großer Gott, hast unseren durchlauchtigsten Herzog schnell weggeräumt wie der Staub vom Wind verstäubt wird … und was sich nicht will biegen lassen, das muss brechen …* ". Getrieben von diesem geistlichen Rückenwind, fühlte sich selbst der Stuttgarter Hofkonditor Benz berufen, ein Pasquill wider den toten Herzog zu verfassen und dieses gedruckt unters Volk zu bringen: *„Seht wie den Renegat ums Gold Leibhaftig hier der Teufel holt …* "

Auch mich, die Herzogin, die Landfremde, die Katholikin, wollte man mit derartigen, gezielten Seitenhieben *„lieber brechen als biegen"*, indem man mich einmal mehr – und nicht zum letzten Mal – des sittenlosen, gotteslästerlichen Lebenswandels bezichtigte. Gegen diese immer neuen und wiederholten Angriffe und Verleumdungen setzte ich mich heftig zur Wehr. Der geheime Rat nahm meinen Protest zur Kenntnis, geschehen ist aber nicht viel. Erst mit dem Beginn der Trauerfeierlichkeiten am Ende des Monats wurde das Volk aufgefordert, über den verstorbenen Herzog und seine Witwe keine ungebührlichen Behauptungen in die Welt zu setzen. Bewirkt hat diese sehr zurückhaltend formulierte Anweisung nicht viel.

Noch am Abend des 14. März wurden die bei der Obduktion entnommenen Eingeweide des Herzogs in einem mit schwarzem Tuch überzogenen Behältnis, sein Herz dagegen in einer separaten Kapsel aus Zinn und gehämmertem Silber verwahrt und beides beigesetzt. Ein Leutnant mit zwölf Soldaten der Garde gaben dazu das militärische Geleit, Hofbedienstete standen mit Fackeln Spalier. An der Spitze des Zuges schritten die beiden Hofkaplane Pater Tschott und Pater Candidus. Die *„Intestina"* trugen die beiden Chirurgen und zwei Lakaien.

Die nächsten Tage und Wochen verlebte ich wie in Trance. Am 15. März 1737 fand die Testamentseröffnung statt, vollzogen vom Direktorium des Geheimen Rats, dem Oberstallmeister von Roeder, und Herzog Karl Rudolph von Württemberg-Neuenstadt. Man ignorierte die Testamentszusätze vom 7. März und beanspruchte nicht nur die Regentschaft, sondern auch die Obervormundschaft über meine Kinder für sich.

Karl Rudolph von Württemberg-Neuenstadt! Der geschätzte, ältere Vetter mit seinem ganzen liebreizenden Anhang! Im Dezember 1733, kurz nachdem Carl Alexander in Württemberg das Regiment übernahm, hatte ich mich noch um seine Gesundheit gesorgt, hatte ihm und seiner ganzen Familie meine Unterstützung zugesagt, um die er mich gebeten hatte, hatte ihm fortwährende Freundschaft und Gewogenheit angeboten. Und nun entpuppte er sich als willfähriger Komplize, wenn nicht gar als Teil der Verschwörung. War dabei, sich sogar an deren Spitze zu stellen, um mich auszuboten … Unter den Mitgliedern des Geheimen Rats fand er ebenso willfährige Unterstützer. Nur der Geheime Rat Kaspar von Pfau widersprach und forderte die Berücksichtigung aller Teile des Testaments. Pfau wurde von den anderen überstimmt und musste seine Loyalität bitter büßen: Schon nach wenigen Monaten, im Oktober 1737, wurde er seiner Ämter enthoben und entlassen.

Die Nachricht vom Tod des Herzogs, die Welle der Verhaftungen und die ungeheuere Dreistigkeit meiner Gegner bei der Testamentseröffnung versetzten mich abwechselnd in abgrundtiefe Trauer, maßlose Erschütterung und grenzenlose Wut. Ich verlor den Boden unter den Füßen. Das wechselnde Bad der Gefühle raubte mir die Sinne. Der Gesandte des Würzburger Fürstbischofs, Graf Raab von Rauenheim, der mir in diesen schweren Stunden zur Seite stand, berichtete mir hinterher, ich sei mehrfach in Ohnmacht gefallen. Ich bat ihn, Kontakt mit dem Fürstbischof aufzunehmen und diesen zum Eingreifen zu bewegen.

Dann, am 18. März, wurden in einer Nacht- und Nebelaktion, alle Kollegien, Beamten und das Volk auf Herzog Karl Rudolph von Württemberg-Neuenstadt als Landesadministrator und alleiniger Vormund für den noch minderjährigen Erbprinzen Carl Eugen und meine drei anderen Kinder eingeschworen. In dem Erlass wurde ausdrücklich darauf hingewiesen, dass ich, die Witwe des Herzogs und Mutter des Thronfolgers, von der Regentschaft und Vormundschaft ausgeschlossen sei.

Herzog Karl Rudolph von Württemberg-Neuenstadt war wohl der nächste Agnat, der nach der Rechtsauffassung des Geheimen Rats für diese Aufgabe in Frage kam. Er führte zwar den Titel Herzog, besaß aber bis dahin keine landeshoheitlichen Rechte. Er hatte sich einen Namen gemacht als Heerführer in dänischen und kaiserlichen Diensten, hatte aber keinerlei Kenntnisse in der Verwaltung eines Herzogtums. Er stand kurz vor seinem 70. Geburtstag. In seinen Reden und Handlungen wirkte er nicht nur auf mich schon etwas langsam und senil. Von den Regierungsgeschäften hatten weder er noch sein Kanzleidirektor Johann Heinrich Harpprecht, den er aus Neuenstadt mitgebracht hatte, allzu große Ahnung. Damit war er Wachs in den Händen der Drahtzieher der Rebellion im Geheimen Rat und in der Landschaft.

General von Remchingen weigerte sich, den Eid auf den so willkürlich und unter Missachtung des Testaments Carl Alexanders ernannten Landesadministrator zu leisten. Schon am Tag darauf wurde er in seiner Wohnung gefangengenommen und auf der Festung Hohenasperg inhaftiert.

Eine Katastrophe für den General und auch für mich! Zum einen konnte ich nun mit einem Eingreifen des Militärs nicht mehr rechnen, zum anderen ging mir ein treuer Freund, Unterstützer und wichtiger Berater verloren. Der General hatte nie ein Blatt vor den Mund genommen, wenn es um die Auseinandersetzungen mit den Landständen und der evangelischen Geistlichkeit ging. Recht eindeutig und wenig rücksichtsvoll hatte er sich in seinen Äußerungen gegenüber dem Herzog und gegenüber Dritten dazu positioniert. Und ich wusste, dass er mit dem Herzog, dem Würzburger Fürstbischof und dem Botschafter des Fürstbischofs, dem Geheimrat Franz Ludwig Fichtel, eine umfangreiche Korrespondenz geführt hatte. Dieser möglicherweise brisante Briefwechsel war im Quartier des Generals in Ludwigsburg zurückgeblieben. Um ihn nicht in falsche Hände geraten zu lassen, beauftragte ich noch in der Nacht den Adjutanten des Generals, Hauptmann Johann Gerhard, den Obristen Marquis Antonio de Portugal und den Rittmeister Ludwig de Buccow, sich dort Zutritt zu verschaffen, alle Schriften umgehend sicherzustellen und mir nach Stuttgart zu bringen. Doch als die drei am Haus des Generals eintrafen, fanden sie es von Soldaten umstellt und versiegelt. Am Ende war es der Läufer des Generals, der ungesehen auf das Dach des Hauses kletterte, dort über eine Luke einstieg und die möglicherweise kompromittierenden Schriften sicherstellte.

Man brachte mir diese Dokumente in mein Apartment im Stuttgarter Schloss. In Anwesenheit von Raab von Rauenstein breitete ich die Briefe auf dem Bett in meinem Schlafzimmer aus und dann habe ich alles zerrissen und verbrannt, was dem General und dem verstorbenen Herzog hätte schaden können. Nicht zu früh, denn alle noch im Ludwigsburger Haus des Generals vorhandenen Akten wurden schon am nächsten Tag beschlagnahmt und abtransportiert. Unglücklicherweise fanden sich in diesen Akten mehrere Kopien eines Schreibens, das General Remchingen an den Würzburger

Geheimrat Fichtel gerichtet und in dem er in seiner unverblümten Art über die Möglichkeiten eines militärischen Eingreifens spekuliert hatte, um dem Herzog zur alleinigen Kontrolle und Macht in Württemberg zu verhelfen: Wasser auf die Mühlen der Umstürzler, die sich dadurch in ihrem Handeln bestätigt fühlten.

Georg Bernhard Bilfinger, Mathematiker und Festungsbaumeister, mit dem Carl Alexander freundschaftlich verbunden gewesen war, hielt die Ereignisse dieser Tage wie folgt fest: *„Auf den Todesfall des Herzogs folgte eine General-Veränderung, aber auch zugleich ein Streit wegen der Administration. Die Böswichter, die unser Land verheerten, wurden beim Kopf genommen, ich meine den Juden und seine Engel, Räthe und Helfershelfer. Der gottlose General Remching wurde, weil er dem Herrn Administrator die Hand-Treue nicht geben wollte … in Arrest genommen, und als man ihn eben auf Parole loslassen wollte, fand man hinter ihm an der Erde einen infamen Brief, an einen Minister in Würzburg, der auf den Umsturz der Religion und Verfassung unseres Landes abgesehen war. Wir sehen daraus, welch ein Unglück auf uns wartete und wie uns Gott so gnädig und in einer Schnelle errettet hat … "*

Wenn selbst Bilfinger, dieser kluge, gescheite Kopf, auf all die Propaganda und Lügen hereinfiel, die von den Aufrührern im Land verbreitet wurden, und sie für bare Münze nahm, was konnte ich da von anderen erwarten?

Am 26. März wurde der inzwischen einbalsamierte Leichnam des Herzogs im Ordenssaal von Schloss Ludwigsburg auf einem eigens dafür gefertigten, mit schwarzem Samt bezogenen und mit silbernen Tresen verzierten Paradebett aufgebahrt. Den schwarzen Baldachin über dem Bett schmückten eine silberne Kugel und ein silberner Adler, der im Schnabel die goldene Kette mit dem Orden vom goldenen Vlies trug. Der Leichnam des Herzogs steckte in einem Rock aus rotem, mit goldenen Borten verbrämten Samt, auf dem Kopf trug er eine Perücke mit langen, weißen Locken. Das Paradebett wurde flankiert von je sechs Leuchtern, von Würdenträgern des herzoglichen Hofes und von Gardisten unter dem Kommando eines Gardeleutnants. An jedem Morgen zelebrierten die katholischen Hofkaplane für den verstorbenen Herzog eine Seelenmesse, am Vormittag und am Nachmittag erklang Trauergeläut. Bei jeder dieser Messen betete ich für den Herzog, dann kniete ich noch lange vor dem aufgebahrten Leichnam und hielt stumme Zwiesprache mit ihm und mit meinem Gott. Bis zum 6. April blieb der Leichnam des Herzogs im Schloss aufgebahrt. Dann, bei einbrechender Nacht, wurde sein mit schwarzem Samt überzogener Sarg in der Gruft unter der Ludwigsburger Schlosskapelle in aller Stille zu Grabe getragen.

Erst über einen Monat später, am 11. Mai 1737, fand das offizielle, feierliche Leichenbegängnis statt. Den Weg vom Ordensbau hinüber zur Schlosskapelle und zur Gruft der Herzöge wurde von der Garde zu Pferd, Dragonern, Leibhusaren, Grenadieren und Artilleristen mit 20 Kanonen gesäumt. Nachdem der Leichenzug an der Schlosskapelle eingetroffen war, wurden Gewehrsalven und Kanonen abgefeuert – ganz so, wie es sich der Herzog in seinem Testament für ein „militärisches" Begräbnis gewünscht hatte.

Zumindest für den Augenblick dieser mit großem Prunk aufgezogenen Beisetzung schien der mörderische Streit zwischen Landschaft und dem herzoglichen Haus in den Hintergrund zu treten. Aber nur scheinbar, denn selbst angesichts des Todes standen sich die beiden Religionen unversöhnlich gegenüber: Unseren katholischen Geistlichen war eine Teilnahme am Leichenzug streng untersagt worden. Sie mussten sich einzeln wie Diebe in die Schlosskirche stehlen, um dort den Sarg des Herzogs zu erwarten. Eine Leichenpredigt war ihnen verboten worden, ebenso Chor und Orgelspiel. Nur ein kurzes Totenamt und die Einsegnung und Beisetzung nach katholischem Ritus waren gestattet. Der evangelische Klerus dagegen war der Zeremonie demonstrativ ferngeblieben.

In diesen schweren Tagen war mir meine Familie eine große Stütze. Meine Mutter, mein Vater und meine beiden Brüder waren nach Ludwigsburg gekommen und begleiteten mich und meine Kinder auf dem Leichenzug und bei der Beisetzung. In der Gruft unter der Schlosskirche fand der Herzog – abseits der Särge seiner evangelischen Verwandten – nun endgültig seine letzte Ruhe.

Der Glückliche! Kaum war der Kanonendonner zu seinen Ehren verhallt, begannen der Herzog-Administrator und die ehrbaren Herren von der Landschaft, die Besitztümer des Herzogs zu katalogisieren und zu konfiszieren – bis hin zu den im fernen Serbien noch vermuteten Reichtümern. Am 17. April ordnete Herzog-Administrator Karl Rudolph von Württemberg-Neuenstadt den Abtransport der in Belgrad eingelagerten Truhen, Möbel und Gemälde an. Das Jagdhaus und der Meierhof des Herzogs sollten samt Inventar an den Meistbietenden verkauft werden.

Der nächste Schlag gegen mich ließ nicht lange auf sich warten: Am 23. April, kurz vor Mitternacht, machte sich der Oberhofkanzler Johann Theodor Scheffer nach einer Besprechung mit mir auf den Weg nach Hause. Dabei wurde er von Bewaffneten abgepasst und ebenfalls auf dem Hohenasperg eingesperrt. Auch sein Haus wurde durchsucht, Briefe und Akten beschlagnahmt. Zwar wurde ich am Morgen darauf vom Geheimen Rat über die Verhaftung Scheffers und die Vorwürfe gegen ihn in Kenntnis gesetzt: Scheffer sei in die Machenschaften des Finanzrats Oppenheimer verstrickt gewesen. Aber mein entschiedener Protest gegen die Verhaftung dieses ehrbaren Mannes blieb ungehört.

Die willkürliche Strafaktion gegen Oberhofkanzler Scheffer hatte zur Folge, dass sich nun auch der Geheime Rat von Pfau, der noch bei der Testamentseröffnung als Einziger der Anwesenden meine Partei ergriffen hatte, aus Furcht vor Repressalien zurückzog und sich mundtot machen ließ – so wie die meisten meiner noch verbliebenen Unterstützer.

Reichsgraf Friedrich Karl von Schönborn, der Fürstbischof von Würzburg und Bamberg, hatte mir schon am 17. März 1737 in einem Brief seine Hilfe zugesichert. Über ihn hatte ich wenige Tage später meine Forderung an Kaiser Karl VI. nach Wien geschickt, das letzte Testament Carl Alexanders für rechtens zu erklären und dafür zu sorgen, dass der letzte Wille des Herzogs erfüllt werde.

Wochen und Monate vergingen. Die Gutachten und Reskripte zwischen mir, den Vertretern der Landschaft, dem Herzog-Administrator Karl Rudolph von Württemberg-Neuenstadt und dem Kaiser gingen her und hin, ohne dass sich der Kaiser geäußert oder dass es zu einer Entscheidung in meinem Sinne gekommen wäre. Der Herzog-Administrator versicherte mir zwar wiederholt seine Ergebenheit, doch die Affronts meiner Gegner in der Landschaft und in der Landesregierung wurden immer dreister und rücksichtsloser.

Am 4. Mai 1737 wurde das Musiker-Ensemble, das die katholischen Gottesdienste und kirchlichen Feiern am Hofe mit geistlicher Musik umrahmte, einfach entlassen. Die Begründung: während der

Trauerzeit um den Herzog müsse auf Kirchenmusik sowieso verzichtet werden und aus Gründen der *„guten Ökonomie“*, sehe man sich veranlasst, die Ausgaben zu reduzieren. Danach war es mir und meinen Kindern nicht einmal mehr im Schloss, in meinem Apartment möglich, einen feierlichen katholischen Gottesdienst zu zelebrieren. Ähnlich lautete die Begründung dafür, dass die in den letzten Jahren auf etwa 60 Musiker, Sänger und Sängerinnen angewachsene Hofmusik auf 17 Musiker und sieben Sänger reduziert, deren Bezahlung obendrein um zwei Drittel gekürzt wurde. Der gefeierte Komponist und Oberkapellmeister Giuseppe Antonio Brescianello wurde ebenso entlassen wie die Favoritin Carl Alexander, die Sängerin Teres Ceroni. Allerdings hat deren Abschied vom Hof mich noch am wenigsten tangiert. Brescianello kehrte übrigens 1744, nach der Thronbesteigung durch den Erbprinzen Carl Eugen, wieder an den Hof zurück.

Der weit größere Affront war die drastische Reduzierung der Anzahl von Kavalleristen, die vor meinem Apartment im Stuttgarter Schloss Wache hielten. Zudem stellte man die Mannschaft nur noch unter den Befehl eines einfachen Unteroffiziers. Meine Leibgarde, die General Remchingen auf 100 Mann erhöht hatte – was man ihm jetzt zum Vorwurf und zum Gegenstand hochnotpeinlicher Untersuchungen machte – wurde nahezu komplett aufgelöst, die Pferde der wenigen mir verbliebenen Kavalleristen wurden, auch hier *„der guten Ökonomie wegen“*, verkauft. Auf die Besetzung meines Hofstaates gestattete man mir keinen Einfluss mehr, ebensowenig wie auf die Wahl der Erzieher meiner Söhne. Zu deren Hofmeister wurde der Oberstleutnant von Monleon ernannt. Ein Militär, der nicht nur auf Seiten des Herzogs-Administrators stand und gegen General von Remchingen opponiert hatte, sondern der auch versuchte, meine Söhne und speziell Erbprinz Carl Eugen gegen mich zu beeinflussen.

Dann begann man nach und nach weitere Bedienstete abzuziehen: Die mir vertrauten und ergebenen Mitglieder meines Hofstaates verschwanden einer nach dem anderen und wurden gegen Kreaturen der Landstände ausgetauscht. Wer nicht freiwillig gehen wollte, dem wurde der Verlust seiner Bezüge angedroht. Mehrfach beschwerte ich mich deswegen direkt beim Herzog-Administrator und auch beim Kaiser. Raab von Rauenstein informierte den Erzbischof in Würzburg, und bat um Unterstützung, doch es geschah nicht viel, um mir zu helfen.

Im Juni rief der Herzog-Administrator erstmals seit 1699 wieder einen Landtag aus und überschritt damit eindeutig seine Kompetenzen. Von dieser Plenarsitzung aller Vertreter der Landstände erwartete ich für mich und meine Kinder nichts Gutes. Der Kaiser sandte auf meinen erneuten Einspruch hin zwar endlich ein Schreiben an den Herzog-Administrator und tadelte darin die Abschaffung der Kirchenmusik ebenso wie die Reduzierung der Leibwache und die Veränderungen beim Hofstaat meiner Söhne. Besonders wies er darauf hin, dass die Einberufung eines Landtags allein einem regierenden Fürsten zustehe und schon gar nicht rechtens sei, solange die Frage meiner Co-Administration nicht geklärt und das Testament Carl Alexanders nicht erfüllt worden sei. Doch bewirkt hat das kaiserliche Schreiben nichts, und der Kaiser unternahm auch keine weiteren Schritte, um mir zu meinem Recht zu verhelfen.

Kaiser Karl VI. hatte wohl andere Probleme, als mir beizustehen. Im Russisch-Österreichischen Türkenkrieg zeichneten sich erste Niederlagen der kaiserlichen Truppen ab, der Kaiser benötigte also dringend die Unterstützung und die Regimenter aus Württemberg, die ihm die Vormundschaftsregierung gerne zur Verfügung stellte. Was zählten da schon die Rechte der einflusslosen Witwe eines verstorbenen Herzogs!

Einmal mehr wurde mir bewusst, welch unbefriedigende Rolle wir Gattinnen an der Seite regierender Fürsten spielten. Ja, wir sollten schön, klug und sittsam sein, gute Ehefrauen und Mütter, die für den vorzugsweise männlichen Nachwuchs sorgten.

Wir sollten repräsentieren, uns aber ansonsten heraushalten aus der Politik und der Mätressenwirtschaft unserer Herren Gemahle. Und sobald man uns nicht mehr benötigte, wurden wir in der Regel sang- und klanglos verabschiedet und in irgendeine Ecke gestellt. So wie meine Vorgängerin Herzogin Johanna Elisabeth, eine glühende Verfechterin des evangelischen Glaubens, angesehen im Volk und in der Geistlichkeit, die man aber trotzdem nur mit einer lächerlich bescheidenen Apanage versehen, weit weg von Stuttgart auf Schloss Teck oberhalb von Kirchheim 1735 aufs Altenteil geschickt hatte.

Nein, und nochmals nein – so wollte und würde ich nicht enden!

Natürlich erregten mich all diese Zurücksetzungen und Angriffe auf meine Stellung als Witwe des Herzogs, die völlige Negierung seiner im Testament festgelegten Bestimmungen zutiefst. Raab von Rauenstein sah sich dann auch veranlasst, mich zu mehr Geduld und Gelassenheit zu mahnen: Mit meiner Redseligkeit und meinen aufbrausenden, unbeherrschten Reaktionen würde ich den Erfolg seiner und des Fürstbischofs Bemühungen um eine Anerkennung meiner Rechte gefährden! Wie überaus anmaßend und wenig einfühlsam von ihm!

Am 25. Juni 1737 äußerte ich dem Würzburger Fürstbischof gegenüber meine Besorgnis wegen des bevorstehenden Landtages: Bei diesem könnten die Fürstenrechte weiter eingeschränkt werden, um die künftigen Herzöge noch stärker vom guten Willen und dem Geld der Landstände abhängig zu machen. Daraufhin empfahl er mir, mich in Geduld und Gelassenheit zu üben *„die erforderliche Hilfe von allerhöchster Seite zu erwarten und durch vordingende Heftigkeiten dem Hauptwerk selber nicht zu schaden*“. Außerdem sollte ich mich auf das absehbare Ende des alten und kranken Herzog-Administrators Karl Rudolf vorbereiten, die *„Soldateska*“, die Untertanen, die fürstlichen Kollegien und den Geheimen Rat auf meine Seite bringen und danach trachten, mich als Mutter und Obervormünderin der drei Prinzen in den Besitz der Co-Administration zu bringen! Wohlfeile Worte, die mir nicht weiterhelfen konnten. Ohne das kaiserliche Veto zu beachten, trat am 4. Juli 1737 der Württembergische Landtag zusammen. Im Rittersaal der Stuttgarter Residenz versammelten sich über 80 Abgesandte der Landstände aus allen Teilen des Landes.

Erneut legte ich beim Kaiser in Wien dagegen Beschwerde ein. Erneut wies dieser an, den Landtag zu verschieben, bis die Fragen der Administration und der Vormundschaft geklärt seien. Auch dieses Mal ohne jegliche Konsequenz. Dabei spitzte sich die Lage immer mehr zu, denn ganz gezielt und permanent wurde das Volk gegen mich, die Katholikin und Landfremde, gegen den verstorbenen Herzog und gegen den *„Blutsauger und Landverderber*“ Joseph Süß Oppenheimer aufgewiegelt.

Der Sommer des Jahres 1737 war einer der heißesten, in jeder Hinsicht. Um der Hitze und auch der aufgeheizten Stimmung in Stuttgart zu entgehen, zog ich mit meinen Kindern erst aufs Land zurück, in mein Schloss in Heimsheim, dann weiter nach Teinach, in das Kurbad im nördlichen Schwarzwald. Doch selbst diese kleine Auszeit wurde mir vergällt. Schon nach kurzer Zeit wurde das Gerücht in die Welt gesetzt, ich hätte vor, in der evangelischen Kirche in Teinach die katholische Messe lesen zu lassen. Die nächste Unterstellung sprach davon, dass ich eine feierliche Prozession *„auf katholische Art aus der Teinacher Filial- in die Pfarrkirche auf dem Zavelstein anzustellen vorgehabt"*. Ich wandte mich an den Herzog-Administrator Karl Rudolph mit der Bitte, gegen diese Gerüchte vorzugehen und die Urheber zu bestrafen. Da dies nicht geschah, empfahl mir Graf Raab von Rauenstein, ein Manifest drucken zu lassen, in dem ich mich gegen diese Vorwürfe wandte, und dieses im Land verteilen zu lassen. Doch in ganz Stuttgart und im Land fand sich kein Drucker für dieses Manifest, sodass Raab es nach Würzburg schicken und den Fürstbischof bitten musste, es dort drucken und dann in Württemberg publizieren zu lassen. Sobald jedoch die ersten Exemplare des Manifests hier auftauchten, ließ das Geheimrats-Kollegium diese einziehen und die weitere Verbreitung verhindern.

Auch im Kaiserhaus in Wien versuchte man meinen Ruf zu untergraben, in dem man meine Religionsgrundsätze und meinen Lebenswandel in Zweifel zog. Mein Bevollmächtigter in Wien, Baron von Karg, musste der Kaiserin Elisabeth Christine in einer privaten Audienz die Zusammenhänge und Hintergründe erläutern. Worauf diese versicherte, sie werde *„zum Trost und Wohlfahrt der Herzogin und deren fürstlichen Kindern alles Nützliche beitragen"*, und sie gab den guten Rat, zwischen Landschaft und Herzogin einen Vergleich anzustreben. Wieder nur eine wohl klingende Absichtserklärung und ein guter Ratschlag, denen keine wirklichen Taten folgten.

Den September und Oktober über hielt ich mich mit meinem Hofstaat im Schloss zu Böblingen und dann im herzoglichen Jagdschloss in Waldenbuch auf, mitten in den ausgedehnten Waldgebieten des Schönbuchs. Schon Erzherzogin Mechthild von Österreich, die Gattin des ersten Herzogs von Württemberg, Eberhard I., war hier auf die Jagd gegangen, um Hirsche, Rehwild und Sauen zu erlegen. Auch mir war das Jagdglück hold: Auf der Tübinger Schafweide konnte ich einen kapitalen Hirsch mit seltener Allongeperücke am Geweih schießen. Mehr noch genoss ich aber auf der Pirsch in den lichten Buchenwäldern und auf den Wachholderheiden die gute Luft, die Ruhe und die Abgeschiedenheit, um Abstand zu den Geschehnissen zu finden, mich zu sammeln und auf andere Gedanken zu kommen.

Mitten in diese Idylle hinein platzte Ende September die Nachricht, dass in Stuttgart die *„Reduktion der Civilbeamten"* publik gemacht worden war. Diese hatte zum Ziel – soweit nicht sowieso schon im Zuge der Säuberungen gleich nach dem Tod des Herzogs verhaftet oder entlassen – die letzten unter den langjährigen treuen Beamten und Mitarbeitern des Herzogs, die mich nach seinem Tod unterstützt hatten und solche, die mit diesen auch nur verwandt waren oder in Verbindung standen, aus ihren Ämtern zu werfen. Das war nun der letzte Tropfen, der das Fass zum Überlaufen brachte! Ich weiß nicht, wie viele Schreiben, Erklärungen, Proteste, Gutachten und Restriktionen hin und her gegangen waren zwischen mir, dem Landtag, dem Geheimen Rat, dem Fürstbischof und dem Kaiser – sie alle hatten nicht gefruchtet oder weiter geholfen. Und um nach jahrelangem Ringen vor den Kommissionen und Gerichten des Reiches mit meinen Gegnern einen Vergleich zu finden, so wie er zum Beispiel der Kaiserin vorschwebte, fehlten mir einfach die Zeit, die Geduld und die finanziellen Mittel.

Also begann ich nun, meine Getreuen um mich zu sammeln und den „Gordischen Knoten" auf meine Weise zu lösen. Den Anstoß dazu gab mir Freiherr Johann Andreas Schellhaas von Schellersheim. Dieser war sächsischer Geheimrat und mir auf meine Bitte hin von August III., König von Polen, Kurfürst von Sachsen, Taufpate meiner Söhne und Testamentsverwalter Carl Alexanders, als Helfer und Berater zur Seite gestellt worden. Schellhaas von Schellersheim bestärkte mich in meiner Meinung, dass mit Hilfe von Wien und auf dem Prozessweg nichts zu erreichen sei und ich nur unnötige Geldopfer bringen müsste, ohne am Ende zum Ziel zu gelangen.

Sein Engagement und seine Unterstützung bei den Verhandlungen mit dem Geheimen Rat und der Landschaft zur Beilegung der

„Irrungen“ um das Testament Carl Alexanders waren von ebenso unschätzbarem Wert wie die meines Hofmeisters Baron Frederic-Charles de Montolieu, der einmal mehr sein großes diplomatisches Geschick unter Beweis stellte. Schon 1736 hatte Carl Alexander ihn zu seinem privaten Gesandten ernannt und nach Frankreich geschickt, um dort nach dem Friedensschluss erneut die Grafschaft Montbéliard für Württemberg zu sichern.

Montolieu hatte mit viel Fingerspitzengefühl dafür gesorgt, dass die französischen Garnisonen Schloss und Grafschaft Montbéliard räumten. Sein Vorgehen stieß allenthalben auf große Zustimmung und Bewunderung: *„Der Herr Baron Montolieu ist nunmehr beschäftigt, die Sachen allenthalben wieder auf den Fuß zu setzen, darin sie gestanden, ehe Frankreich die Grafschaft besetzte. Er macht sich sehr beliebt, und die Art, wie er allenthalben zu Werke geht, gibt zu erkennen, daß man keinen hätte wünschen können, der den Untertanen angenehmer und der geschickter sei als er, den Überfluß und die Ruhe in diesem Staat wieder auflebend macht.“* Nach dieser erfolgreichen Mission hatte Herzog Carl Alexander den Marquis als Dipomat an die Höfe in der Pfalz, in Karlsruhe und zum Ständigen Reichstag nach Regensburg gesandt.

Geleitet von Schellhaas von Schellersheim und unterstützt von Baron de Montolieu akzeptierte und bestätigte ich also am 8. November 1737 die Reversalien und die Privilegien der Prälaten und der Landschaft, so wie dies 1733 bereits Carl Alexander getan hatte.

Nach einigen Wochen zäher Verhandlungen konnte dann der Vergleich mit der vormundschaftlichen Regierung und der Landschaft unterzeichnet werden: Demnach wurde ich neben Herzog-Administator Karl Rudolph zur Obervormünderin meiner vier Kinder bestellt und mir deren alleinige, katholische Erziehung und die Wahl der dafür notwendigen Geistlichen sowie die erforderliche Einrichtung des katholischen Gottesdienstes überlassen. Unter bestimmten Voraussetzungen und in Abstimmung mit dem Geheimratskollegiums sollte ich auch die Wahl der Lehrer und der Bediensteten meiner Kinder treffen können. Der Herzog-Administrator Karl Rudolph sollte alleine die Landesregierung führen, mich aber über alle wichtigen Angelegenheiten in Kenntnis setzen. Den

Verzicht auf meine im Testament verbriefte Regentschaft vergalt man mir mit 15.000 Gulden aus der Landschaftskasse.

Da Herzog Karl Rudolph zu diesem Zeitpunkt gesundheitlich schon so sehr angeschlagen war, dass er einem Großteil der Vergleichsverhandlungen und auch deren feierlichem Abschluss fernbleiben und sich durch eine Reihe Geheimer Räte vertreten lassen musste, wurde gleichzeitig auch sein Nachfolger Herzog Carl Friedrich von Württemberg-Oels bestimmt. Ebenfalls in diesem Vergleich wurde vereinbart, dass ich die gleiche Jahres-Apanage erhalten sollte wie der Herzog-Administrator: 36.000 Gulden. Darüber hinaus sicherte man mir zu, alle meine Schulden (die zu diesem Zeitpunkt bereits einen erschreckend hohen Stand erreicht hatten) vollständig zu übernehmen.

Natürlich hatte ich Raab von Rauenstein und dem Fürstbischof gegenüber ein etwas schlechtes Gewissen, dass ich über ihren Kopf hinweg und ohne sie groß zu informieren oder sie in die Verhandlungen mit dem Geheimen Rat und der Landschaft einzubeziehen, diesen Vergleich abgeschlossen hatte. Schließlich hatte Raab von Rauenstein mir in der schweren Zeit kurz nach dem Tod Carl Alexanders als Freund und Berater zur Seite gestanden und mir unschätzbare Dienste erwiesen. Andererseits waren seither fast neun Monate vergangen, in denen NICHTS zu meinen Gunsten erreicht worden war. Ganz im Gegenteil. Die Situation hatte sich seither für mich und meine Kinder dramatisch zugespitzt.

In diesem Sinne argumentierte ich auch meiner Mutter gegenüber. Diese weilte seit Ende Oktober bei uns in Stuttgart und zeigte sich über mein Vorhaben und mein Verhalten in dieser Sache wenig begeistert. Sie war es auch, die Raab von Rauenstein und den Fürstbischof über meine Vergleichsverhandlungen informierte und deren Partei ergriff. Man machte mir den Vorwurf, ich ließe mich von meiner Oberhofmeisterin Elisabeth von Menzingen und meinem Hofmeister de Montolieu beeinflussen, die beide nur ihre eigenen Vorteile und Ziele verfolgten. Raab von Rauenstein verstieg sich sogar zu der Vermutung, Elisabeth von Menzingen hege die Hoffnung, *„sich bei dem Geheimrats-Kollegium einen ewigen Ruhm zu machen, sondern auch durch dessen Unterstützung über die Herzogin zu herrschen und somit ihren unersättlichen Hochmut und Ehrgeiz zu erfüllen“*. Mich nannte er in einem Gespräch mit meiner Mutter *„verblendet“* und war sich mit dieser einig, dass ich mich bei meinen Verhandlungen mit den Geheimen Räten vor allem durch die *„Geldavantgage“* zu der *„höchst gefährlichen Detour“* habe verleiten lassen.

Meine Mutter hingegen ging sogar so weit, ihren Agenten in Wien anzuweisen, beim Kaiser gegen den Vergleich zu intervenieren und versicherte Raab von Rauenstein, *„dass sie die Blindheit ihrer Tochter nicht genug beklagen könne.“* Meine Mutter fürchtete vor allem, dass der katholischen Erziehung ihrer Enkel ernstliche Gefahr drohen könne. Mit ihr führte ich lange Diskussionen vor und nach der Unterzeichnung des Vergleichs. Doch ich war überzeugt von der Richtigkeit meines Handelns und ließ keines ihrer Gegenargumente gelten. Entsprechend lautete auch das Schreiben, in dem ich am Ende Fürstbischof Friedrich Karl von Schönborn über den getroffenen Vergleich und meine Beweggründe dafür informierte. In diesem Schreiben gab ich meiner Hoffnung Ausdruck, dass der Erzbischof mir deswegen seine mir bisher erwiesene Gnade und Freundschaft nicht entziehen werde, die zu erhalten ich mich *„allzeit besonders beeifern würde“*.

Der Fürstbischof reagierte wie zu erwarten trotz alledem beleidigt: Am 13. November 1737 berief er seinen Residenten Graf Raab von Rauenstein aus Stuttgart ab. Dieser verließ mich, nicht ohne mir noch einmal heftige Vorwürfe gemacht zu haben: Mit diesem Verglich würde ich das Gedächtnis meines Gemahls schwer beleidigen, *„dessen ebenso vorsichtige wie nützliche Willensverordnung entkräften“*, mir wegen meiner Prinzen *„übel besorgter Erziehung im katholischen Glauben bei Gott und der Welt schwere Verantwortung und empfindlichen Verlust zuziehen, dem Kaiser in seinem obersten Vormundschaftsamt vorgreifen und alle Reichsfürsten durch die schnöde Umstoßung des herzoglichen Testaments zu nachbedenklichen Aufsehen bewegen“*.

Doch auch von diesen harten Worten ließ ich mich nicht beirren. Ich war überzeugt davon, das Richtige zu tun: Statt ohne Geld und nennenswerte Unterstützung einen schier aussichtslosen Prozess um die Erfüllung von Carl Alexanders Testament weiter zu führen, würde mir und meinen Kindern dieser Vergleich die freie Religionsausübung sichern und verhindern, dass die Erziehung meiner Söhne auf Dauer in nichtkatholische Hände gelegt wurde.

Am Samstag, 11. Januar 1738, um 10 Uhr, wurde der 18 Punkte umfassende Vergleich sowie die Einhaltung der von Herzog Carl Alexander zugesicherten Religionsreversalien von mir vor dem kaiserlichen Notar Leonhard Heinrich Jahn und zwei weiterer Zeugen im Namen der heiligen Dreifaltigkeit feierlich beschworen. An der Zeremonie im Rittersaal des Stuttgarter Schlosses nahmen auf meiner Seite auch Erbprinz Carl Eugen, dessen Hofmeister von Monleon sowie Johann Anderas Schellhorn von Schellersheim teil. Als Bevollmächtigte des Herzog-Administrators Karl Rudolph fungierten Hercules Felix von Bidembach zu Treuenfels, Regierungsrat Johann Heinrich Harpprecht und die Geheimen Räte Christoph Peter von Forstner, Andreas Heinrich Freiherr von Schütz, Philipp Jacob Neuffer, Georg Bernhard Bilfinger, Philipp Eberhard Zech sowie Geheimratssekretär Wolfgang Heinrich Textor.

Auch Kaiser Karl VI. bekundete später zwar sein ausgesprochenes Missfallen über die Eilfertigkeit, mit der man seine Vorschläge für den getroffenen Vergleich ignoriert und diesen dann abgeschlossen habe, ohne ihn weiter mit einzubeziehen. Am 12. Juli 1738 erteilte er dann letztlich doch seine Zustimmung, womit alle getroffenen Vereinbarungen ihre Rechtsgültigkeit erlangten.

Der Prozess

Mea culpa, mea maxima culpa!

Während ich mich nach dem Staatsstreich und allen seinen Auswüchsen darum sorgte, wie mein Leben weitergehen und wie sich die Zukunft meiner Kinder gestalten würde, saßen die engsten Gefolgsleute Carl Alexanders von Angst erfüllt in dunklen, kalten, feuchten Kerkern. Meine Proteste gegen diese Verhaftungen waren ungehört verhallt, und trotz meiner Verhandlungen und des getroffenen Vergleichs mit dem Geheimen Rat und der Landschaft gegen Ende des Jahres 1737 gingen die Verhöre und Ermittlungen gegen die Vertrauten des verstorbenen Herzogs unvermindert weiter.

Nur selten drangen konkrete Informationen über den Verlauf und den Stand der Verfahren nach außen. Und wenn, dann dienten sie ausschließlich dazu, die Inhaftierten und den Herzog beim Volk weiter in Misskredit zu bringen.

Der Herzog war noch keine zwölf Monate unter der Erde, da zog am 04. Februar 1738 eine viel tausendköpfige Menge johlend durch die Gassen Stuttgarts, über den Markt- und Schlossplatz. Sie folgte dem Schinderkarren durch das zwischen Prinzenbau und Kanzlei gelegene Tunzhofer Tor hinaus, dann durch das Siechentor die Tunzhofer Steige hinauf bis zum Galgenberg in der Wolframshalde. Von einem der Erkertürme im Schloss verfolgte ich den Weg des Schinderkarrens, in dem ich eine Gestalt entdeckte, die keinerlei Ähnlichkeit mehr aufwies mit Joseph Süßkind Oppenheimer, dem eleganten, weltgewandten, so vielseitig begabten Geschäfts- und Lebemann, der mein Vertrauen genossen hatte, ebenso wie das des Herzogs. Das Johlen und der Spott der Menge galt ihm, dem „Jud Süß", dem Blutsauger, dem Landverderber, dem Schänder christlicher Frauen. Er wurde bespuckt, mit Unrat beworfen und auf jede nur erdenkliche Weise erniedrigt, bis er in einem Käfig an der Spitze des zehn Meter hohen eisernen Galgens hing, nachdem er am Henkersstrick sein Leben ausgehaucht hatte.

Joseph Süß Oppenheimer war das schreckliche Bauernopfer. Auf ihn projizierte sich all die Häme und Hetze, die Ablehnung, der Hass und die Gewalt, die im Grunde erst dem lebenden, dann dem verstorbenen Herzog und auch immer noch mir, seiner Gattin und Witwe, galten.

Manchmal überlege ich, was wohl geschehen wäre, wenn es keinen Joseph Süß Oppenheimer gegeben hätte, der mit seinem außergewöhnlichen Geschäftssinn, seinem Mut zum Risiko, seiner zielgerichteten Diplomatie die Wünsche des Herzogs erfüllte. Dann hätte es mit Sicherheit einen anderen aus dem Kreis der Berater getroffen, der seinen Kopf für den Herzog hätte opfern müssen: Denn nicht Joseph Süß Oppenheimer war der Initiator all dessen gewesen, sondern alle Projekte des Herzogs basierten nahezu ausschließlich auf dessen ureigensten Vorstellungen und seinem unbeugsamen Willen. Die anderen – auch Joseph Süß Oppenheimer – waren nur Helfer, Werkzeuge auf dem Weg zur Erfüllung SEINER, des Herzogs Ziele. Wer anderes kann das besser beurteilen und wissen als ich!

Aber hätte es einen anderen, einen Nicht-Juden, an Stelle Oppenheimers genauso hart und unerbittlich getroffen? Ich denke, auch er wäre inhaftiert, gequält, gedemütigt und verurteilt worden – und am Ende im Kerker verschwunden. Denn jeder, der die Schatulle des Herzogs füllte und damit dessen Macht vergrößerte, musste sich zwangsläufig den abgrundtiefen Hass der politischen und wirtschaftlichen Elite im Land zuziehen. Doch vielleicht wäre ihm, evangelischen oder katholischen Glaubens, wenigstens der schimpfliche Tod am Galgen erspart geblieben. Aber Joseph Süß Oppenheimer, der landfremde Jude, hatte von Anfang an keinerlei Aussicht, der gnadenlosen, blutigen Rache der „Ehrbaren" zu entkommen.

Doch hätte ICH ihm helfen, seinen grausamen, völlig ungerechtfertigten Tod verhindern können? Diese Frage habe ich mir oft gestellt. Ich konnte darauf keine Antwort finden. Und sie belastet mich bis heute. Denn hatte ich insgeheim gehofft, es würde schon nicht gänzlich so schlimm werden für ihn? Aber vielleicht hat mich sein Schicksal in diesen auch für mich so harten Zeiten gar nicht so sonderlich interessiert …

Während der Monate der Haft und der widerrechtlichen Verurteilung Oppenheimers focht ich selbst einen einsamen, nahezu aussichtslosen Kampf um meine Rechte, um meine Zukunft und um die Zukunft meiner Kinder. An wen hätte ich mich da wegen Oppenheimer wenden können? An Herzog Karl Rudolph von Württemberg-Neuenstadt und die hinter ihm stehenden, von Hass und Rachedurst erfüllten, unversöhnlichen Aufrührer? An den Fürstbischof in Würzburg, der selbst für mich kaum einen Finger rührte? Oder den angeblichen Schutzherr aller Juden, den gleichgültigen Kaiser im fernen Wien? Jeder meine Appelle an den Herzog-Administrator und den Geheimen Rat waren auf absolut taube Ohren gestoßen. Der Fürstbischof hatte wohl nur die Weitung der katholischen Kirche und des katholischen Glaubens im Sinn. Und der Kaiser war mit seinen eigenen Problemen beschäftigt und darüber hinaus selbst einer der größten Judenhasser seiner Zeit.

Das Urteil über mein Versagen, so wie viele der Dinge, die ich getan oder unterlassen habe, wird dereinst die Geschichte fällen – und eine höhere Instanz, der wir alle unterworfen sind …

Noch in der Nacht, in der Carl Alexander verstarb, war Joseph Süßkind Oppenheimer als erstes Opfer des Putsches von Oberstallmeister von Roeder verhaftet und in seinem Haus in der Seegasse festgesetzt worden. Welch hinterhältiger Verrat! War Roeder doch über lange Zeit regelmäßiger und gerne gesehener Gast im Haus und am Tisch Oppenheimers gewesen! Ja die Verbindung der beiden ging so tief, dass Oppenheimer selbst während seiner Haft noch glaubte, in Roeder einen Fürsprecher finden zu können, hatten doch Roeder und seine Frau ihm *„Freundschaft auf ihre Seele geschworen, ihn geküsst und in die Lippen gebissen"* … Roeder wusste auch von allen Finanzprojekten, die Oppenheimer im Auftrag des Herzogs in Angriff nahm. Oft genug war an Oppenheimers Tafel im Kreis seiner angeblichen Freunde darüber diskutiert und gesprochen worden. Und als Pächter des Brückenzolls gehörte Roeder selbst zu deren privilegierten Nutznießern! Die Freundschaft der beiden kühlte erst ab, als Oppenheimer den Herzog auf Unterschlagungen hinwies, die Roeder begangen hatte. Nicht zum ersten und letzten Mal, denn Roeder war durch und durch korrupt, bestechlich und bereicherte sich, wo immer er konnte!

Nach einem angeblichen Fluchtversuch aus seinem Haus in der Seegasse, wurde Joseph Süß Oppenheimer, bewacht von Oberstleutnant Maximilian Gottlieb von Reischach und 50 Grenadieren, zusammen mit Bühler und Hallwachs auf die Festung Hohenneuffen gebracht. Dort fanden, beginnend am 27. März, die ersten Verhöre statt, denen noch so viele folgen sollten. Schon diese ersten Verhöre waren ein eklatanter Rechtsbruch. Geführt wurden sie von Geheimrat Johann Christoph von Pflug, einem ausgewiesenen Feind Oppenheimers, und Dr. Philipp Friedrich Jäger, Untersuchungsrichter am Hofgericht. Sie fanden statt, ohne dass Oppenheimer darüber informiert worden wäre, welcher Straftaten und Verbrechen man ihn letztlich bezichtigte. In diesen drei aufeinander folgenden Verhören wurden Oppenheimer 170 allgemeine, scheinbar zusammenhanglose Fragen gestellt, die auch nicht die Richtung und die Schwere der gegen ihn erhobenen Vorwürfe erkennen ließen.

Oppenheimer gab sich bei diesen Befragungen hochmütig, versicherte, dass er stets nur auf Weisung und Befehl des Herzogs gehandelt habe und wies es entrüstet von sich, Mitverantwortliche zu benennen oder die Namen der Frauen, mit denen er verkehrt hatte.

Schon auf dem Hohenneuffen litt Oppenheimer bald unter Fieber und Magenbeschwerden. Da man ihm keine koscheren Speisen vorsetzte, verweigerte er das Essen, was ihn zusätzlich schwächte. Seine Kleider verdreckten und schlotterten ihm bald am Leib, da er aus Protest gegen die schlechte Behandlung in einen totalen Hungerstreik trat.

Dann am 22. Mai 1737, wurde gegen Joseph Süß Oppenheimer per Dekret der *„processum inquisitorum criminalem"*, das strafrechtliche Ermittlungsverfahren eröffnet. Die Anklage lautete auf Hochverrat, auf Majestätsbeleidigung, auf Aussaugung des Landes, auf Gründung neuer Ministerien und Ämter, auf Beraubung der Kassen des Staates, auf Dienstkauf, Ämterhandel und Bestechlichkeit, auf die Errichtung von Tabak-, Salz-, Leder- und Weinmonopolen, auf Münzfälschung, auf Schändung der Evangelischen Religion und auf Beischlaf mit Christinnen. Gleichzeitig wurde die Inquisitionskommission benannt, die sich – unter dem Präsidium des Hofrichters Ernst Konrad von Gaisberg – aus Regierungsräten, Professoren der juristischen Fakultät Tübingen und einigen Hofgerichtsassessoren zusammensetzte.

Die Strategie der Anklage war so simpel wie perfide: Man versuchte zu beweisen, dass Oppenheimer unbedeutend und mittellos nach Württemberg gekommen war, dass er – und nur er – der Initiator aller Projekte des Herzogs gewesen war, diesen dominiert und in seinem Sinne beeinflusst hatte. Und alles mit dem bösen Ziel, das Land auszusaugen und zu ruinieren, um unbeschreibliche Reichtümer anhäufen und diese außer Landes schaffen zu können.

Vor diesem Tribunal, das Joseph Süß Oppenheimer wegen Befangenheit mehrfach ablehnte, hatte er keinerlei Aussicht auf eine unparteiische Rechtsprechung nach den Buchstaben und den Grundsätzen der geltenden Gesetze. Ganz im Gegenteil: Vom ersten Tag an war seine Hinrichtung, war sein Tod am Galgen bereits beschlossene Sache. Um mögliche Fluchtversuche zu verhindern, wurden Oppenheimer und alle seine Mitangeklagten am 30. Mai auf den Hohenasperg verlegt. Diese von hohen Ringmauern umgebene Festung unweit der Residenzstadt Ludwigsburg wurde schon seit über 450 Jahren als kaum zu überwindendes, gut bewachtes Gefängnis für Verbrecher und Staatsfeinde genutzt. Vollständig isoliert, unter der ständigen Aufsicht mehrerer Wächter, später dann in Ketten gelegt, setzte Oppenheimer hier seinen Hungerstreik fort, während die Befragungen ohne Unterbrechung fortgesetzt wurden.

Akribisch wurde jede Station seines Lebens, alle seine Projekte, Geschäfte und Verbindungen ermittelt und dokumentiert. Mit Kreuzverhören, Fangfragen und boshafte Unterstellungen versuchten die Inquisitoren, den Angeklagten zu Widersprüchen, belastenden Aussagen und Geständnissen zu bringen. Um noch mehr belastendes Material gegen Oppenheimer zu finden, ging ein Aufruf ins Land, man möge alle Vorkommnisse melden, in denen der Finanzrat des Herzogs eine unrühmliche Rolle spielte, Geld genommen und andere betrogen habe. Über 600 Denunziationen und Bezichtigungen gingen ein.

So auch die Anschuldigung, Joseph Süß Oppenheimer habe sich an einem 14jährigen Mädchen vergangen: Margaretha Magdalena Homberger, die zusammen mit ihren Eltern im Tor an der Seegasse wohnte. Das Mädchen hatte im Haushalt Oppenheimers einige Arbeiten verrichtet, war zum Einkaufen auf dem Markt geschickt worden und war beim Personal wohl gelitten. Vom Hausherrn erhielt sie bei einer Gelegenheit ein Schmuckstück im Wert von zweieinhalb Gulden geschenkt. Dieses und eine vage Bemerkung des Kochs Oppenheimers über Margaretha, *„sie wäre schon gut zu gebrauchen, wann sie nur nicht so schreiete“*, reichte für die Ankläger, um daraus den Vorwurf einer Vergewaltigung zu zimmern. Das arme Mädchen wurde vorgeladen und musste sich von zwei vereidigten Hebammen ausziehen und im Intimbereich untersuchen lassen. Beide konnten jedoch nur feststellen, dass das Mädchen noch immer Jungfrau war.

Mit Gier und Lüsternheit stürzten sich die Räte und Assessoren auch sonst auf das Liebesleben des Delinquenten. Soweit es Damen aus besseren, gar adeligen Kreisen betraf, stellten sich diese Beziehungen entweder als harmlose Freundschaften heraus – so wie im Fall der Johanna Christina Freifrau von Schade, einer ehemaligen Geliebten des Kölner Erzbischofs und Kurfürsten Clemens

August I., die Oppenheimer 1735 für einige Zeit in seinem Frankfurter Haus beherbergt hatte – oder sie wurden schnell unter den Teppich gekehrt. Seine zahlreichen, meist nur kurzen, Affären mit Frauen aus dem Volk dagegen wurden voyeuristisch ermittelt. genüsslich dokumentiert und ohne Gnade abgeurteilt: Die Frauen wurden während der Befragungen oft für Wochen inhaftiert und wanderten danach entweder für drei Monate ins Ludwigsburger Arbeitshaus oder wurden mit empfindlichen Geldstrafen belegt.

Noch Schrecklicheres geschah der 19jährigen Henrietta Luciana Fischer. Sie war Halbwaise und die Tochter von Georg Anton Fischer, Hofrat beim Rheingrafen in Grumbach. 1736 begleitete sie ihren Vater nach Frankfurt, wo sie Joseph Süß Oppenheimer kennenlernte. Dieser verliebte sich in das schlanke, blühende Mädchen und holte es in seinen Haushalt.

Unter den vielen Liebschaften Oppenheimers war Henrietta Luciana Fischer wohl eine Ausnahme, denn als er sie in seine Wohnung nach Ludwigsburg, später dann in sein Haus in der Stuttgarter Seestraße brachte, hatte er ihr schon versprochen, sie zu heiraten und sich mit ihr weit weg von Stuttgart in Holland niederzulassen. Lucianas Vater, anfänglich gegen diese Verbindung, stimmte einer Ehe zu, nachdem Oppenheimer ihm in Stuttgart eine gut dotierte Stelle als Regierungsrat im Fiscalamt verschafft hatte. Tatsächlich hing Oppenheimer zu dieser Zeit konkreten Heiratsplänen nach. Die Erwählte war jedoch nicht Luciana Fischer, sondern die 22jährige Tochter Nathan Salomon Cahens, eines jüdischen Bankiers aus dem französischen Metz. Auf Betreiben eines Heiratsvermittlers hatte der Bankier im Februar 1737 an Oppenheimer ein Portrait seiner Tochter übersandt. Anfang März reise er nach Stuttgart, um den künftigen Schwiegersohn persönlich kennenzulernen. Wie ernst es Oppenheimer mit dieser Heirat war, belegt die Vereinbarung, die der Bankier und der Finanzrat schlossen: Wer von beiden das Heiratsversprechen nicht einhielt, sollte den anderen mit 75.000 Gulden entschädigen!

Luciana Fischer musste sich also in jeder Hinsicht schwer betrogen fühlen! Am 3. April 1737 wurde sie zunächst im Stuttgarter Herrenhaus, dann in der Stadtvogtei inhaftiert, am 30. April von Hebammen und Ärzten peinlichst untersucht, und im Verlauf der

Wochen und Monate vielen entwürdigenden Verhören unterzogen. Obwohl man sie auf Wasser und Brot setzte, um ihren Widerstand zu brechen, leugnete sie bis zuletzt ihre Liebesbeziehung zu Oppenheimer, verbarg sie ihre Schwangerschaft. Dann am 14. September 1737 gebar sie im Zucht- und Arbeitshaus in Ludwigsburg *„wider jedermanns Vermuten“* einen Sohn. Als dies nun nicht weiter zu leugnen war, benannte sie Joseph Süß Oppenheimer als den Erzeuger ihres Sohnes. Dem verschwieg man bis unter dem Galgen, dass er Vater geworden war. Der Säugling wurde jedoch kaum vier Monate alt. Von Geburt an schwach und kränklich, weil die Mutter während ihrer Haft an Unterernährung litt, verschied er zum Jahreswechsel im eiskalten Kerker zu Ludwigsburg. Luciana Fischer selbst saß noch bis weit in den April 1738 hinein hinter Gittern. Man spekulierte, ob sie weitere drei Monate Zwangsarbeit leisten oder an den Pranger gestellt und des Landes verwiesen werden sollte. Der Geheime Rat entschied nach langem Hin und Her, sie freizulassen, sofern sie die Kosten ihrer Haft begleichen konnte. Ob und wann dies geschah, ob sie Württemberg verlassen konnte oder ob auch sie, wie ihr Kind, am Ende im Arbeitshaus gestorben ist, darüber konnte mir niemand etwas sagen. Trotz all des Leids, das man ihr zufügte, hatte Luciana ihrem Geliebten bis zuletzt die Treue gehalten, hatte der Inquisition nichts verraten oder gestanden, was ihm hätte schaden können.

Genauso loyal und mutig verhielt sich Isaac Samuel Levi, der Kassier Joseph Süß Oppenheimers. 1737 war Levi 23 Jahre alt. Er stammte, wie Oppenheimer, aus Heidelberg und war entfernt verwandt mit diesem. Levi war schon am 13. März 1737 mit all den anderen im Haus seines Dienstherrn festgesetzt und später in der Hauptwache der Stuttgarter Bürgerwehr inhaftiert worden. Kurz vorher hatte er Luciana Fischer im Auftrag Oppenheimers noch 1.000 Reichstaler in Gold zugesteckt und diese – nachdem Luciana das Gold nicht annehmen wollte – für sie in Verwahrung genommen. Vergeblich, denn auch dieses Gold wurde, wie der gesamte Besitz Oppenheimers, dessen man habhaft werden konnte, von den Württembergern konfisziert. Auch Levi wurde während seiner Monate dauernden, willkürlichen Haft wiederholt befragt und – als man von ihm keine gegen Oppenheimer verwendbaren Aussagen erhalten konnte – mit 50 Stockschlägen auf das Gesäß

„ziemlich übel" zugerichtet, wie der bei der Tortur anwesende Arzt dokumentierte. Nachdem man ihm weitere Folterungen angedroht hatte, nutzte Levi die erstbeste Gelegenheit zur Flucht: am 7. Januar 1738 entwich er nachts zusammen mit einem wegen Blasphemie wider die evangelische Kirche angeklagten christlichen Mithäftling aus seiner Zelle in der Hauptwache und weiter durch eine Gartentür in der Stadtmauer in die Freiheit – mit nichts in der Hand bis auf die Lumpen, die er am Leibe trug. Seine Flucht führte ihn über Frankreich nach Holland und später dann bis nach Berlin. Dort ging er als Levi Heidelberger seinen Geschäften nach. Erst 1749 erhielt ich Nachricht von ihm und über sein Schicksal.

Während all dieser Monate kämpfte Joseph Süß Oppenheimer auf dem Hohenasperg einen aussichtslosen Kampf. Seine Unschuldsbeteuerungen, seine Bitten um unparteiische Rechtsgutachten, seine Forderungen, den Kaiser zu informieren, den Fürstbischof oder mich, die Herzogin-Witwe, zu konsultieren, wurden ebenso ignoriert, wie alle seine Bemühungen, einen kompetenten, unbeeinflussten Rechtsbeistand seiner Wahl zu erhalten, wie den von ihm benannten lutherischen Konsistorialdirektor Emanuel Schnerr aus Mannheim. Das Untersuchungsgericht wiegelte ab und stellte ihm schließlich den Tübinger Hofgerichtsadvokaten Andreas Michael Mögling als Verteidiger zur Seite. Von diesem erwartete man sich offensichtlich, dass er sich im Sinne der Ankläger kooperativ verhalten werde. Diese Rechnung ging auf, denn Mögling war ein mittelmäßiger Jurist, furchtsam und fühlte sich der ihm zugedachten Aufgabe nicht gewachsen. Zudem wurde er in seiner Arbeit systematisch behindert. Einsicht in die Akten erlaubte man ihm nur im Beisein eines der Untersuchungsrichter, ebenso unterband man Zusammenkünfte und Gespräche des Anwalts mit seinem Mandanten unter vier Augen. Wochenlang feilschte Mögling um sein Honorar, Ende August begann er endlich mit den Vorarbeiten für seine Verteidigungsschrift.

Inzwischen gingen die Verhöre weiter, Tag für Tag. Oppenheimer wusste auf alles eine Antwort, erklärte, wehrte sich und lieferte nichts, was man gegen ihn verwenden konnte. Die Richter wurden immer ungeduldiger, der Ton immer rauer und ruppiger. Am 17. Juni schon beschlossen sie, Joseph Süß Oppenheimer in eine spartanisch ausgestattete Zelle zu stecken und ihm Ketten anlegen zu lassen. Sollte dies nichts nützen und ihn zu keinen Geständnissen bringen, werde er *„bei Wasser und Brot kreuzweise geschlossen in eine Kassematte geworfen“*.

Es dauerte fast zwei Monate, bis Mögling am 31. Oktober endlich Joseph Süß Oppenheimer den Entwurf seiner Verteidigungschrift zur Abstimmung vorlegen konnte. Die endgültige Fassung überreichte er am 11. November dem Gericht. Oppenheimer bekam diese vorher nicht mehr zu Gesicht. Was immer Mögling dort zu Gunsten seines Mandanten formuliert hatte, entzieht sich jeglicher Kenntnis: Die Verteidigungsschrift wurde nie öffentlich verlesen, noch in dem kurz darauf erfolgten Urteil zitiert oder berücksichtigt. Dann verschwand die Verteidigungsschrift aus den Prozessakten, Abschriften davon gab es nicht.

Die nächsten Wochen schwankte Oppenheimer zwischen Resignation und neuem Aufbegehren. In seiner Zelle saß er abgemagert, mit schlotternden, zerrissenen Kleidern am Ofen, mit zwei unterschiedlichen Schuhen an den Füßen. Seine Arme und Handgelenke waren mittlerweile so dünn geworden, dass sie mühelos aus den Handschellen rutschten. Das Vertrauen in seinen Verteidiger hatte er in der Zwischenzeit vollständig verloren. Vom 5. Januar 1738 datiert ein Brief an diesen, in dem Oppenheimer feststellt, Mögling habe zur Rettung seines Lebens, ja nicht einmal zur Erleichterung seiner Haft, auch nur das Geringste beigetragen. Und er sprach die Vermutung aus, Mögling habe den Richtern am Ende eine Verteidigungsschrift übergeben, in der er *„Wasser genug unter den Wein zugesetzt“* habe. Ein weiteres Mal appellierte Oppenheimer an seinen Verteidiger, den Kaiser in Wien oder das Reichskammergericht in Wetzlar anzurufen. Doch Mögling schwieg, ebenso wie Wochen vorher schon auf ein Kassiber Oppenheimers, in dem sich dieser nach dem Befinden seiner in Ludwigsburg einsitzenden Geliebten erkundigt hatte: *„Was fangen sie denn mit der Fischerin an, die Commissarios?“* Als Oppenheimer am 5. Januar 1738 seinen Brief an den Anwalt schrieb, war sein Sohn bereits wenige Tage zuvor an Unterernährung und Unterkühlung gestorben. Und Mögling schwieg auch darüber, dass schon am 13. Dezember 1737 ganz offiziell und einstimmig vom Kriminalgericht wegen seiner *„an Herren* *und Leuten verübten verdammlichen Mißhandlungen*" das Urteil über Joseph Süß Oppenheimer gesprochen, sein Tod „*am obern eisernen Galgen*" beschlossen worden war.

So ist es nicht verwunderlich, dass Oppenheimer, nach Phasen tiefer Niedergeschlagenheit, auch Anfang 1738 immer wieder Mut fasste und davon träumte, doch noch frei zu kommen. Der Festungskommandant auf dem Asperg, Wolfgang Conrad Glaser, Sadist und Judenfeind, hielt hämisch fest: „*Wann ich effektuiere, dass der Jud die Herzogin zu sprechen bekommt, will er mich zum kaiserlichen Obristen machen!*"

Doch weder Mögling noch Glaser noch sonst jemand dachte auch nur im Entferntesten daran, Hilfe für Oppenheimer zu organisieren, schon gar nicht, mich über seinen Zustand und seine Begehren zu informieren. Noch immer beteuerte Joseph Süß Oppenheimer seine Unschuld, schrieb Eingaben und machte seinem Verteidiger Vorschläge für dessen Verteidigungsschrift.

Am Morgen des 30. Januar 1738, es war noch stockdunkel, ließ Festungskommandant Glaser dem Inhaftierten neue Kleider in die Zelle bringen und eröffnete ihm, dass er nun nach Stuttgart gebracht werden solle. Voller Hoffnung kleidete Oppenheimer sich an: ein weißes Hemd, die Hose, Weste und Jacke in dem von ihm schon immer bevorzugten Scharlachrot. Dann wurde Oppenheimer gefesselt und in eine offene, von Grenadieren bewachte Kutsche gesetzt. Doch die Fahrt ging nicht, so wie Oppenheimer wohl erhoffte, zu seinem Haus in der Seegasse. Ziel der Fahrt war das Herrenhaus auf dem Marktplatz der Stadt. Erst jetzt, als man ihn dort in die Todeszelle zerrte, dürfte ihm klar geworden sein, das es für ihn keinerlei Hoffnung mehr gab.

Am Nachmittag des nächsten Tages führte man Oppenheimer in Ketten in den großen Saal des Herrenhauses. Hier hatte sich schon das Kriminalgericht versammelt und eröffnete Oppenheimer den einstimmig gefällten Schuldspruch des Gerichts.

Am 4. Februar 1738, dem Todestag Joseph Süß Oppenheimers, war ganz Stuttgart auf den Beinen. Überall waren Soldaten der Bürgerwehr postiert, um Unruhen zu verhindern. Gegen 9.00 Uhr wurde Oppenheimer erneut in den großen Saal gebracht. Es erwarteten ihn die 13 Richter und Beisitzer des Tribunals. Begleitet wurde er vom Henker, dessen Helfern und 15 Soldaten der Wachmannschaft. Wieder war er gefesselt worden, wieder trug er seine scharlachrote Kleidung. Mit einem schwarzen Tuch hatte er sich ein Blatt mit den zehn Geboten um die Stirn gebunden. Er fiel auf die Knie und bat die Richter flehentlich um Gnade.

Umsonst. Man hieß ihn zu schweigen, verlas das Todesurteil – ohne die Nennung der Straftaten, derer man ihn bezichtigte, ohne jede Begründung – und brach dreimal den Stab über ihn. Um pro forma dem Gesetz Genüge zu tun, das für den Prozess und die Urteilsverkündung Öffentlichkeit verlangte, blieben während der Urteilsverkündung die Türen des Saals geöffnet. Gegen 9.30 Uhr wurde Oppenheimer auf den Marktplatz hinuntergeführt, auf den Henkerskarren gesetzt und hinauf zum Richtplatz gefahren. Dort erwarteten ihn die Richter und die Honoratioren des Landes, für die Tribünen aufgebaut worden waren, und eine große Menge Volk. Man spricht von 12.000 Menschen, die sich eingefunden hatten, um dem grausamen Spektakel beizuwohnen.

Nicht ohne Gegenwehr schleppten die Henkersknechte Joseph Süß Oppenheimer die 49 Stufen hinauf zu dem Galgen. Laut betete er das *„Schma Jisrael Adonai Elohenu Adonai Echad*“: Höre Israel, der Ewige ist unser Gott, der Ewige ist einzig … Schon sehr bald im Verlauf der elf Monate andauernden Haft hatte Oppenheimer sich vom weltlich orientierten Lebemann zum tief gläubigen Juden gewandelt, der nur koschere Speisen zu sich nahm, fastete und betete. Allen Versuchen der evangelischen Geistlichkeit, bis hinauf auf den Galgen, ihn zu bekehren, widerstand er, das Glaubensbekenntnis der Israeliten auf den Lippen. Oben auf dem Galgen wurde er vom Scharfrichter erwartet. Jacob Christoph Neher war kein Württemberger, sondern kam aus dem französischen Straßburg. Für eine Handvoll Kreuzer erwürgte er vor aller Augen sein Opfer mit einem Seil. Die Stille ringsum, so wurde mir berichtet, sei mit Händen zu greifen gewesen …

Dann wurde die Leiche des Joseph Süß Oppenheimer in den rot gestrichenen Käfig an der Spitze des Galgens gehängt und dieser verschlossen. Der Leichnam blieb hier sechs Jahre hängen, schaurige Attraktion für alle, die in den folgenden Jahren daran vorbei nach Stuttgart reisten. Erst auf Befehl meines Sohnes Carl Eugen, zwölfter Herzog von Württemberg, kurz nach dessen Thronbesteigung, wurden die Reste des Kadavers aus ihrem Käfig geholt und auf dem Richtplatz an unbekannter Stelle verscharrt.

Zusammen mit Joseph Süß Oppenheimer, Johann Christoph Bühler und Johann Albrecht Metz war in der Nacht vom 12. auf den 13. März 1737 auch Jakob Friedrich Hallwachs verhaftet und zunächst auf dem Hohenneuffen, später dann auf dem Hohenasperg inhaftiert worden. Hallwachs hatte 1730 in Stuttgart von seinem Schwiegervater Johann Georg Haupt die Stelle des Waisenhauspflegers übernommen. Im Mai 1735 folgte seine Berufung in den evangelischen Kirchenrat. Carl Alexander hatte bald das Potenzial dieses fähigen Beamten erkannt und ihn in den Kreis seiner engen Mitarbeiter in den neu geschaffenen Regierungsämtern geholt: Im Frühjahr 1736 in das Pupillenamt, in dem das Vermögen der Waisen verwaltet und ihre Erziehung gesichert werden sollte. Im Herbst des gleichen Jahres in das Gratialamt, aus dem heraus der Ämterhandel in ganz Württemberg zentral gelenkt werden sollte. Und schließlich im Januar 1737 in das Fiskalamt, die neu geschaffene Rechtsaufsicht über alle Beamten im Land. Als Mitglied dieser drei an meisten gehassten Institutionen wurde Hallwachs zur Zielscheibe der grausamen Rache der Landschaft. Und das, obwohl er inmitten der Stadt als Sohn des Rappenwirts in der Münzstraße geboren, Mandatsträger in der evangelischen Kirche und somit einer der sehr ehrbaren Bürger Stuttgarts war. Am 4. August 1737 wurde ihm der Prozess gemacht, der sich bei ihm über Jahre hinzog: elfeinhalb Jahre blieb er in verschärfter Festungshaft, während der ihm ein Urteil drohte, das die Hinrichtung oder mindestens lebenslange Einkerkerung nach sich gezogen hätte. Am 25. September 1748 schließlich wurde die Anklage gegen ihn fallengelassen. Hallwachs wurde des Landes verwiesen und fand in der Freien Reichsstadt Esslingen ein Unterkommen.

Auch dem mit herzoglichem Dekret vom 11. Januar 1734 zum Landschreiber und Expeditionsrat ernannten Johann Christoph Bühler wurde der Prozess gemacht. Auch er war an mehreren der Projekte Carl Alexanders beteiligt, war Mitglied im Pupillen- und Gratialamt und wurde so zur Zielscheibe der Landschaft. Vielleicht nur weil er mit der Tochter des Landschaftskonsulenten Veit Jakob

Neuffer verheiratet war, traf es ihn weniger hart: Nach zweieinhalb Jahren Festungshaft auf dem Hohenneuffen und auf dem Hohenasperg wurde er unter Hausarrest gestellt. Seine völlige Freiheit erhielt er jedoch erst 1745 zurück. Im selben Jahr, verstarb er, an Leib und Seele gebrochen, mit nur 46 Jahren in Stuttgart.

Johann Albrecht Metz war seit 1735 Klosterhofmeister im evangelischen Frauenkloster Weil bei Esslingen, Regierungsrat und Konsistorialrat. Also auch er ein durchaus honoriger Mann, dem allein seine Unterstützung und Nähe zum Herzog zum Verhängnis wurden. Im Gegensatz zu den anderen in der Todesnacht des Herzogs Inhaftierten landete er nicht im Kerker, sondern wurde von Anfang an „nur" unter Hausarrest gestellt. Doch auch bei ihm zogen sich die Untersuchungen in unerträgliche Länge: Erst nach mehr als zwölf Jahren, im Juli 1749, wurde der Prozess gegen ihn eingestellt.

Oberhofkanzler Johann Theodor von Scheffer, dem man nicht viel mehr nachweisen konnte, als dass er die ihm erteilten Befehle des Herzogs ausgeführt und mich nach dem Tod Carl Alexanders vehement unterstützt hatte, wurde nach kurzer Festungshaft von allen gegen ihn erhobenen Vorwürfen freigesprochen, musste aber die Kosten der gegen ihn geführten Untersuchung übernehmen und wurde aus dem Dienst entlassen. Seinen Geheimrats-Titel durfte er behalten. Scheffer, der sich nach 1716 als Hofadvokat und Professor an der Universität Tübingen etabliert hatte, bevor Carl Alexander ihn 1735 zum Leiter des General-Landes-Kommissariats und im April 1736 zum Oberhofkanzler ernannt hatte, ging nach seiner Freilassung nach Tübingen zurück, wo er im Jahr 1745 verstarb.

General Franz Joseph Freiherr von Remchingen wurde am 18. März 1737 verhaftet, weil er den Eid auf den Herzog-Administator Karl Rudolph von Neuenstadt verweigert hatte, und auf die Festung Hohenasperg gebracht. Die Anklage gegen ihn lautete auf Hochverrat. Während gegen ihn noch ermittelt wurde und er auf seinen Prozess wartete, wurde Joseph Süß Oppenheimer bereits auf dem eisernen Galgen gehängt. Gegen sein Ehrenwort, nicht zu fliehen, wurde Remchingen nach 18 Monaten Festungshaft im November 1738, in seinem Haus in Ludwigsburg unter Hausarrest gestellt. Fast ein Jahr später, im September 1739, gelang ihm bei Nacht und Nebel die Flucht. Über Umwege gelangte er nach Wien an den Hof des Kaisers. Schon im Oktober wurde gegen Remchingen in Abwesenheit der Prozess eröffnet. Das Urteil vom 7. Dezember 1739 gegen ihn lautete am Ende auf lebenslange Verbannung aus Württemberg, eine Geldstrafe von 12.000 Reichstalern und zur Tragung der Prozesskosten, was ihn letztlich seines gesamten bei seiner Verhaftung beschlagnahmten Vermögens beraubte.

In der Folge veröffentlichte Remchingen mehreren Druckschriften zu seiner Ehrenrettung. In der umfangreichsten, der *„Innocentia Remchingiana Vindicata, das ist: Nothgedrungene Ehren-Rettung des Freyherrn, Frantz Joseph von Remchingen"*, antwortete er auf vielen hundert Seiten auf die gegen ihn erhobenen Vorwürfe und ergänzte sie zum Beweis seiner Unschuld mit entsprechenden Dokumenten, Aussagen und Gutachten.

Die herzogliche Administration antwortete postwendend mit einem ebenso umfangreichen Dossier an die *„Römisch-Kayserliche und Königlich-Katholische Majestät"*, um Anklage und Urteil gegen den General zu untermauern und zu rechtfertigen. Tatsächlich gelang es den Württembergern damit eine mögliche Ernennung von Remchingens zum General des Schwäbischen Reichskreises durch den Kaiser zu verhindern. Alle die jahrelangen Bemühungen Remchingens, sich zu rehabilitieren und das Urteil gegen ihn aufheben zu lassen, blieben erfolglos.

Eine mehr als fragwürdige Ausnahme in diesem Kreis der Angeklagten machte der evangelische Dekan von Bietigheim, Johann Friedrich Hobbhahn. Erst 10 Tage vor dem Tod Carl Alexanders war Hobbhahn vom Herzog zum Dekan in Schorndorf befördert worden, nachdem er sich beim Gratialamt um den Titel oder das Amt eines Prälaten beworben und dafür viel Geld geboten hatte. Unmittelbar nach der Verhaftung Joseph Süß Oppenheimers geriet auch Hobbhahn ins Visier der Untersuchungskommission, die ihn dann auch all seiner kirchlichen Ämter enthob. Man warf ihm nicht nur den Ämterhandel vor, sondern auch einen *„allzu familiären Umgang mit Ungläubigen und Falschen"*. Außerdem rügte man sein *„handelssüchtiges und unruhiges Wesen, auch die in actis ziemlich erwiesene Liebe zum Trunk, zum Spiel und lustigen Kumpaneien"*.

Wie es geschehen konnte, dass schon nach kurzer Zeit die Untersuchung gegen ihn eingestellt wurde und er vom Herzog-Administrator Karl Rudolph von Württemberg-Neuenstadt zum „*Professor*" und herzoglichen Bibliothekar ernannt wurde, bleibt mir ebenso rätselhaft wie die Antwort auf die Frage, was Hobbhahn dazu trieb, nach seiner Rehabilitierung MEINE SACHE auch zu der seinen zu machen. Wollte er sich damit an den Herren vom Engeren Ausschuss und vom Geheimen Rat für die erlittene Unbill rächen? Hoffte er auf höhere Ämter und Ehren, sollte es gelingen, meine Rechte und mich als Regentin durchzusetzen? Jedenfalls befand er sich 1738 in engem Kontakt mit dem Fürstbischof in Würzburg und legte diesem in einem Memorandum zwei Wege dar, wie es gelingen könnte, mir zu meinen im Testament Carl Alexanders verbrieften Rechten zu verhelfen. Besagtes Memorandum tauchte 1739 unversehens in Württemberg auf, und Herzog-Adminstrator Carl Friedrich von Württemberg-Oels stellte Hobbhahn wegen seiner umstürzlerischen Pläne unverzüglich unter Hausarrest. Kurze Zeit später wurde er im Herrenhaus auf dem Marktplatz inhaftiert und nach dem Ende einer neuerlichen Untersuchung des Landes verwiesen. Unterschlupf fand Hobbhahn darauf bei Fürstbischof Friedrich Karl von Schönborn, der ihm in der Pfarrei Kitzingen ein kirchliches Amt übertrug. Doch auch hier machte er sich bald unbeliebt, weil er sich an den Geldern aus einer Kollekte zum Neubau der katholischen Kreuzkapelle vergriff.

Schon während seiner Verhaftung hatte Hobbhahn mich um meine Fürsprache und Unterstützung gebeten, nach dem Kitzinger Debakel versuchte er es erneut, um seine Verbannung aufzuheben und nach Württemberg zurückkehren zu können. Damals hatte ich keine Möglichkeit gesehen, ihm zu helfen. Dieses Mal hielt mich sein zweifelhafter Charakter davon ab, mich für ihn einzusetzen.

Hobbhahn verstand es auch ohne meine Hilfe, sich erneut aus der Affäre zu ziehen: Nach dem Tod des evangelischen Pfarrers übernahm er dessen Stelle und, wie ich hörte, hielt er am 25. Juli 1746, am Todestag des katholishen Fürstbischofs Friedrich Karl von Schönborn vor der evangelischen Gemeinde Kitzingens, eine „*Lob- und Trauer-Rede auf den unsterblichst verdienten … Friderich Carln, glorwürdigst regierenden Bischofen zu Bamberg und Würtzburg*".

Von vielen Details, die ich hier geschildert habe, vor allem die den Prozess gegen Joseph Süß Oppenheimer betreffen, habe ich erst viel später nach und nach Kenntnis erhalten. Während der Untersuchungen 1737 und 1738 bis zum Tod Oppenheimers am Galgen drangen nur sehr wenige Informationen nach außen. So erfuhr ich erst 1740 davon, dass man versucht hatte, Beweise dafür zu sammeln, dass es zwischen Oppenheimer und mir eine *„dubiose“* Beziehung gegeben habe. Minutiös wurden die bei Oppenheimer beschlagnahmten Akten auf der Suche nach Anhaltspunkten dafür durchsucht: Bestellungen und Abrechnungen von Juwelen, Galanteriewaren, Stoffen und so fort. Ebenso Kredite, Schuldverschreibungen und andere Geldgeschäfte.

Das in den Augen der Untersuchungskommission verfänglichste Dokument war wohl meine Anweisung, ausgestellt am 23. September 1733 in Frankfurt, *„Herr Hoffaktor Süß soll an Herr Dr. Philium von Darmstadt, wegen der uns bey unserer Entbindung geleisteten Assistenz zur discretion Einhundert Gulden reichen …* “ Von Oppenheimer ordnungsgemäß bezahlt und quittiert.

Man mag sich in diesem Zusammenhang wohl auch gefragt haben, was es wohl zu bedeuten hatte, dass ein Portrait *„der verwitweten Herzogin von Württemberg mit vergüldeter Rahme“* im Frankfurter Domizil Oppenheimers beschlagnahmt wurde – zusammen mit Portraits des Kurfürsten von Köln, des Landgrafen von Darmstadt, des Erbprinzen von Hessen-Darmstadt, des Kurfürsten der Pfalz und des Fürstbischofs von Würzburg – während ein Bildnis seines großen Gönners und Freundes Carl Alexander von Württemberg in dieser Sammlung fehlte …

Mit der Zusammenstellung und Auswertung der *„Documenta wegen Ihro Hochfürstliche Durchlaucht der Frau Herzogin“* war ausgerechnet Hofrat Heinrich Ehrenfried Luther betraut worden, vormals ständiger Vertreter Württembergs in Frankfurt, der am 9. Januar 1734 von Carl Alexander entlassen worden war, um diesen Posten für Joseph Süß Oppenheimer freizumachen. Schon damals hatte ich Carl Alexander davor gewarnt, dass er sich und Oppenheimer dadurch die unverbrüchliche Feindschaft dieses Mannes zuziehen würde. 1740 kehrte der ehrenwerte Hofrat, Doktor beider Rechte und Eigentümer der Egenolff-Lutherschen Schriftgießerei in Frankfurt, wieder auf den Stuhl des Residenten Württembergs in der Freien Reichstadt am Main zurück. Sicher auch in Anerkennung seiner „Verdienste“ im Prozess gegen Joseph Süß Oppenheimer.

Nach der spektakulären Hinrichtung Joseph Süß Oppenheimers wurde das Land von einer Unzahl von Publikationen und Flugschriften überschwemmt, die alle voller Inbrunst seine vorgeblichen Untaten, den Schauprozess und seinen Tod am Galgen kommentierten. Darunter am übelsten ein Pasquill in 82 Strophen, das der Stuttgarter Hauslehrer Johann Georg Edler verfasst und herausgegeben hatte. Darin fabulierte er auch in schlüpfrigen Andeutungen über ein Verhältnis zwischen Oppenheimer und mir. Das ging nun sogar dem Geheimen Rat zu weit. Er ließ das Pasquill beschlagnahmen und vom Scharfrichter auf dem Pranger verbrennen. Der Autor floh für einige Monate aus dem Land, kam jedoch, nachdem er gefasst worden war, mit einem milden Urteil davon.

Der Friedensschluss mit der Landschaft

Am 15. August 1738 trat endlich Herzog Carl Friedrich von Württemberg-Oels an die Stelle des bisherigen Administrators. Nach dem erzielten Vergleich ein weiterer Schritt zur Verbesserung meiner Situation und Festigung meiner Stellung. Denn Friedrich Carl ließ sich durch Andere längst nicht so leicht lenken und beeinflussen wie sein Vorgänger. Und es war ihm sehr daran gelegen, mich zu konsultieren, wenn es in Fragen der Regierung um Abstimmungen und Verhandlungen mit dem Geheimen Rat und der Landschaft ging.

Wie konnte ich mein Verhältnis zu den Vertretern der Landschaft weiter festigen? Noch tagte im Stuttgarter Landschaftshaus der Landtag, den Karl Rudolph von Württemberg-Neuenstadt 1737 dorthin einberufen hatte. Im Spätherbst 1738 äußerte ich den Wunsch, das Landschaftshaus zu besuchen, um die dort versammelten Deputierten der Landschaft kennenzulernen.

Es vergingen jedoch der Winter und das Frühjahr, ehe man sich über meinen Besuch bei der Landschaft einigen konnte. Am 14. April 1739 waren dafür alle Vorbereitungen getroffen: Im großen

Sitzungssaal waren die Stühle beiseite geräumt und drei Tafeln aufgebaut worden, eingedeckt für insgesamt 82 Gäste. Schlag 12.00 Uhr fuhr ich in meiner sechsspännigen Kutsche vor, begleitet von zwei weiteren Kutschen mit den Damen und Kavalieren vom Hofe. Ebenfalls eingeladen worden waren zu diesem Treffen die Mitglieder des Geheimen Rats, doch nur Geheimratspräsident Johann Christoph von Pflug, der Generalmajor von Gaisberg und Oberjägermeister Geyer von Geyersberg waren erschienen. Oberststallmeister Roeder, der mich ebenso wenig ausstehen konnte wie ich ihn, blieb dem Treffen fern.

Landschaftskonsulent Johann Heinrich Sturm erwartete mich und meine Begleitung am Portal des Landschaftshauses, half mir aus der Kutsche und hieß uns willkommen. Wir stiegen dann die Treppe hinauf in den Saal, wo mir der Konsulent den Arm bot und mir in der Gemäldegalerie die Portraits aller längst verstorbenen Landesfürsten präsentierte. Während aufgetragen wurde, nahmen wir in kleiner Runde in der neben dem Saal gelegenen Speisestube Platz, und ich nutzte die Gelegenheit, mich bei den Geheimräten Andreas Heinrich Baron von Schütz und Philipp Eberhard Zech für die Großzügigkeit der Landschaft zu bedanken, die sich im Zuge der Vergleichsverhandlungen bereiterklärt hatte, meine seit dem Tod Carl Alexanders aufgelaufenen Schulden zu übernehmen.

Während der anschließenden Tafel – Hofkoch Küchenmeister Beck hatte für ein mehrgängiges, ausgezeichnetes Menü gesorgt – gab es ausreichend Gelegenheit, reihum die Plätze zu wechseln und nicht nur mit den Prälaten der Landschaft zu sprechen, sondern nahezu mit jedem einzelnen der Landschaftsdeputierten einige Worte zu wechseln. Zum Ende der Tafel hielt ich eine Dankesrede, die Landschaftskonsulent Sturm erwiderte. Wir versicherten uns gegenseitig die hohe Wertschätzung und Geneigtheit und unsere gemeinsame Zielsetzung, für das Wohl und die Prosperität Württembergs zu sorgen.

Als ich an diesem Nachmittag zusammen mit meinem Hofstaat das Haus der Landschaft wieder verließ, hatte ich den Eindruck, dass wir aufeinander zugegangen waren und eine Art Burgfrieden geschlossen hatten. Doch machte ich mir keinerlei Illusionen darüber, dass es in der Landschaft und in der Regierung ein feindliches

Lager gab, dessen Protagonisten ich auch künftig besser nicht über den Weg trauen sollte – so wie dem Baron von Schütz, der zusammen mit Johann Georg Georgii und Reinhardt Freiherrr von Gemmingen schon immer zu den militantesten Widersachern Herzog Carl Alexanders und seines Hoffaktors und Fiskalrats Oppenheimers gezählt hatte.

Meine Taktik, offensiv auf die Landschaft zuzugehen und damit das Signal meiner Bereitschaft zur Kooperation zu geben, sollte sich auszahlen: Zusätzlich zur Übernahme meiner Schulden und zu den jährlich 36.000 Gulden Apanage als Mitregentin, die im Vergleich vereinbart worden waren, ließ mir die Landschaft in den Jahren bis 1749 bei den verschiedensten Gelegenheiten über 258.000 Gulden als „Douceurs" zukommen! Dann jedoch fand diese Großzügigkeit ein Ende, weil Herzog Carl Eugen, mein eigen Fleisch und Blut, mir in den Rücken fiel und aus schnöder Rache die Zahlungen der Landschaft ein für allemal unterband.

Immerhin genoss ich dieses Entgegenkommen der Landschaft elf Jahre lang. Durchaus ein Erfolg für eine Frau in meiner Situation. Johanna Elisabeth, die Witwe Herzog Eberhard Ludwigs und immerhin als Verfechterin und Stütze des evangelischen Glaubens im Lande hoch geehrt, war mit einer weit geringeren Apanage abgespeist worden, und die Landstände weigerten sich zudem beharrlich, ihre Schuldenlast von 130.000 Gulden zu übernehmen. Erst nach langen Verhandlungen gestanden sie ihr gnädig 80.000 Gulden zu, die mit 5 Prozent verzinst wurden, sodass sie nur mit zusätzlichen, mageren 4.000 Gulden im Jahr rechnen konnte, um ihren bescheidenen Haushalt in Kirchheim-Teck einigermaßen standesgemäß bestreiten zu können.

Das Jahr 1739 begann erneut mit einer ganzen Reihe von Maskenbällen zum Karneval. Noch immer gab es weite Kreise in Stuttgart, die diesen als katholischen, ja heidnischen Brauch ablehnten und dagegen opponierten. Doch selbst Herzogadministrator Karl Friedrich von Württemberg-Oels wollte gerne an diesen Lustbarkeiten festhalten. Am 12. Februar gab es anlässlich des 11. Geburtstags des Landprinzen Karl Eugen eine ganz besondere Gala, zu der sich eine große Anzahl hoher Gäste schon zur Mittagstafel im Rittersaal des Stuttgarter Schlosses versammelte. Ganz besonders gefiel dabei dem Prinzen das am Ende des Mahls gereichte Konfekt, das die Konditoren im Stil einer Gartenlandschaft mit Statuen und Arkaden aus farbigem Zuckerwerk gestaltet hatten. Das Fest endete nach dem Abendessen mit einem Ball, bei dem der junge Prinz mit den meisten der anwesenden Damen ausgelassen scherzte und tanzte.

Im Juli dann gab es ein weiteres großes Ereignis zu feiern: Meine liebe Mutter Maria Ludovica von Thurn und Taxis erhielt aus der Hand des Großmeisters des Johanniter-Ordens das Malteserkreuz überreicht. Auch sie wurde damit als Verteidigerin des katholischen Glaubens gewürdigt.

Völlig unerwartet und viel zu früh verschied am 9. November 1739 mein geliebter Vater, Fürst Anselm Franz von Thurn und Taxis, während eines Aufenthalts in Brüssel. Er war 58 Jahre alt geworden, und Gott sei Dank weilte meine Mutter zu dieser Zeit bei ihm in unserem Palais am Place du Sablon. Ihr Beichtvater erteilte dem Sterbenden die Sakramente, noch ehe er verschied. Die Nachricht vom Tod meines Vaters erhielt ich durch einen reitenden Postillon, jedoch gelang es mir nicht rechtzeitig genug, der feierlichen Beisetzung in der Kapelle St. Ursula in der Kirche Notre Dame du Sablon, der Grablege der Thurn und Taxis, beizuwohnen.

Laut dem 1737 geschlossenen Vergleich, war ich gemeinsam mit dem Administrator, jetzt Herzog Karl Friedrich von Württemberg-Oels, als Obervormünderin des Landprinzen und meiner drei weiteren Kinder bestätigt. Anfang 1740 hatte Georg Bernhard Bilfinger einen Erziehungsplan für die drei Prinzen ausgearbeitet, der mir zur Genehmigung vorgelegt wurde. Bilfinger war sowohl Professor für Theologie als auch ein anerkannter und viel beachteter Mathematiker an der Universität in Tübingen. Schon Carl Alexander war auf ihn aufmerksam geworden und hatte ihn bei all seinen Plänen zum Ausbau der Befestigungen in Württemberg als kompetenten Berater und Festungsbaumeister herangezogen. Im Verlauf ihrer Zusammenarbeit entwickelte sich zwischen dem Herzog und dem Mathematiker ein geradezu freundschaftliches Verhältnis. 1734 wurde Bilfinger in den Geheimen Rat berufen und nachdem Carl Alexander 1736 unseren ältesten Sohn Carl Eugen aus Brüssel zurück nach

Württemberg geholt hatte, bestimmte er Bilfinger zum Informator der drei Prinzen, also zu deren Lehrer und Erzieher.

Georg Bernhard Bilfinger behielt auch nach dem Tod des Herzogs diese Funktion und wurde außerdem eines der wichtigsten Mitglieder der vormundschaftlichen Regierung. Soweit ich dies beurteilen konnte, war er in den Putsch der „Ehrbaren" persönlich nicht verwickelt. Zumindest verhielt er sich neutral, und ich konnte ihn als Lehrer meiner Söhne und nun seinen Erziehungsplan akzeptieren. Soweit ich in dem einen oder anderen Punkt Einwendungen zu machen hatte und Änderungen wünschte, wurden diese berücksichtigt.

Während Prinz Carl Eugen auf seine künftige Rolle als Herzog des Landes Württemberg und mein zweiter Sohn Ludwig Eugen auf eine Karriere als Militär vorbereitet wurden, hatte ich Prinz Friedrich Eugen für ein geistliches Amt ausersehen. Das herausragende Ereignis in diesem Jahr war deshalb der Besuch des Weihbischofs von Konstanz, Franz Karl Joseph Graf Fugger, den ich am 3. März 1740 in Stuttgart empfing. Vor einer großen Zahl von Gläubigen zelebrierte er im Rittersaal den Gottesdienst und erteilte nicht nur Prinzessin Auguste Elisabeth und einigen anderen Kindern vom Hofe das heilige Sakrament der Firmung, sondern auch meinem jüngsten Sohn Prinz Friedrich Eugen die Tonsur des Apostels Petrus, bei der ihm auf dem Scheitel in der Größe einer Münze das Haar geschoren wurde. Verbunden mit der Tonsur war die Anwartschaft auf das Amt eines Salzburger Domherren, das Prinz Friedrich Eugen am 16. November 1740 von Johann Ernst Emanuel Joseph von Harrach, Bischof von Nitra und Gesandter Kaiser Karl VI. am Hl. Stuhl, übernehmen konnte. Der Bischof war im Dezember 1739 in Rom verstorben. Es hatte mich viel Zeit und Mühe gekostet, mit Unterstützung meiner Mutter, für Friedrich Eugen diesen Weg in eine bedeutungsvolle Karriere in der Katholischen Kirche zu ebnen. Jedoch wie so oft in meinem Leben sollte es auch in diesem Fall ganz anders kommen …

Obwohl der Besuch des Konstanzer Weihbischofs und die von ihm vorgenommenen Weihehandlungen ausschließlich im Schloss zu Stuttgart, also in meinem privaten Rahmen stattfanden, zeterte der landschaftliche Ausschuss über diesen vermeintlichen Angriff auf den Religionsfrieden und auf die in den Reversalien zugesicherten Rechte und Privilegien. Ja sie verstiegen sich sogar zu der Behauptung, der Weihbischof habe in Stuttgart durch seine Handlungen das katholische Diözesanrecht und die geistliche Gerichtsbarkeit ausüben wollen. Um hier die Wogen wieder zu glätten, bedurfte es umfangreicher schriftlicher Erklärungen und komplizierter juristischer Begründungen, dass es sich um einen einmaligen Vorgang handelte und dass der Weihbischof nach Stuttgart habe kommen müssen, weil die zu firmenden Kinder nicht nach Konstanz hatten reisen können. Sein Besuch einschließlich der Weihehandlungen hinter verschlossenen Türen sei nicht als Verstoß gegen die Religionsreversalien zu werten.

Am Ende gaben sich die vormundschaftliche Regierung und die Landschaftskollegien mit diesen Erklärungen zufrieden.

Die Affäre Werneck

Wie schon berichtet, hatte mir Carl Alexander 1734 ein ganz besonderes Geburtstagsgeschenk gemacht: Ein eigenes Kürassierregiment aus dem herzoglichen Truppenkontingent, das künftig den Namen „Maria Augusta“ tragen sollte. Gleichzeitig wurde ich zum Oberst dieses Regiments ernannt und konnte alle daraus zu erzielenden Einkünfte beanspruchen.

Zwar hatte ich als Frau in diesem Regiment keine unmittelbare Befehlsgewalt, doch pflegte ich regelmäßigen Umgang mit den Kürassieren und ihren Offizieren. Für alle ihre Anliegen hatte ich ein offenes Ohr und stand ihnen gerne wohlwollend zur Seite.

Im Verlauf der Jahre entwickelte sich zu einigen der jüngeren Offiziere ein vertrauensvolles Verhältnis. Besonders eng und freundschaftlich wurde es zu Rittmeister Christoph Friedrich von Werneck, der die Erste Eliteschwadron des Regiments kommandierte. Christoph Friedrich war der jüngere Bruder von Franz von Werneck, Katholik und verdienter Major der Infanterie, der zusammen mit Carl Alexander auf dem Balkan gekämpft hatte und 1733 aus den österreichischen in württembergische Dienste übergetreten war.

Christoph Friedrich von Werneck war ein attraktiver Mann, ein im Kampf erprobter Reiter und Draufgänger. Nach dem plötzlichen Tod des Herzogs war er es, der sich mit einer Gruppe weiterer Offiziere verbündete und sich dafür einsetzte, dass ich meine testamentarisch verbrieften Rechte als Witwe, Regentin und Vormünderin meiner Söhne zurückerhalten sollte.

Im Verlauf des Jahres 1737 berief ich Werneck zu meinem Kammerjunker – sehr zum Missfallen des Würzburger Residenten Raab von Rauenstein und seines Fürstbischofs, die mich schon vorher eindringlich dazu ermahnt hatten, *„die wohlgeordnete und solide Bezeigung der Pietät“* nicht zu vernachlässigen und den von mir gepflogenen *„offenen Zugang aller, auch kleinster Offiziere“* zu mir zu unterbinden.

Ich war die Herzogin, Mutter von vier kleinen Kindern und stand mitten im Kampf um meine Rechte! Selbstverständlich wusste ich, was sich für eine trauernde Witwe in meiner Stellung geziemte. Doch steife, alte Herren, die mich im allerbesten Falle mit wohlgemeinten Ratschlägen versorgten und ansonsten keinen Finger für mich krümmten, hatte ich genug um mich.

Kein Wunder, dass sich von Werneck viele Feinde machte: unter den skrupellosen, konkurrierenden Karrieristen im Württembergischen Heer genauso wie im evangelischen Klerus und im Zirkel der Verschwörer, die die Rebellion gegen Carl Alexander angezettelt hatten. Er hatte viele Feinde, doch auch einige Freunde: Keine Geringere als Johanna Elisabeth von Württemberg, Witwe des Herzogs Eberhard Ludwig und Schwester des Kriegshelden Karl Wilhelm von Baden-Durlach, setzte sich dafür ein, dass dem jungen Rittmeister der badische Treueorden verliehen wurde. Sie beauftragte Ihren Oberststallmeister Johann Friedrich Carl Schott von Schottenstein, für Werneck um den Orden anzusuchen. In einer feierlichen Zeremonie konnte sie ihm dann am 14. Januar 1738 das Ordenskreuz ganz persönlich um den Hals legen.

In diesen Jahren wurde mir Christoph Friedrich von Werneck zum verlässlichen, treuen Freund, der mich nicht nur in der Öffentlichkeit begleitete und beschützte, sondern dem ich auch jederzeit Zutritt zu meinem Apartment gewährte. Soviel Vertrautheit und Nähe weckte jedoch Misstrauen und rief die Intriganten innerhalb und außerhalb des Hofes auf den Plan.

Die abstrusesten Beschuldigungen gegen von Werneck wurden laut: Er habe bei einer Auseinandersetzung seine Soldaten gegen die Stuttgarter Bürgerwehr eingesetzt. Er habe Schulden angehäuft und nicht bezahlt. Er habe seine Einheit bei der Ausgabe von Uniformen und Vorräten betrogen. Ja, er habe sogar Teile der Kunstsammlung von Carl Alexander entwendet und zu Geld gemacht! Welche Vorstellung! Der Rittmeister von Werneck, wie er nach einem Schäferstündchen bei mir nachts durchs Schloss schleicht, Gemälde von den Wänden nimmt, verschlossene Vitrinen aufbricht, Tabaksdosen, Amulette und Silberbesteck stiehlt, um sie dann in den dunklen Gassen der Residenzstadt an zwielichtige Gestalten zu verhökern … Eine Untersuchungskommission wurde eingesetzt, doch konnte am Ende kein einziger stichhaltiger Beweis für diese lange Liste der Anschuldigungen vorgelegt werden.

Als dies alles nichts half, schreckten die Intriganten selbst vor infamen Verleumdungen gegen mich, die Witwe des Herzogs, nicht zurück: Man habe Christoph Friedrich von Werneck zu unpassender Zeit aus meinem Schlafzimmer kommen sehen, ich unterhalte seit langem eine Liebschaft mit ihm, die letztlich nicht ohne Folgen geblieben sei. Ich, die Witwe des Herzogs, erwarte von dem weit unter meinem Stand stehenden Garderittmeister ein Kind! Das war Wasser auf die Mühlen der gesamten evangelischen Fraktion, die mich wegen meines offenen Lebensstils, meiner Freude an Vergnügungen, meiner Vorliebe für extravagante Kleidung und aufwendigen Schmuck schon lange als bigott, verkommen, liederlich und verschwenderisch beschimpfte.

Trotz meiner wiederholten, heftigen Dementis gegenüber dem Geheimen Rat, dass ich auf keinen Fall schwanger sei, wollten diese Vorwürfe nicht verstummen. Zu Anfang April 1740 legte mir der Geheime Rat nahe, für einige Monate außer Landes zu gehen, bis die Aufregung abgeklungen sei und sich zeigen würde, ob die Anschuldigung einer Schwangerschaft sich bewahrheiten würde oder nicht! Man katzbuckelte und bedauerte, sparte aber auch nicht mit unterschwelligen Andeutungen, mit welchen Konsequenzen ich zu rechnen habe, sollte ich dieser Empfehlung nicht Folge leisten. Wutschnaubend fügte ich mich schließlich und reiste ab nach Brüssel, in das Haus meiner Eltern, ins Exil. Meine drei

Söhne, ja selbst meine kleine Prinzessin musste ich in Stuttgart zurück lassen.

Die Verbannung dauerte fünf lange Monate, von April bis August. Während dieser Zeit wurde ich zwar regelmäßig in Angelegenheiten der Erziehung meiner Söhne konsultiert, aber ich kann nicht beschreiben, wie sehr ich unter der Demütigung und unter der Trennung vor allem von meiner Tochter Auguste Elisabeth litt – mein kleines, kaum sechsjähriges Mädchen, von dem ich mich seit seiner Geburt kaum mehr als ein paar Tage getrennt hatte! Wie sehr fehlte sie mir in diesen langen Monaten, auch wenn ich regelmäßig Post von ihrer Hofmeisterin Franziska von Venediger erhielt, in der diese mich über das Befinden meiner kleinen Tochter auf dem Laufenden hielt.

Da sich von Monat zu Monat mehr zeigte, dass ich nicht schwanger sein konnte und sich die Behauptungen und Anschuldigungen schließlich allesamt als falsch und als üble Nachrede entpuppten, konnte ich im August 1740 wieder nach Stuttgart zurückkehren. Als ich wieder in Stuttgart eintraf, war Hauptmann Christoph Friedrich von Werneck schon abgereist. Um die vermutete Liaison zu beenden und weiteren Spekulationen den Boden zu entziehen, hatte man ihm bei den Truppen des Kaisers in Wien eine Stellung verschafft: Für ihn das Sprungbrett in eine Karriere, die ihn – auch Dank meiner Verbindungen und Empfehlungen – vom Garderittmeister bis zum königlich-preußischen Kämmerer und zum kurbayerischen General der Kavallerie führte. Ich danke ihm. Christoph Friedrich von Werneck war mir stets mehr als nur ein verlässlicher, ehrlicher Freund!

Heute weiß ich, dass diese Intrige ganz gezielt und allein aus politischen Gründen gegen mich angezettelt worden ist.

Schon seit längerer Zeit hatte sich der Gesundheitszustand des preußischen Königs Friedrich Wilhelm I. so sehr verschlechtert, dass mit seinem Tod zu rechnen war. Am 31. Mai 1740 verstarb er dann auch im fernen Berlin. Am gleichen Tag folgte ihm sein Sohn als Friedrich II., später genannt „der Große", auf dem preußischen Thron. Der Schöngeist hatte jedoch schon lange vorher seine Netze ausgeworfen und Verbindungen auch nach Württemberg geknüpft. Ganz gezielt ging er daran, unter den evangelischen Fürstentümern

Deutschlands eine Allianz gegen Österreich zu schmieden. Auch Württemberg sollte diesem Bündnis angehören.

Von mir, der katholischen Herzogin und seit langem mit dem Kaiserhaus in Wien verbunden, erwartete man wohl Widerstand gegen diese Bestrebungen und setzte alles daran, zu verhindern, dass ich Einfluss auf diese Verhandlungen nahm. Was also lag da näher, als mir eine Liaison mit Christoph Friedrich von Werneck vorzuwerfen, mir eine Schwangerschaft anzudichten – und mich so zu zwingen, in den entscheidenden Monaten außer Landes zu gehen!

Jedenfalls hatte der Regent, Herzogadministrator Carl Friedrich von Württemberg-Oels, die Erneuerung des Freundschaftsvertrages zwischen Württemberg und Preußen von 1731, in dem man sich gegenseitige Unterstützung im Kriegsfall und zum Schutz der evangelischen Kirche zugesichert hatte, bereits unterzeichnet, als ich endlich rehabilitiert wurde und aus Brüssel zurückkehren konnte.

Wohl schon im Vorgriff auf die zu erwartenden Auseinandersetzungen mit Österreich und wenige Wochen, ehe der preußische Kronprinz Friedrich den Thron bestieg, war von Württemberg das Leib-Infanterie-Regiment „Prinz Alexander" in Lauffen am Neckar an Preußen übergeben und von Oberst Karl Erhard von Kalnein übernommen worden. Zum Dank dafür – und sicher auch, um mich für künftige Gefälligkeiten gewogen zu stimmen – verlieh mir Friedrich II. im Oktober 1740 den Schwarzer Adler Orden, den Hausorden der preußischen Könige, und ließ mir diesen durch Oberst Kalnein überreichen – eine Ehre, die seit der Ordensstiftung 40 Jahre zuvor erst 138 weiteren verdienstvollen Persönlichkeiten zuteil geworden war.

Jean-Baptiste de Boyer, Marquis d'Argens

Anfang des Jahres 1739 war ein Mann in mein Leben getreten, der dieses für einige Jahre ungemein bereichert hat: Jean-Baptiste de Boyer, Marquis d'Argens. Groß, stattlich, mit wachen Augen unter einer hohen Stirn, mit vollendeten Manieren, intelligent, weltgewandt, zuvorkommend, interessiert, verständnisvoll … Die Aufzählung seiner Vorzüge könnte ich noch eine ganze Weile fortsetzen. Kurzum, ein Mann, wie Frauen ihn sich nur wünschen!

Als ich ihn kennenlernte, war D'Argens 38 Jahre alt, also nur drei Jahre älter als ich, und hatte bereits ein mehr als bewegtes Leben hinter sich. Geboren in Aix-en-Provence in Frankreich war er bereits mit 15 Jahren in das in Straßburg stationierte Toulouser Infanterieregiment eingetreten, dem er mehrere Jahre lang angehörte. 1722 hatte er eine Romanze mit der Schauspielerin Sylvie du Tremblay, floh mit ihr nach Spanien, um sie dort gegen den Willen seiner Eltern zu heiraten. In Barcelona wurde das Paar jedoch entdeckt, getrennt und D'Argens für 10 Monate in der Festung von Perpignan festgesetzt. Nach seiner Freilassung erhielt er eine Stelle als Sekretär des französischen Gesandten Marquis d'Andrezel, mit dem zusammen er 1724 eine abenteuerliche Reise über die Insel Ibiza nach Algier und weiter über Tunis, Tripolis und Kreta bis nach Konstantinopel unternahm. Ein halbes Jahr später kehrte er nach Aix-en-Provence zurück, um dort die Juristerei zu studieren. Nach einem kurzen Intermezzo als erfolgreicher Anwalt in der Provence trieb ihn sein unruhiger Geist jedoch nach Paris, wo er die meiste Zeit in Gesellschaft des Malers Pierre Jacques Cazes verbrachte, der vor allem mythologische und religiöse Sujets in mehreren Pariser Kirchen malte, darunter auch in der Kirche Notre Dame.

Eine weitere Station des Marquis war Italien, wo er in Rom wegen seiner kritischen Äußerungen über die Katholische Kirche auffällig wurde. Diese distanzierte Einstellung zur Kirche führte ihn wohl auch nach Aix-en-Provence zurück, wo 1730 ein spektakulärer Prozess stattfand, der weit über Frankreich hinaus zum Tagesgespräch wurde. Angeklagt war der Jesuitenpater Jean-Baptist Girard, dem man vorwarf, im Beichtstuhl die 19jährige Marie-Catherine Cadière verführt und, nachdem sie schwanger geworden war, zur Abtreibung angestiftet zu haben. Obwohl in dem Prozess auch weitere Mädchen aussagten, denen im Beichtstuhl des Jesuiten Ähnliches widerfahren war, wurde Girard freigesprochen. D'Argens Vater fungierte als einer den Ankläger in dem Prozess, D'Argens selbst wohnte den Verhandlungen als Beobachter bei.

Ab 1733 nahm D'Argens dann als Kavallerist in einer Einheit unter dem Befehl des Herzogs von Richelieu am Polnischen Erbfolgekrieg und auf französischer Seite an der Belagerung der Festungen Kehl und Phillipsburg teil. Nach einem Sturz vom Pferd, bei dem er sich verletzte, beendete er – wieder einmal gegen den Willen seiner Eltern – seine militärische Karriere. Nicht ohne tiefgreifende Folgen für ihn. D'Argens wurde von seinem Vater enterbt und musste die Erbfolge an seinen jüngeren Bruder abgeben.

Nach seinem Abschied aus der Armee Frankreichs ließ D'Argens sich in Den Haag nieder. In den Jahren ab 1735 publizierte er unter vielem anderen die „*Lettres juives, ou correspondance philosophique, historique, et critique, entre un juif voyageur à Paris et ses correspondans en divers endroits*" und die „*Lettres chinoises, ou Correspondance philosophique, historique & critique, entre un chinois voyageur & ses correspondans à la Chine, en Moscovie, en Perse & au Japon*". Beide Werke setzten sich sehr kritisch mit dem Klerus und Fragen der Theologie, der Sitten und der Moral auseinander. Sie riefen nicht nur in Frankreich sehr widersprüchliche Reaktionen hervor, begründeten aber D'Argens' Ruf als ernstzunehmender, zugleich gefeierter und verteufelter Philosoph und Schriftsteller.

Wen also will es wundern, dass ich mich von diesem geistreichen, von immer neuen Ideen und Projekten getriebenen Mann begeistern und mich schließlich von meinen Gefühlen für ihn hinreißen ließ? Hals über Kopf habe ich mich in d'Argens verliebt!

Dieser Mann stellte mein gesamtes bisheriges Weltbild in Frage, erwies sich aber auch als ein Mensch von tiefem Mitgefühl und Verständnis für mich und meine Situation. Wir konnten uns Tage und Nächte lang in philosophischen Betrachtungen verlieren oder uns auch nur wort- und atemlos in den Armen liegen …

Im Juni dann machte ich meinen Antrittsbesuch in Göppingen bei Erbprinzessin Henriette Marie, der man das am Rand des Städtchens gelegene Schloss als endgültigen Witwensitz zugewiesen hatte und die hier zusammen mit ihrer Tochter Luise Friederike eingezogen war. Die beiden beklagten sich schon jetzt über die „*Göppingische Einsamkeit*" mit ihren „*Einsiedlern und Einsiedlerinnen allhier*". So sorgte ich mit meinem Besuch gerne für etwas Abwechslung. Außerdem hatte ich mir erzählen lassen, dass eine Trink- und

Badekur mit dem Sauerwasser der dortigen Quellen Körper und Geist beruhige und wahre Wunder für die Gesundheit bewirke. Und nach all den Aufregungen der letzten beiden Jahre hatte ich alles dies dringend nötig. Als ich in Stuttgart die Kutsche bestieg, die mich nach Göppingen bringen sollte, überreichte mir D'Argens mit tiefer Verbeugung zum Abschied ein gefaltetes Kuvert mit der Bitte, es erst nach meiner Ankunft zu öffnen und den Inhalt zu lesen. Ich reiste mit nur wenigen Begleitern. Und bald, nachdem ich Göppingen erreicht, mich bei meinen Gastgeberinnen im Schloss eingerichtet und mich auf meinem Bett niedergelassen hatte, öffnete ich das Kuvert und las:

Das Lob der Einsamkeit

Einsamkeit! Du, der meine im Schlummer begrabene Muse
heute ihr wiederauflebendes Dichterfeuer und ihr Erwachen verdankt,
lass dich herab, sie in diesen einsamen Gegenden,
durch deine heilsamen Bemühungen,
vor einem solchen Schicksal auf ewig zu schützen.

Was für Gegenstände seh' ich meinen Tönen in Menge sich darbieten!
Wiesen voller Schmelz, grüne Hügel, fließend Wasser.
Alles kann reizen.
Aber neuen, von edler Kühnheit erfüllt,
will mein Gesang der glücklichen Spur meines
Herzens, ohne sich zu verirren, folgen,
und seine Stimme bis zu dir, unvergleichliche Prinzessin,
erheben weil Du allein in diesem lieblichen Aufenthalte, Gesetze gibst.

Es ist bekannt, dass der Weihrauch Dir missfällt.
Aber könntest Du mich tadeln, dass ich der gerechten Wahl räuchre,
die Dir Geschmack an der Einsamkeit einflößt?
Einen Geschmack, der zur Tugend reizt,
die selten bei falschem Glanze verweilt.

Eitler Glanz! Der an den Höfen nur zu sehr im Überfluss ist,
als dass der Aufenthalt der großen Welt in
Deinen Augen verführerisch wäre.

Sichtbare Wirkung einer gründlichen Urteilskraft,
die ohne Binde nach Wirklichkeit eilt, das Leere verlässt,
und es schön findet, dass ein Sterblicher,
des stürmischen Lebens müde,
sich ein eben so sanftes als beglücktes Leben in einer Hütte verschafft.

Da, sagst Du, glänzt der Natur großer Regierer,
alles lehrt ihn, das schlechte Gras, wie die Blume.
Da zeiht jedes Ding in seiner einfachen Bauart den Hochmut,
die Schönheit, den Putz menschlichen Irrtums.

Da kann man wahre Vergnügungen in der Unschuld genießen,
da kann man ohne Geräusch und ohn' Aufwand gute Begierden stillen,
nach seinem Belieben reich oder dürftig leben,
und den wohltätigen Einfluss des sanften Zephyrs empfinden.

Dies ist der Zustand, worein die Einsamkeit versetzt.
Man folge seinem Geschmack.
Ohne sich mit Intrigen abzugeben,
spielt man seine Rolle bis ans Ende hinaus.
Ach! Warum muss man doch dereinst daraus weichen?
Denn ihr Lob mit einem Zuge zu entwerfen,
man kann darinnen alles.

Man sieht da nicht das Dein, das Mein, wahre Geißeln der Stadt,
durch seinen bürgerlichen Krieg den Bürger bis zur Dürre aussaugen.
Nicht die Armut in die Klasse der Laster gesetzt,
noch den wohlhabenden Mann der
Ungerechtigkeiten zum Raube gestellt,
und zu Nichte gemacht.

Nach deinem Beispiel also, Prinzessin,
werde ich schließen, dass in deiner Wahl guter
Geschmack, Tugend und Richtigkeit,
alles mit einmal glänzt und dass es nichts gibt,
wie die Einsamkeit,
unsere Seele zur Erlernung der heiligen Gesetze zu sammeln.

Vergönne, dass hier meine Muße außer Odem ihren Lauf endigen darf.
Möchte die höchste Güte Deine schönen Tage bescheinen,
sie von dem Ekel der Stadt befreien
und Dir durch ihren Beistand das Angenehme
und das Nützliche schenken!
Genießt dessen bis ins Alter ohne allen Wechsel,
ohne dass jemals weder Furcht, noch Traurigkeit, dazwischen komme,
und ohne dass endlich Deine Güte verlasse den Autor dieser Verse.

Nun, passendere Worte hätten sich für diesen Anlass wohl kaum finden lassen, und welche Prinzessin kann sich schon rühmen, von ihrem Liebhaber derart besungen worden zu sein … Auch im Weiteren schätzte ich den Marquis d'Argens als treuen Freund und aufmerksamen Liebhaber. Im Oktober 1741 ernannte ich ihn zu meinem Kammerherrn.

Alles eine Frage von Politik

Politik hatte mich nie sonderlich interessiert. Dass schon meine ganze Kindheit und auch mein späteres Leben hauptsächlich von Politik geprägt wurden, habe ich erst sehr viel später begriffen.

Der Aufstieg meiner Familie aus den Tälern der italienischen Südalpen bis in die Hauptstädte der damaligen Welt, das Ansehen, all der Reichtum – alles Ergebnisse von sehr bewusster, kontinuierlicher Politik meiner Vorfahren bis hin zu meinem Großvater und Vater, die das Haus Thurn und Taxis in ganz Europa etablierten.

Das Wirken Carl Alexanders als Militär, als Statthalter Österreichs in Serbien, sein Aufstieg zum Herzog in Württemberg, die Rebellion der Landstände, der hässliche Prozess und der grausame Tod Joseph Süß Oppenheimers am Galgen, all die Auseinandersetzungen und Kriege – auch dies alles nicht einfach nur von Gott gewolltes Schicksal, sondern die Resultate, die Auswüchse von meist sehr unterschiedlichen Interessen und der von Menschen gemachten Politik …

Während der ersten Jahre unserer Ehe, auch später noch, als Carl Alexander sich gegen alle Widerstände durchsetzte und Herzog von Württemberg geworden war, standen andere Dinge im Mittelpunkt meines Lebens: Die vielen Reisen zwischen den Niederlanden, Württemberg, Österreich und Serbien … Die Geburten aller meiner Kinder und der Tod von zweien meiner Söhne … Der Auf- und Ausbau der Stuttgarter Residenz und des Hofes, all die neuen Verpflichtungen und Menschen … Dazu liebte ich Kleider, Schmuck und Juwelen, Musik, Theater, Opern, Jagden und immer wieder Kurzweil und rauschende Feste …

Natürlich nahm ich wahr, welche Herausforderungen, welche Hürden sich Carl Alexander in den Jahren seit 1732 in den Weg stellten. Und natürlich haben wir darüber gesprochen, und ich hatte immer wieder versucht, ihm meine Meinung zu bekunden, wenn ich sah, dass er in meinen Augen falsche Entscheidungen traf. Oder wenn er Menschen, die ihn eigentlich unterstützten, brüskierte, bestrafte, sie aus ihren Ämtern entfernte und fallen ließ …

Doch erst der Staatsstreich und die Entwicklungen nach dem unerwarteten Tod Carl Alexanders nötigten mich zu der Einsicht, dass ich mein weiteres Schicksal selbst in die Hand nehmen und meine eigenen Interessen – und die meiner Kinder – in den Mittelpunkt MEINER ganz gezielten politischen Strategie stellen musste.

Der erste Schritt dazu war der Vergleich zwischen der vormundschaftlichen Regierung, den Landständen und mir gewesen. In den Jahren 1738 und 1739 konzentrierte ich mich darauf, den entscheidenden Einfluss auf die Erziehung meiner vier Kinder, insbesondere auf die des Erbprinzen Carl Eugen, zurückzugewinnen.

Schnell stellte ich dabei fest: Je mehr ich das vordergründige, landespolitische Handeln der vormundschaftlichen Regierung und dem Administrator Herzog Carl Friedrich von Württemberg-Oels überließ, desto mehr Spielraum gestattete man mir bei der Erziehung meiner Kinder.

Oberst von Monleon, Hofmeister meines ältesten Sohnes Carl Eugen, war mir schon lange ein Dorn im Auge. Nicht nur, dass er beim Staatsstreich 1737 zu den Unterstützern der Rebellen in der Armee gehört hatte und als einer der willfährigen Belastungszeugen gegen General von Remchingen aufgetreten war, so hatte er sich nach seiner Berufung zum Hofmeister Carl Eugens durch Carl Rudolph von Württemberg-Neuenstadt auch als intriganter Speichellecker seiner Auftraggeber erwiesen, der jede Gelegenheit nutzte, mich vor seinem Zögling herabzusetzen und ihn gegen mich einzunehmen.

Als ich 1740 aus dem Brüsseler Exil wieder zurückkehren konnte, habe ich Oberst von Monleon kurzerhand entlassen, ebenso den Hofmeister der beiden anderen Prinzen, und durch Oberst Rudolph von Laubsky ersetzt. Laubsky entstammte einem angesehenen böhmischen Adelsgeschlecht, hatte als Kommandeur der Schwadron „Garde du Corps" im Kürassierregiment „Herzogin Maria Augusta" gekämpft und war einer von jenen, die mir auch nach dem Putsch die Treue gehalten hatten. Auch Oberst von Laubsky genoss mein absolutes Vertrauen und ich wusste, dass ich mich auf ihn – so wie auf Werneck – jederzeit verlassen konnte.

Doch die Welt stand nicht still: Am 20.10.1740 verstarb in Wien der Habsburger Kaiser Karl VI. an den Folgen einer Pilzvergiftung. Ein bedauerliches Versehen oder ein gezielter Mordanschlag? Wie es dazu hatte kommen können, wer möglicherweise dahinter steckte, wurde nie geklärt.

Karl VI. hinterließ keine männlichen Nachkommen. Seine Tochter Maria Theresia wurde auf Grund der im Hause Habsburg geltenden Erbregelungen nach dem Tod des Kaisers Erzherzogin von Österreich und Königin von Ungarn und Böhmen. Auch die Kaiserkrone des „Römischen Reiches deutscher Nation" stand ihr zu.

Doch nach einer ganzen Reihe von militärischen Auseinandersetzungen, nach dem erneuten Verlust Serbiens und Belgrads 1739 an die Türken, nach dem Tod des Kaisers und der strittigen Erbfolge, befand sich Österreich Ende 1740 in einem Zustand der militärischen Wehrlosigkeit und der politischen Erpressbarkeit. Sofort traten die unterschiedlichsten Anwärter auf, die meinten, selbst

Anspruch auf die habsburgischen Erblande und die Führung im Reich erheben zu können.

Eine prekäre Situation und eine Gelegenheit, die ausgerechnet der preußische Schöngeist Friedrich II. nicht ungenutzt verstreichen ließ, um sich mit Schlesien ein dickes Stück aus dem österreichischen Kuchen einzuverleiben.

Bereits im Dezember 1740 fiel er mit 21.000 Mann in Schlesien ein, *„zum Rendezvous des Ruhms"*, wie er später seinen Landraub heroisierend apostrophierte.

Sein Einfall in Schlesien markierte den Beginn des Österreichischen Erbfolgekriegs, in dem Bayern, Spanien, Preußen, Sachsen, Frankreich, Schweden, Neapel, die Kurpfalz und Kurköln vereint die Welt in Brand setzten und nach der österreichischen Krone griffen.

Das Arrangement mit Preußen

Das Jahr 1741 stand ganz im Zeichen der kriegerischen Auseinandersetzungen im Österreichischen Erbfolgekrieg. Die schwäbischen Lande wurden zum Durchmarschgebiet der französischen Armee, allenthalben tauchten preußische Offiziere auf, um für ihre Truppen junge Württemberger anzuwerben.

Unsichere Zeiten, die mich dazu veranlassten – auch auf den dringenden Wunsch des Geheimen Rats und des Herzog-Administrators hin – meine drei Prinzen auf der Festung Hohentwiel in Sicherheit zu bringen. Der Kommandant der Festung, Christian Ludwig von Schlewitz, genauso wie der Hofmeister der Prinzen, Oberst Rudolf von Laubsky, und Freiherr von Lupp, später General der Kavallerie, Kommandant sämtlicher Truppen und Festungen, sollten ein besonderes Auge auf sie haben und erhielten Anweisung, sie vor fremdem Zugriff zu schützen. Zu groß war die Gefahr, dass sie von einer der Kriegsparteien als Geiseln genommen werden konnten. Eine Herausforderung für meine drei Söhne, die in der fremden Umgebung unter der Trennung, der Isolation, der Kälte und Unbequemlichkeit in den Kasematten der Festung litten. Ihr

Kontakt auf dem Hohentwiel beschränkte sich auf ihren kleinen Hofstaat, die Wachmannschaften und einige wenige Kinder aus der Nachbarschaft. Oberst von Laubsky fürchtete bald um die Gesundheit der Prinzen und riet dringend, sie an einen anderen, für sie angenehmeren Ort zu bringen.

Doch erst Ende September 1741 konnten wir die Prinzen nach Hohenurach – näher heran an Stuttgart – schicken und auf der Landesfestung erneut in Sicherheit bringen. Erbprinz Carl Eugen beschwerte sich trotzdem in seinen Briefen an mich bitter über die Eintönigkeit des Lebens in der Garnison und darüber, dass sie nur von lauter Fremden umgeben seien und sich nichts sehnlicher wünschten, als wieder nach Stuttgart heimkehren zu können.

Schon nach meinem erzwungenen Exil in Brüssel hatte es zwischen den einzelnen Interessengruppen in der Landschaft und in der vormundschaftlichen Regierung eingehende Erörterungen gegeben, ob, wie und in welcher Weise sich Württemberg enger an Preußen anschließen sollte. Zwar lagen in dieser Frage die Sympathien der Mehrheit auf der Seite Preußens, jedoch fürchtete man die Reaktionen Frankreichs und Österreichs.

Doch drängte König Friedrich II. immer mehr darauf, Württemberg in seine Allianz gegen Österreich zu ziehen. Gleichzeitig griff er einen Vorschlag auf, den schon sein Vater, König Friedrich Wilhelm I., kurz nach dem Tod Carl Alexanders unterbreitet hatte: Man möge doch den Erbprinzen Carl Eugen zur weiteren Erziehung an einen protestantischen Hof geben, um ihn dem katholischen Einfluss zu entziehen.

Im Herbst dann überstürzten sich die Ereignisse: Die mit Preußen alliierten Bayern waren weit auf österreichisches Gebiet vorgestoßen, und am 5. September 1741 zog der Kurfürst von Bayern in Linz ein und ließ sich schon als künftiger Erzherzog von Österreich feiern. In geheimen Verhandlungen zwischen Preußen und dem Schwäbischen Reichskreis mit Württemberg an der Spitze wurde am 9. Oktober 1741 in Ulm ein Neutralitätsvertrag mit Preußen, Kurbayern und Frankreich geschlossen.

Vor allem Georg Bernhard Bilfinger, Mitglied im Geheimen Rat, setzte sich für eine nur vorsichtige Annäherung an Preußen ein. Ich stimmte dieser Ansicht zu, nicht zuletzt, um Württemberg einen aktiven militärischen Einsatz während des österreichischen Erbfolgekriegs zu ersparen. Um König Friedrich II. gegenüber jedoch ein deutliches Zeichen zu setzen, beschloss ich, zum einen mein ehemaliges Kürassier-, jetzt Dragonerregiment „Herzogin Maria Augusta“ an Preußen zu übereignen, zum anderen hielten wir es für einen klugen Schachzug, so wie dies der preußische König vorgeschlagen hatte, Erbprinz Carl Eugen und seine beiden Brüder zur weiteren Erziehung nach Berlin zu schicken. Wir sahen darin nicht nur ein Entgegenkommen dem preußischen König gegenüber, sondern auch einen wichtigen Schritt in der weiteren, fundierten Ausbildung der drei Prinzen, denn Bilfinger unterhielt ausgezeichnete Beziehungen zur Preußischen Akademie der Wissenschaften, speziell zu dem Mathematiker Leonhard Euler.

Mit beiden Ansinnen wandte ich mich an den König in Berlin, der darauf mit Freude und großem Entgegenkommen reagierte. Was die Übergabe meiner Dragoner anlangt, erhielt ich postwendend Nachricht. Aus seinem Feldlager bei Neisse erreichte mich der folgende Brief:

im Camp de la Neis an diesem 17. Sept. 1741

Madame.

Ich bin Ihrer Hoheit unendlich dankbar für die erneute Freude, die sie mir machen, indem sie mir ihr Dragonerregiment übergeben. Ich habe alle vorgeschlagenen Bedingungen erfüllt und werde mich stets bemühen, Sie über alles zu informieren, was Ihnen angenehm sein könnte.

Sie sind zu liebenswürdig, Madame, dass Sie mir so höflich Ihre Hilfe in meinen Angelegenheiten, die Württemberg betreffen, anbieten. Ich weiß es zu schätzen, Verpflichtungen gegenüber einer Prinzessin zu haben, die man bewundert und die man schätzt, auch wenn sie privat sind.

Ich wünsche Ihnen, dass Sie von allen Gefühlen der Wertschätzung und der Leidenschaft, mit der ich Ihnen verbunden bin, überzeugt sind.

Madame, Hoheit,
Ihr sehr treuer Freund
Frederic

Die Absicht, meine drei Söhne zur weiteren Erziehung in das protestantische Preußen zu schicken, löste unterschiedliche Reaktionen aus. Im evangelischen Württemberg fand mein Vorhaben naturgemäß großen Beifall. Im katholischen Lager dagegen regte sich heftiger Protest. Allen voran natürlich meine Mutter, die schon das Seelenheil ihrer drei Enkel in Gefahr sah und deren ewige Verdammnis fürchtete. Der Kritik schloss sich auch der päpstliche Nuntius in Frankfurt an, Kardinal Georgio Doria, Freund und Vertrauter von Fürstbischof Friedrich Karl Graf Schönborn, der mich darüber informierte, dass selbst der Papst sein Befremden darüber geäußert habe, dass man die Prinzen an einen Hof gebe, der nicht katholisch sei. Meiner Mutter wie auch dem päpstlichen Nuntius gab ich zu verstehen, dass durch den Aufenthalt meiner Söhne in Berlin noch lange nicht die katholische Religion auf dem Spiel stehe.

An König Friedrich richtete ich daraufhin trotzdem die Bitte, mir ausdrücklich zu versichern, dass er während des Aufenthalts meiner Söhne in Berlin keine Anstalten treffen werde, diese ihrem katholischen Glauben zu entfremden. Der König reagierte postwendend, indem er mir seine entsprechenden Zusicherungen über seinen Oberst Kalnein vermittelte:

An den Oberst von Kalnein in Stuttgart.
Man sendet ihm die Antwort des Königs
auf den Brief der Herzogin-Witwe
von Württemberg.

Ich sende Ihnen unter fliegendem Siegel die beigefügte Antwort auf den Brief der Herzogin-Witwe von Württemberg, die Sie ihr überreichen, indem Sie sie mit den entsprechenden Komplimenten meinerseits und den stärksten Versicherungen meiner Freundschaft und meiner unveränderlichen Wertschätzung für diese Prinzessin versehen; Sie können ihr auch die Freude zeigen, mit der ich sie, den Sohn des Herzogs und die Prinzen, seine Brüder, erwarte und die Aufmerksamkeiten, die ich für alles, was ihnen hier Freude bereiten kann, aufbringen werde.

Ich werde nicht weniger für ihre Interessen tun, die mir immer so lieb sein werden wie meine eigenen.

Der Artikel der Religionsfreiheit versteht sich von selbst, und ich beziehe mich auf den Inhalt meines Briefes, dem Sie aus dem Munde hinzufügen können, dass ich sowohl beim päpstlichen Nuntius in Frankfurt als auch in Regensburg und sogar am Hof in Rom solche Vorsichtsmaßnahmen getroffen habe, dass ich mir wünsche, dass die Herzogin nicht mehr durch unbegründete Vorwürfe über diesen Artikel ermüdet wird.
Berlin, 5. Dezember, 1741
Frederic

Wenige Tage bevor Oberst Kalnein mir die Antwort König Friedrichs überreichte und mich über dessen Initiativen beim päpstlichen Nuntius und in Rom unterrichtete, waren meine drei Söhne unter dem Kommando des Kammerherrn Schenck von Geyern zusammen mit ihrem Hofmeister Oberst von Laubsky, den Kammerjunkern von Uexküll und von Schaumburg und einem weiteren Hofstaat von rund 40 Personen in einer ganzen Reihe von Kaleschen und Gepäckwagen bereits nach Berlin aufgebrochen. Begleitet wurden sie außerdem von Geheimrat Johann Eberhard Georgii, der während des Aufenthalts der Prinzen in Berlin dorthin als Sondergesandter Württembergs beordert worden war. Georgii war bei Carl Alexander in Ungnade entlassen worden, weil er Oppenheimers Münztransaktionen kritisiert hatte, nach dem Tod des Herzogs aber – wie so viele andere – rehabilitiert und in seine alten Funktionen wieder eingesetzt worden.

Dem Aufbruch der Prinzen vorangegangen waren einige heftige Auseinandersetzungen mit einigen Mitgliedern der Vormundschaftlichen Regierung, die plötzlich kalte Füße bekommen hatten und für Württemberg negative Reaktionen in erster Linie von Seiten Frankreichs fürchteten. Ihren Vorschlag, die drei Prinzen nicht unmittelbar nach Berlin reisen zu lassen, sondern den weiten Weg über Den Haag und Kopenhagen zu wählen, um von dort wie zufällig nach Berlin zu gelangen, lehnte ich entschieden ab. Meine Söhne hatten unter den denkbar schlechtesten Umständen von August bis in den November hinein auf dem Hohentwiel und auf der Festung Hohenurach verbracht, und nun wollte man sie erneut auf eine weite, wohl Monate dauernde Reise schicken. Als sich die Diskussionen darüber in die Länge zogen, setzte ich ein Ultimatum:

Sollte die Reise nach Berlin nicht innerhalb der nächsten fünf Tage angetreten werden, würde ich meine Zustimmung dazu unwiderruflich zurückziehen! Ich hatte mir mit meiner Entscheidung, die Prinzen an einen evangelischen Hof zu geben, schon alle katholischen Mächte rundum zu Feinden gemacht, nun wollte ich nicht auch noch den König von Preußen brüskieren! Man fürchtete mittlerweile mein Durchsetzungsvermögen und konsequentes Handeln und fügte sich.

Ich selbst konnte meine Söhne auf der Reise nur bis nach Erlangen in die dortige Residenz der Markgrafen von Brandenburg-Bayreuth begleiten. Während die Gesellschaft nach Bayreuth weiterreiste, kehrte ich vorerst nach Stuttgart zurück.

In Bayreuth wurden die drei Prinzen samt ihrem Hofstaat herzlich aufgenommen. König Friedrich hatte wohl seine Schwester und seinen Schwager entsprechend instruiert. Beim Begrüßungs-Bankett und dem abendlichen Ball kamen sich Erbprinz Carl Eugen und die damals neunjährige Prinzessin Elisabeth Friederike näher. Sie war die einzige Tochter des Markgrafen Friedrich von Brandenburg-Bayreuth und seiner Gattin Wilhelmine und wohl damals schon ein sehr schönes und bezauberndes Kind.

Oberst von Laubsky berichtete mir später, die beiden hätten zusammen im Garten gespielt, gelacht und gekichert, und die Hofgesellschaft habe sich über die kleinen Galanterien des Erbprinzen bei dieser Gelegenheit köstlich amüsiert.

Am 16. Dezember 1741 erreichte die Reisegesellschaft Berlin und nahm vorerst Quartier im Fürstenhaus, dem königlichen Gästehaus in der Nähe des Schlosses mitten in Berlin.

Weihnachten und Neujahr feierte man bei Hofe und in der zweiten Woche im Januar stellten die Grafen Schwerin für die jährliche Miete von 1.700 Gulden ihr Palais an der Wilhelmstraße in der westlich gelegenen Friedrichsstadt als künftiges, repräsentatives Domizil meiner drei Prinzen zur Verfügung. Die drei um einen Ehrenhof gruppierten Flügel des Palais boten ausreichend Raum für alle Mitglieder der Reisegesellschaft, für Gäste und eine angemessene Hofhaltung. An der Westseite des Palais schloss ein über 10.000 Quadratmeter großer, üppig begrünter Garten an, der in den Berliner Tiergarten mündete.

Die Ankunft in Berlin

Nachdem ich meine Angelegenheiten in Stuttgart soweit geregelt hatte, wolle ich so bald als möglich meinen Söhnen nach Berlin folgen. Im Januar 1742 schickte ich den Marquis d'Argens voraus, meine Ankunft dort vorzubereiten und bei König Friedrich II. anzukündigen. Der König befand sich, wie schon erwähnt, zu dieser Zeit auf seinem Feldzug in Schlesien und ließ d'Argens in einem Brief wissen, wie sehr er es bedauere, mich nicht persönlich in seiner Hauptstadt empfangen zu können:

Olmütz, 31. Januar 1742.

Sehr geehrter Herr,
Ich bin sehr betrübt, dass meine Abwesenheit von Berlin mich der Befriedigung beraubt hat, aus Ihren Händen den Brief zu erhalten, den Ihnen die Frau Herzogin von Württemberg für mich anvertrauen wollte, und ich bin wirklich enttäuscht, dass ich gleichzeitig die Gelegenheit verliere, Ihre Hoheit während ihres Aufenthalts in Berlin, wohin sie, wie man mir mitteilt, kommen wird, selbst den Hof zu machen. Nur die Hoffnung, sie dort im kommenden Herbst wiederzusehen, tröstet mich darüber hinweg. Dies versichere ich mit besonderer Hochachtung …

Statt des Königs hieß mich dessen Oberhofmarschall Graf Gustav Adolf von Gotter in Berlin willkommen. Der König hatte diesen – zusammen mit dem Staatsminister Samuel von Marschall – beauftragt, sich während des Aufenthalts meiner Söhne in Berlin um deren Erziehung und alle weiteren Belange zu kümmern.

Ausgerechnet Gotter! Dieser Parvenü, dieser suspekte Emporkömmling! Erst Freiherr, dann Graf und jetzt Oberhofmarschall, Geheimer Staats- und Kriegsrat! Gotter hatte ich schon 1726 und in den Jahren danach am Wiener Hof kennengelernt. Schon damals, im Alter von 34 Jahren eine beeindruckend schöne Erscheinung, groß gewachsen, mit sonorer Stimme und einer unübersehbaren Präsenz, war auch er einer der Lieblinge der Wiener Damenwelt gewesen. Erst 1724 in den Adelstand erhoben, offiziell akkreditiert als außerordentlicher Gesandter des Herzogtums Gotha, seit 1727 Träger des

Alexander-Newsky-Ordens des russischen Zaren, ging er beim Kaiser ein und aus, war gerne gesehener Gast beim päpstlichen Nuntius Passionei und mehr noch bei Prinz Eugen von Savoyen.

Viel später ging die Mähr, Gotter habe das Schiff zweier Nichten des großen Feldherrn, das in den Donaustrudeln unterzugehen drohte, durch sein beherztes Eingreifen gerettet. Die beiden Prinzessinnen aus dem Haus Savoyen-Carignan hätten ihren Retter, ihren „Engel", aus tiefer Dankbarkeit in die Wiener Gesellschaft eingeführt. Doch als diese Geschichte die Runde machte, war Prinz Eugen bereits nicht mehr unter den Lebenden, seine Nichte Anna Victoria hatte Wien längst den Rücken gekehrt. Kurz, ob diese Geschichte sich tatsächlich so zugetragen hatte oder ob Gotter sie selbst in die Welt gesetzt hatte, konnte im Nachhinein niemand mehr mit Bestimmtheit sagen. Genau so wenig war bekannt, mit welch dubiosen Geschäften er in diesen ersten Wiener Jahren seine prächtige Wohnung, seine pompöse Kutsche, seine Rassepferde und seine zahlreiche Dienerschaft finanzierte. Bekannt war nur, dass er unter der Hand einen wohl florierenden Weinhandel betrieb.

Belegt hingegen ist, dass Gotter in jener bewegten Zeit mit all ihren kriegerischen Auseinandersetzungen und epochalen Entscheidungen keine einzige diplomatischen Mission erfüllte, an keiner einzigen Konferenz teilnahm, keine einzige politische Verhandlung führte, seine Unterschrift kein einziges Dokument von Bedeutung zierte … Freiherr von Gotter führte einzig in den Boudoirs von Wien das leichte, luxuriöse Leben eines gefeierten Don Juan.

Doch 1728 – im Jahr meiner Heirat mit Prinz Carl Alexander von Württemberg-Winnental – holte König Friedrich Wilhelm I. den illustren Freiherrn nach Berlin, um dessen vielfältige Verbindungen in Wien für seine Zwecke zu nutzen. Und selbst Carl Alexander hatte sich von dem Blender täuschen lassen und ihm 1733 die Erlaubnis erteilt, ihn als Gesandter Württembergs in seinen Angelegenheiten am Wiener Hof vertreten zu dürfen.

Im Jahr 1741 schickte Friedrich II. Gotter in diplomatischer Mission erneut nach Wien, um bei der österreichischen Thronfolgerin Maria Theresia die Ansprüche Preußens auf die Fürstentümer Jägerndorf, Liegnitz, Brieg und Wohlau geltend zu machen. Ohne jeglichen Erfolg, worauf Friedrich dann in Schlesien einmarschierte.

Nun also traf ich Gotter, mittlerweile in den Reichsgrafenstand erhoben und vermögend geworden, erneut. Inzwischen 50 Jahre alt geworden, sichtlich gezeichnet von seinem bisherigen ausschweifenden Leben, doch hinterhältig liebenswürdig und zuvorkommend wie eh und je.

Der bayerische Kaiser betritt die Bühne

Am 24. Januar 1742 wurde der bayerische Kurfürst Karl Albrecht vom Reichstag einstimmig zum neuen Kaiser gewählt. Welch ein Fiasko! In diesen Tagen hatten die österreichischen Truppen längst Linz zurückerobert, hatten Passau eingenommen und waren auf dem Vormarsch nach München! Der neue deutsche Kaiser, Karl Albrecht, Kurfürst und Herzog von Bayern, befand sich auf der Flucht! In einer klapprigen Kutsche und inkognito hatte er sich von München aus in Richtung Frankfurt auf den Weg gemacht. In Mannheim machte er kurz Station, um dort der Doppelhochzeit von Kurfürst Karl Philipps Enkelin Elisabeth Auguste mit Karl Theodor von Pfalz-Sulzbach und ihrer Schwester Maria Anna mit Herzog Klemens von Bayern beizuwohnen, ehe er nach Frankfurt weiterreiste, wo – nach mehrmaligen Verschiebungen des Termins – am 12. Februar 1742 die feierliche Krönung zum Deutschen Kaiser stattfinden sollte. Mein Bruder Alexander Ferdinand von Thurn und Taxis, Prinzipalkommissar des Kaisers beim Immerwährenden Reichstag, der nun ebenfalls von Regensburg nach Frankfurt verlegt wurde, berichtete mir später über die pompösen Feierlichkeiten. Ich selbst hatte leider keine Gelegenheit dazu, dem epochalen Ereignis beizuwohnen, denn schon Ende Januar hatte ich mich auf den Weg gemacht, um meinen Söhnen nach Berlin zu folgen. Wie diese reiste ich über Ansbach, Nürnberg und Erlangen erst nach Bayreuth, um dort den Markgraf und vor allem seine Gattin Wilhelmine, Lieblingsschwester des preußischen Königs, kennenzulernen.

Bis dahin kannte ich Wilhelmine nur vom Hörensagen als stolze, sehr von sich eingenommene Frau, eben die älteste Tochter eines bedeutenden Königs, prädestiniert, selbst dereinst zu den gekrönten Häuptern Europas zu zählen – und doch von einem grausamen Schicksal dazu verurteilt, an der Seite eines unbedeutenden Markgrafen in der fränkischen Provinz zu versauern.

Obwohl Wilhelmine, jetzt Anfang 1742, erst knapp 33 Jahre alt war, bot sich mir das Bild einer fülligen, wenig modisch gekleideten Matrone mit rundem Gesicht, einer etwas zu groß geratenen Nase und weiß gepudertem Haar. Dass sie darauf bestand, mit „Königliche Hoheit" angeredet zu werden, offenbarte nur ihren übergroßen Dünkel und ihren Stolz auf ihre königliche Abstammung. Dazu kamen ihr kalter, abschätziger Blick und ihre wenig einfühlsamen Bemerkungen bei Tisch, die mir schnell zeigten, wie wenig Vergnügen ihr mein Besuch wohl bereitete. Ganz augenscheinlich hatte sie all die Verleumdungen und Herabsetzungen, die in der evangelischen Welt über mich kursierten, für bare Münze genommen und verinnerlicht. Ich weiß, dass sie in mir nur eine übel beleumundete, Männer betörende, vorlaute, hochmütige Frau sah. Nun, ihre Geringschätzung und Abneigung, die sie mich fühlen ließ, beruhten durchaus auf Gegenseitigkeit!

Am 1. Februar 1742 traf ich mit meinem Gefolge in Berlin ein und bezog im Palais Schwerin im Obergeschoss ein zur Gartenseite hin gelegenes Apartment – rechtzeitig genug, um am 11. Februar den 15. Geburtstag Prinz Carl Eugens mitfeiern zu können.

Obschon zu dieser Zeit nicht selbst in Berlin anwesend, hatte König Friedrich II. es nicht versäumt, an den Geburtstag meines ältesten Sohnes zu denken und seinen Minister Gustav Adolf Graf von Gotter angewiesen, eine Geburtstagsfestivität für ihn zu arrangieren: in den Gemächern des Königspaares im Berliner Schloss sollten zu Ehren des württembergischen Erbprinzen ein Konzert, ein Souper und ein Ball gegeben werden …

Doch nicht nur diese Anweisung hatte Graf Gotter unmittelbar vor meinem Eintreffen von seinem König erhalten. Dieser zeigte sich überrascht davon, dass ich schon jetzt nach Berlin gereist war – und nicht erst im Herbst, wie er erwartet hatte: Friedrich äußerte sein Bedauern, bei meiner Ankunft in Berlin nicht selbst anwesend sein zu können und hatte den Grafen gebeten, ihn bei mir zu entschuldigen und mir den Aufenthalt in Berlin so angenehm wie möglich machen. Nicht ohne tieferen Grund, wie ich erfuhr: Graf

Gotter sollte alle seine diplomatischen Fähigkeiten dafür einsetzen, dass bei den Sondierungen einer möglichen späteren Heirat des Erbprinzen die Wahl auf die Nichte des Königs, die kleine Prinzessin Elisabeth Friederike Sophie in Bayreuth fiel. Außerdem sollte er dafür sorgen, dass *„uns die Herzogin von keinem andern Hofe escamotiret werde."* Eine dritte Aufforderung an Graf Gotter lautete, gelegentlich nachzufragen, ob nicht ein weiteres Regiment aus Württemberg an Preußen übereignet oder zu diesem Zweck neu rekrutiert werden könne.

Solch berechnendes Kalkül des preußischen König überraschte mich nicht sonderlich: der Marquis de Montolieu hatte mich ja eindringlichst gewarnt vor ihm. Und auch den wohl aus der Feder Voltaires stammenden Grundsatz: *„Vertraue nur jenen, denen Du misstraust ...* " hatte ich mir längst schon zu eigen gemacht.

Schon wenige Tage nach der Ankunft in Berlin stattete ich der Königin-Mutter Sophie Dorothea von Hannover und der Königin von Preußen, Elisabeth Christine von Braunschweig-Wolfenbüttel-Bevern zusammen mit meinen drei Prinzen den offiziellen Antrittsbesuch im Elisabethsaal des Stadtschlosses ab. Die Königin-Mutter dominierte diesen Empfang: Eine breite Matrone mit deutlichen Pockennarben im Gesicht, die selbst eine dicke Schicht Puder nicht vollständig verbergen konnten. Es hieß, sie habe schon in jungen Jahren so sehr an Körperfülle zugelegt, dass die Armlehnen ihrer Stühle verbreitert werden mussten, damit sie dort Platz nehmen konnte. Die Königin-Mutter zeigte sich sehr interessiert und wohlwollend mir und meinen Prinzen gegenüber. Doch wusste ich um ihren grenzenlosen Stolz und ihren Hochmut und ihr argwöhnisches und rachsüchtiges Gemüt. Nun, ich würde sie zu nehmen wissen ...

Schon im Vorzimmer der Königin war es bei dieser Gelegenheit zu einer sehr unschönen Szene mit der Markgräfin Johanna Charlotte von Brandenburg-Schwedt gekommen, die partout den Vortritt bei der Königin haben wollte. Prinzessin Anna Amalie, die 19jährige Schwester des Königs, hatte die Situation gerettet, in dem sie meinen Arm unterhakte und mich an der Markgräfin vorbei in die Suite der Königin führte.

So lernte ich Anna Amalie kennen, von allen nur liebevoll Amélie genannt. Ein angenehmes, zuvorkommendes, doch resolutes

Mädchen, intelligent und dazu noch musikalisch hochbegabt. Bei der abendlichen Tafel führten wir angeregte Gespräche über ihre Passion. Beim Hoforganisten Gottlieb Hayne hatte sie eine ganze Reihe von Instrumenten gelernt, darunter Geige, Orgel, Cembalo und Klavier. Sie sammelte jetzt schon Noten und Manuskripte und träumte davon, selbst eine große Komponistin zu werden. Eine Prinzessin wie sie hätte ich mir gerne als Schwiegertochter gewünscht. Allerdings war sie nahezu sechs Jahre älter als Carl Eugen, kam also letztlich als künftige Gemahlin des württembergischen Erbprinzen nicht in Frage.

Abseits von jeder Politik genoss ich die Tage in Berlin. Welch ein Unterschied zu unserem verschlafenen Stuttgart! Kaum ein Tag, an dem nicht einer Einladung zu folgen, ein Fest zu feiern, eine Oper, ein Theater zu besuchen war. Die brandenburgischen und märkischen Adeligen hatten in der Stadt und in den Vorstädten ihre Palais und Villen errichtet, in denen sie Bälle und Konzerte gaben. Ein abwechslungsreiches, erfülltes Leben, ganz nach meinem Geschmack.

Am 15. Februar hatte die Königin-Mutter in ihren Räumen im Stadtschloss zu einem Maskenball geladen, bei dem an zwei Tafeln ausgiebig gespeist wurde. Am Tag darauf traf man sich im festlich illuminierten Palais des Markgrafen Karl von Brandenburg-Schwedt zum Ball. Hier begegnete ich Henriette-Marie wieder, der Witwe des so früh verstorbenen Kronprinzen Friedrich Wilhelm von Württemberg. Zu Henriette-Marie empfand ich seit unserer gemeinsamen Zeit im Stuttgarter Schloss große Zuneigung, die sicher auch daher rührte, dass wir beide mit der lutherischen Landeskirche Württembergs unsere Probleme und Auseinandersetzungen hatten – ich als Katholikin, sie als Reformierte. Henriette-Marie hatte mir bei der Geburt meiner kleinen Prinzessin zur Seite gestanden, war dann auf ihren Witwensitz nach Göppingen und später zurück nach Berlin gezogen, wo ihr Bruder Markgraf Friedrich Wilhelm von Brandenburg-Schwedt 1734 die Prinzessin Sophie von Preußen, eine Schwester König Friedrichs geheiratet hatte.

Zwei Tage später trafen wir uns erneut bei einem Abendempfang, den Hofmarschall von Wülcknitz für die Königin-Mutter, für mich und viele andere Gäste von Rang und Namen aus der preußischen

Hauptstadt gab. Und natürlich fand sich Henriette-Marie auch unter den Gästen des großen Soupées, zu dem ich am 6. März zu Ehren ihres Cousins, des Prinzen und Markgrafen Karl von Brandenburg-Schwedt ins Palais Schwerin geladen hatte. Der Markgraf war einer der gefeierten Heerführer König Friedrichs II., und ich hatte ihn einige Tage zuvor kennengelernt, als wir gemeinsam bei der Königin-Mutter zu Abend speisten.

Am 27. März feierten wir den 56. Geburtstag der Königin-Mutter Sophie Dorothea von Preußen. Auch zu dieser Gratulationscour erschien ich zusammen mit meinen drei Prinzen. Wir amüsierten uns anschließend im Schlosstheater bei der französischen Komödie *„Les Dehors Trompeurs ou l'Homme du jour“* von Luis de Boissy.

Die Berliner Tafelrunde

Es mag noch im Februar, vielleicht auch schon im März gewesen sein, da besuchte ich in Gesellschaft eines der Berliner Theater, in dem eine Komödie gegeben wurde. In einer der Pausen fiel mir ein schlanker, gepflegter, überaus gut gekleideter junger Mann auf, der sich sehr geistreich mit anderen über Themen der Literatur unterhielt. Er wurde mir als Jakob Friedrich Bielfeld vorgestellt, ein Freigeist und Freimaurer aus dem Umfeld des Königs. Gerne wollte ich diesen jungen Mann näher kennenlernen und lud ihn ein, mir seine Aufwartung zu machen.

Ein paar Tage später, in der Mittagszeit, folgte er meiner Einladung in das Palais Schwerin. Wie üblich, empfing ich ihn, noch im Bett liegend, in meinem Schlafzimmer.

Es entspann sich eine angeregte Unterhaltung, an deren Ende ich Monsieur Bielfeld einlud, doch noch zum Essen zu bleiben. Ich bemerkte sehr wohl, dass die Umstände dieser Audienz und mein Erscheinen starken Eindruck auf den jungen Mann machten. Doch die Unterhaltung mit ihm, seine geistreichen Repliken voller Kenntnis und Witz, veranlassten mich, ihn am Ende zu weiteren Besuchen zu animieren. Es entstand eine echte, vertrauensvolle Freundschaft, die ich nicht missen möchte.

Dass Bielfeld seinen König und Freund über dieses Treffen und seine Bekanntschaft mit mir in einem ausführlichen Brief informierte, habe ich von ihm erst später erfahren, als unsere Beziehung gefestigt war und er mich im Vertrauen über die Äußerungen, Pläne und Ziele des Königs unterrichtete, wenn dies mich oder meine drei Söhne betraf:

Wenige Tage nach meiner Rückkehr ging ich aus, die deutsche Comödie mir anzusehen. Dies war der einzige Zeitvertreib, den man damals noch in Berlin hatte. Als ich in den Saal trat, wurde ich sogleich der verwitweten Frau Herzogin von Würtemberg gewahr, welche, wie Sie wissen, eine geborene Prinzessin von Thurn und Taxis ist.

Sie war während meiner Abwesenheit mit einem zahlreichen und prächtigen Gefolge nach Berlin gekommen, sowohl um dem Könige und den Königinnen ihren Besuch abzustatten, und sich mit unserem Hofe aufs genaueste zu verbinden, als auch ihre drey jungen Prinzen zu sehen, welche mit Einwilligung der würtembergischen Landstände hier erzogen werden.

Da ich mich dieser Prinzessin noch nicht hatte können vorstellen lassen, so glaubte ich, es wäre wider den Respekt, wenn ich mich ihr allzu sehr näherte, und ging also hinauf auf das Theater. Allein, sie wurde mich zwischen den Scenen gewahr, und als sie sich nach meinem Namen erkundigt hatte, ließ sie mir anbefehlen, ihr sogleich aufzuwarten.

Ich gehorchte, und sie nahm meine Ehrerbietung sehr wohl auf und empfing mich überaus gnädig.

Den andern Tag verzog ich nicht länger, ihr meinen schuldigen Respekt in ihrem Palaste zu bezeigen. Der Obersthofmeister Ihro Durchlaucht hatte mir die Mittagsstunde zu dieser Audienz bestimmt. Man führte mich hinein, aber wie groß war meine Verwunderung, als ich diese Prinzessin auf einem Bette, in dem prächtigsten und artigsten Nachtkleide, wie es nur die Kunst erdenken kann, liegen fand. Zu dem Haupte des Bettes bemerkte ich sogleich ein kleines goldenes Gefäß, das mit Weihwasser gefüllt war. Übigens war das Zimmer mit kostbaren Reliquien, mit einem Crucifix und mit einem Rosenkranz von feinstem Crystall ausgeschmückt.

Das Kleid der Herzogin, die Kopfkissen, das Deckbett, alles war von Marseille, mit den kostbarsten Spitzen besetzt. Sie hatte eine Nachthaube von Spitzen auf, welche mit einem grünen und goldnen Bande geknüpft war.

Stellen Sie sich einmal in diesem galanten Nachtkleide eine unvergleichliche Prinzessin vor, welche allen möglichen Witz besitzt, alle mögliche Kenntnis der großen Welt hat, und welche noch mehr als die Hälfte ihrer sonst vollkommnen Schönheit beybehalten hat, und Sie werden es alsdann nicht als so eine außerordentliche Sache ansehen, wenn ein dergleichen Anblick in der Einbildungskraft eines Menschen von 26 Jahren die angenehmsten Vorstellungen hervorgebracht hat.

Es ist eine herrliche Sache um den Respekt, welchen man für eine regierende Fürstin haben muß! Glücklich ist die Vorsichtigkeit desjenigen, welcher ihn zu beobachten weis! Allein, weit glücklicher ist die verwegne Kühnheit desjenigen, dem man erlaubt, selbigen bey Seite zu setzen! Das Bette war von den drey jungen Prinzen, nebst ihren Hofmeistern, von einigen Ministern und Hofleuten, von zween Hofpredigern, zween Medicis und einem Hoffräulein umringt, welche letztere mit ihrem Stande nicht vollkommen vergnügt zu seyn schien.

Diese erlauchten Personen machten Platz, man ließ mich näher treten, ich hatte die Ehre, die schöne Hand der Herzogin zu küssen, allein, mit einer Verwirrung, wovon selbige die geheime Ursache, wie ich glaube, gemerkt hat.

Nach und nach kam ich von meiner Verwirrung zu mir selbst, die Prinzen gingen hinaus, die Pfaffen und die Medici verschwanden, und die Unterredung wurde lebhaft.

Als solche beynahe eine Stunde gedauert hatte, befahl mir die Herzogin bey ihr zur Tafel zu bleiben, und sie hatte die Gnade hinzuzufügen: Er wird mir es aber vergeben, wenn ich mich im Nachtkleide zur Tafel setze, denn ich ziehe mich nicht an, als nur, wenn ich zur königlichen Frau Mutter zur Abendmahlzeit fahre. Ich wurde von diesem so gnädigen Befehle ganz bezaubert.

Einen Augenblick darauf klingelte die Herzogin ihren Kammerfrauen, jedermann wurde aus dem Zimmer gelassen, und ich blieb mit den Hofcavaliers so lange im Vorgemach, bis sich Ihro Durchlaucht zu uns verfügten. Hierauf gingen wir sogleich in den Speisesaal, das Gespräch bey der Mahlzeit war sehr aufgeweckt. Wir stunden sehr spät von der Tafel auf, wir trunken Caffee, und unterdessen als man die Prinzessin aufsetzte, vertrieb ich mir die Zeit noch ein wenig bey ihrem Nachttische.

Als ich wegging, hatten Ihro Durchlaucht die Gütigkeit, mir zu sagen: Mein Herr, Er kann sich alle Mittage und Abende, wenn er nicht bey Hofe eingeladen ist, an meiner Tafel einfinden. Ich bin so einem angenehmen

Befehle nachgekommen, und da ich mir die Gnade der Frau Herzogin zu Nutze machte, so habe ich mich so sehr an ihren Hof gewöhnt, dass ich, so zu sagen, meine Lebzeit daselbst zubringe.

Ich bemühe mich, ihr alle kleine Gefälligkeiten zu erweisen, welche in meinem Vermögen sind. Ich habe schon manche Misshelligkeit geschlichtet, und verschiedene Aussöhnungen vermittelt, wovor sie mir ihre Erkenntlichkeit bezeugt hat. Ich gebe ihr bey jeder Gelegenheit Merkmale meines tiefen Respekts, und bemühe mich, ihr den Aufenthalt in Berlin auf alle mögliche Art angenehm zu machen.

Unter denjenigen Hofleuten, welche das Gefolge der Prinzessin ausmachen, ist ohne Zweifel der Herr Marquis d'Argens, der Verfasser von den jüdischen, chinesischen und cabalistischen Briefen, von der Philosophie des guten Geschmacks, von den geheimen Nachrichten aus dem Reich der Gelehrsamkeit, und von vielen anderen sehr schätzbaren Schriften, am meisten zu bemerken.

Der Ruhm dieses großen Gelehrten wird vermuthlich bey Ihnen das Verlangen erwecken, ihn näher kennenzulernen, und ich sehe hier wohl, daß Sie mich bitten, Ihnen die ersten Züge seines Portraits zu entwerfen. Ich muß Ihnen dahero, mein Herr, willfahren, und Ihnen sagen, dass er ein eben so liebenswürdiger Mann ist in Gesellschaft, als er angenehm und lehrreich in seinen Schriften ist. Er ist lang, wohlgestalt, und stellet eine vortreffliche Person vor. Er hat das völlige Ansehen eines Mannes von Stande, welcher mit der Erkenntnis der großen Welt eine gewisse Nachlässigkeit im Anzuge verbindet.

In seinem Bette, worinnen er die Hälfte seines Lebens mit Studieren und Schreiben zubringt, hat er ein mehr als deutsches Phlegma, und in Gesellschaft eine mehr als französische Lebhaftigkeit. Stellen Sie sich übrigens das Genie eines Poeten, den Geist eines Philosophen, das Gedächtnis eines Literaten, das Herz eines vollkommen rechtschaffenen Mannes, und den Humor eines liebenswürdigen Schwelgers vor, so werden Sie den Herrn Marquis d'Argens kennen.

Die Frau Herzogin, welche sehr scherzhaft behauptet, ihr Witz rege sich nicht eher, als beym Wachslichte, gibt uns öfters Abendmahlzeiten, die in allem Verstande recht niedlich sind. Jhro Durchlaucht, welche ordentlich zu Bette liegt, lassen eine kleine vertrauliche Gesellschaftstafel vor ihrem Bette aufschlagen. Die Gesellschaft besteht fast alle Tage aus dem Herrn Baron von Montolieu, einem Obersthofmeister, dem Marquis d'Argens, dem Baron von Pöllnitz, dem Herrn Jordan und mir.

Das gute Essen und Trinken ist der Körper dieser vortrefflichen Mahlzeiten, und die Fröhlichkeit die Seele davon. Zum Häupten des Bettes der Frau Herzogin stehen zwo Klingeln, von welchen die eine dem Kellermeister Nachricht gibt, wenn er soll champagner Wein, und die andere, wenn er soll ungarischen Wein bringen. So bald als der erste Gang aufgetragen ist, so treten die Pagen und Bedienten wieder ab, und man läßt sie nicht eher wieder hinein kommen, als wenn sie die Schüsseln wieder abheben sollen.

So bald als man alleine ist, so wird aller Zwang bey Seite gesetzt. Diese kleine geschloßne und vergnügte Gesellschaft glaubt nicht, sich in der Hauptstadt eines Monarchen und an der Tafel einer regierenden Fürstin zu befinden, sondern man bildet sich ein, in einer Republik zu seyn, worin die Freyheit den Vorsitz hat.

Ein jeder sucht seine Zeche mit lustigen Einfällen zu bezahlen. Man lacht, man singt, man scherzt, und wenn man mit etwas allzu scharfen Salze das Gespräch gewürzet hat, so setzt man ein Glas Champagner darauf, welcher die Tugend besitzt, die Schärfe desselben zu mildern. Wir haben uns ein Gesetz gemacht, daß, so bald wir aus dem Zimmer gehen, wir alles vergessen, was an der Tafel der Herzogin gesprochen worden.

Sehen Sie, liebster Freund, auf diese Art bringe ich seit einiger Zeit mein Leben zu, und diese Freude wird nur allzu geschwinde ein Ende nehmen, weil Ihro Durchlaucht Anstalt machen, wieder nach Würtemberg zu gehen. Da Sie gerne in den zukünftigen Schicksalen studieren, und da Sie an dem Glück der Völker so viel Antheil nehmen, so muß ich Ihnen zu Ihrem Troste melden, daß die drei jungen Prinzen von Würtemberg unvergleichliche Prinzen sind, daß man ihnen hier eine vortreffliche Erziehung gibt, und daß sie sehr viel von sich versprechen lassen.

Sie wissen, daß das menschliche Herz immer einer Person für der andern einen kleinen Vorzug gibt. Das meinige hat sich für den Prinz Ludwig erklärt. Ich kenne nichts liebenswürdigeres als diesen Prinzen … “

Wer könnte sich eine schönere Hommage wünschen als diese Zeilen, aus denen so viel Verehrung und Begeisterung eines offenen jungen Mannes für den unkonventionellen Lebensstil einer ansonsten so schmählich gescholtenen Fürstin spricht? Denn bei weitem die Mehrzahl meiner weiblichen Mitschwestern und nicht wenige Herren von Stand verloren jegliche Zurückhaltung und Contenance, wenn sie sich über mich äußern sollten.

Insbesondere meine Intimfeindin bei Hofe, Louise Ulrike, Schwester der liebreizenden Amelié, ließ kein gutes Haar an mir: klein, zierlich und graziös, mit großen blauen Augen und kleinem Schmollmund, wusste sie jedermann für sich einzunehmen. Doch war sie auch wegen ihrer Spottlust und spitzen Zunge gefürchtet. Nach einem Maskenball, zu dem ich im Kostüm einer schwäbischen Bäuerin erschienen war, behauptete sie ihrem Bruder gegenüber, ich hätte darin ausgesehen wie eine *„reiche Jüdin"* – und dies war ganz sicher nicht als Kompliment gedacht.

Dass die kleine Luise Ulrike von Anfang an eifersüchtig war auf das Interesse und die Aufmerksamkeit, die nahezu alle adeligen Herren am Berliner Hofe mir erwiesen, war mir nicht verborgen geblieben.

Dass sie sich aber zu abgrundtiefen Gehässigkeiten verleiten ließ, lag daran, dass sich unter eben diesen Herren, die sich gerne an meiner Seite zeigten, auch der schwedisch Kronprinz Adolf Friedrich von Holstein befand, mit dem Luise Ulrike wohl liebäugelte und hoffte, er werde sie demnächst als Braut nach Hause führen.

Da ich ihre – im übrigen völlig unbegründete – Eifersucht sah und spürte, konnte ich nicht anders, als bei jeder sich bietenden Gelegenheit den Prinzen wie *„meinen Gatten"* vertraut und liebevoll am Arm zu nehmen und mit ihm ganz unverschämt zu kokettieren. Des Prinzen Reaktion darauf schwankte meist zwischen begeistertem Amüsement und schamhafter Betroffenheit. Luise Ulrike hingegen schäumte regelmäßig geradezu vor heißer Wut. Rache ist eben mehr als süß!

Dabei hatte die Prinzessin kaum Grund sich dermaßen zu echauffieren: Zwei Jahre später, am 29. August 1744, nahm der Kronprinz sie zur Frau, und sie konnte sich am Ende Königin von Schweden nennen, nachdem ihr Gatte dort den Thron bestiegen hatte.

Während sich die Berliner Damenwelt wohl regelmäßig über mich den Mund zerriss, war ich in meiner kleinen Gemeinschaft von Seelenverwandten und Gleichgesinnten zumindest für kurze Zeit unbeschwert und glücklich. Neben Montolieu und d'Argens aus meinem eigenen Umfeld, gehörten dazu regelmäßig Charles Étienne Jordan, ein 42jähriger Hugenotte aus der Daupiné, ehemaliger Pfarrer, Schriftsteller, Bibliothekar, Sekretär und enger

Vertrauter König Friedrichs. Ein Mann von großer Bildung und Belesenheit, den ich bewunderte für seinen Geist, Witz und klaren Verstand. Obwohl es zwischen ihm und d'Argens anfänglich einige Meinungsverschiedenheiten über dessen Publikationen gegeben hatte, entwickelte sich zwischen beiden eine Art Busenfreundschaft, die letztlich den Grundstein dazu legte, dass meine Verbindung zu d'Argens unwiderruflich zu Ende ging …

Ebenso regelmäßig gehörte zur Tafelrunde der famose Carl Ludwig Wilhelm Freiherr von Poellnitz, Spielgefährte und Jugendfreund des verblichenen Königs Friedrich Wilhelm. Er stand im 50. Lebensjahr, ein erfahrener, weitgereister Mann mit einer mehr als bewegten Vergangenheit. Auch er Schriftsteller, der bereits seine Memoiren und eine ganze Reihe von Reiseberichten und unterhaltsamer Geschichten, darunter *„La Saxe Galante"* über das Liebesleben des sächsischen Kurfürsten August der Starke veröffentlicht hatte. Am bemerkenswertesten jedoch fand ich eine Schrift von 1734 mit dem Titel *„Histoire Secrette de la Duchesse d'Hannovre Epouse de Georges Premier Roi de la grande Bretagne"*. Darin beschreibt Poellnitz das Schicksal der Prinzessin Sophie Dorothea von Ahlden, ungeliebte Ehefrau des für seine Mätressenwirtschaft berüchtigten Herzogs Georg Ludwig von Hannover. Sie war die Mutter der Königin-Witwe Sophie-Dorothea von Preußen und Großmutter König Friederichs II. Man hatte der unglücklichen Frau eine Liaison mit dem Oberst der herzoglichen Leibwache, Graf Philipp von Königsmark vorgeworfen. Nachdem die Liebesbeziehung der beiden ans Licht gebracht worden war, wurde der Graf in einer dunklen Nacht ermordet und Sophie Dorothea von ihrem Gatten – getrennt von ihren beiden Kindern – über 30 lange Jahre bis zu ihrem Tod im Jahr 1726 auf Schloss Ahlden in der Lüneburger Heide in Gefangenschaft gehalten.

Diese unschöne Affäre im Hause Hannover schlug in jenen Jahren hohe Wellen und führte zu weitreichenden politischen Verwicklungen. Elisabeth Charlotte, Prinzessin von der Pfalz und Herzogin von Orléans, die mit Hannover in Verbindung stand, hatte seinerzeit zu dieser Affäre und der Stellung der Frauen ganz allgemein angemerkt: *„Weiß diese Herzogin nicht, dass es den Männern keine Schande ist, Mätressen zu haben, aber wohl, Hahnreie zu sein, und Weiber* *sich derowegen nur tausend Unglücke an den Hals ziehen, wenn sie selbst solches unterfangen ...* "

Nun, das galt damals schon so gut wie heute! Das wusste ich nur zu gut aus gar nicht so lange zurückliegender, ganz eigener, leidvoller Erfahrung!

Baron von Poellnitz hatte in seiner Schrift über die Geheimnisse der Prinzessin von Ahlden all die Interna verarbeitet, die er während seiner Zeit am hannoverschen Hofe und später in Frankreich bei der Herzogin von Orléans über die Affäre erfahren hatte.

Ich schätzte den Baron als interessanten, amüsanten Plauderer, der zu unseren Unterhaltungen stets eine abenteuerliche Geschichte oder ein besonderes Beaumont beizusteuern hatte.

Ja, und dann war da noch der ebenso bemerkenswerte Jakob Friedrich Bielfeld, der jüngste in unserer Runde, doch ohne Übertreibung ein geistiges wie politisches Schwergewicht: preußischer Legationsrat, der sich bereits in Hannover und London bewährt hatte, Freimaurer in der gleichen Loge, der auch König Friedrich angehörte, Freigeist und Literat. Er war eng mit Charles Étienne Jordan befreundet. Die beiden tauschten regelmäßig Briefe und gehörten – wie später auch d'Argens – zum engsten Zirkel König Friedrichs.

Dass Bielfeld in mir nicht nur die geschätzte Freundin sah, sondern seit jener ersten Begegnung an meinem Bett auch tiefere Gefühle für mich hegte, wurde mir spätestens dann bewusst, als ich hörte, dass er kurz vorher ganz gezielt in Halle die junge Mademoiselle Dorothea Juliane von Reich und deren Familie aufgesucht hatte, *„um Herz und Verstand dieser Dame ein wenig besser zu ergründen"*.

Und obwohl der *„Charakter der Mademoiselle von Reich vortrefflich"* zu sein schien, ihn ihre Aufrichtigkeit, ihre Tugend, ihre Gefälligkeit, ihr jugendliches Ansehen und ihre angenehmen Gesichtszüge wohl begeisterten, gab Bielfelds Begegnung mit mir *„diesen Gedanken eine andere Wendung"* und unterbrach seine *„Heirats-Absichten auf einige Zeit"*.

Welcher Frau würde es nicht schmeicheln, solches über einen geschätzten Gefährten zu erfahren und zu wissen?

Die arme Mademoiselle von Reich jedenfalls musste einige Zeit warten, bis Jakob Bielfeld sein Liebeswerben wieder aufnahm. Im

Jahr 1748 schließlich hat er sie dann doch noch erwählt und geehelicht. Im gleichen Jahr ernannte König Friedrich den ihm ergebenen Freund zum Geheimen Rat und erhob ihn in den Adelsstand.

Die sechs Württembergischen Sonaten

Viel später, als Carl Eugen mit 16 Jahren vorzeitig die Regierung des Herzogtums Württemberg übernommen hatte und sich seine Defizite an Bildung und Lebenserfahrung unangenehm manifestierten, hat man mir ganz unverblümt vorgeworfen, dass es mit meinem Eintreffen in Berlin im Februar 1742 auch mit dem straffen Erziehungsplan, den Bilfinger für meine Söhne entworfen hatte, ein Ende gefunden habe. Statt konzentriert zu lernen und sich in den notwendigen wie nützlichen Wissenschaften fortzubilden, seien die Prinzen in meinem Gefolge nur noch von einem Vergnügen zum anderen weitergereicht worden: Empfänge, Konzerte, Theater, Bälle, Jagdausflüge …

Natürlich hatte ich während der knappen vier Monate, die ich damals in Berlin verbrachte, auch Wert darauf gelegt, dass mich meine Söhne zu diesen Anlässen begleiteten. Schließlich wollte ich sie in diesen kurzen Wochen so oft als möglich um mich haben. Und sie sollten die Welt nicht nur aus verstaubten Büchern und ihrem öden Studierzimmer heraus kennenlernen, sondern auch all die Schönheiten selbst erleben, die sie zu bieten hat. Dass dabei Bilfingers Stundenplan nicht immer eingehalten werden konnte, war ich bereit zu akzeptieren. Unabhängig davon aber sorgte ich mich während dieser ganzen Zeit durchaus auch sehr intensiv um die weitere, fundierte Ausbildung meiner Söhne. Ich legte größten Wert darauf, dass in jedem Fall der bekannte Mathematiker Euler und der renommierte Jurist und Staatsrechtler Ernst Heinrich Mylius aus Leipzig meine Söhne unterrichteten. Euler wurde auf mein Betreiben hin am 1. März 1742 durch König Friedrich persönlich die Erlaubnis dazu erteilt. Und Mylius übersiedelte auf meine Bitten hin nicht nur von Leipzig nach Berlin, sondern folgte meinen Söhnen 1744 sogar nach Stuttgart.

Ebenfalls meiner Anweisung folgend wurde der vom königlichen Hof empfohlene Tanzmeister Charles du Bois engagiert, um die Prinzen in allen höfischen Tänzen zu unterweisen. Die Klavierstunden des Erbprinzen wurden dem Komponisten und virtuosen Cembalisten Carl Philipp Emanuel Bach anvertraut, einem Sohn Johann Sebastian Bachs, der gerade eben seine „Preußischen Sonaten" veröffentlicht hatte.

Carl Eugen machte auf diesem Instrument dann auch die erstaunlichsten Fortschritte. Lehrer und Schüler verstanden sich dabei so ausgezeichnet, dass Bach zwei Jahre später seine „Sechs Württembergischen Sonaten" dem jungen Herzog Carl Eugen widmete.

Und den Hofmeister meiner Söhne, Oberst von Laubsky, musste ich mehrmals rügen, da er es nach meinen Beobachtungen an Autorität und Bestimmtheit gegenüber seinen Schutzbefohlenen, insbesondere Carl Eugen, fehlen ließ. In einem längeren schriftlichen Memorandum schließlich setzte ich ihm auseinander, welche hohe Erwartungen ich an ihn hegte. Ich bat ihn, besser und intensiver mit dem vormundschaftlichen Geheimen Rat Georgii zu kommunizieren und diesen in allen Angelegenheiten meiner Söhne einzubeziehen.

Mir war auch aufgefallen, dass sich d'Espars, der französische Präzeptor der Prinzen und zuständig für deren Unterrichtung in Sprachen, Philosophie, Geographie und Literatur, oftmals in Angelegenheiten einmische, die nicht die seinen waren. Außerdem musste ich feststellen, dass er weniger präsent war, als dies sein Auftrag als Lehrer erforderte. Ich bat deshalb Laubsky, auf d'Espars ein besonderes Auge zu haben und die Missstände abzustellen. Ungeachtet dessen, sollte d'Espars im weiteren Verlauf des Aufenthalts meiner Söhne in Berlin noch eine recht zweifelhafte Rolle spielen.

So sehr ich Oberst von Laubsky als mir treu ergebenen Gefolgsmann schätzte, so gerne hätte ich während meiner Abwesenheit die Oberaufsicht über die Erziehung meiner Söhne in andere Hände gegeben. Da erhielt ich die Empfehlung, einen der Kammerherrn am königlichen Hofe, Baron von Schwarz, mit dieser Aufgabe zu betrauen. Schwarz machte einen guten Eindruck auf mich: Er stammte aus einem alten schlesischen Adelsgeschlecht, war viel gereist, kenntnisreich und am Berliner Hof sehr beliebt. Und er war Katholik!

Vermutlich gab dieser Umstand den Ausschlag, dass sich weder Geheimrat Georgii noch der Herzog-Administator für meinen Vorschlag erwärmen konnten. Man bezichtigte von Schwarz, dass er *„seit geraumer Zeit mit österreichisch Gesinnten und suspekten Personen in Verbindung stehe … "* Ein Parteigänger Österreichs und dazu noch Katholik – daran waren beide, war Württemberg nicht interessiert. Also führten Oberst von Laubsky und Schenk von Geyern während des gesamten Aufenthalts meiner Prinzen im fernen Berlin weiterhin das Regiment.

Als ich die Reise nach Berlin angetreten hatte, lag meine große Hoffnung auch darin, König Friedrich persönlich zu treffen und ihn zu bitten, mich nicht nur bei der Erziehung meiner Söhne, sondern in allen meinen weiteren Angelegenheiten zu unterstützen. Ich wusste, welches Gewicht seine Stimme in Württemberg hatte – bei der vormundschaftlichen Regierung ebenso wie bei den Landständen. Doch Friedrich ließ mich durch seinen Kriegs- und Kabinettsminister Heinrich Graf von Podewils wissen, dass mit seiner Rückkunft nach Berlin vor dem Herbst nicht zu rechnen sei. Also schrieb ich ihm einmal mehr einen Brief, in dem ich mich herzlich für die so zuvorkommende Aufnahme meiner Söhne bedankte und in dem ich ihm gleichzeitig die Anliegen schilderte, in denen ich seine geschätzte Aufmerksamkeit benötigte. Als Gegenleistung versicherte ich ihm meine vollste Unterstützung bei der Realisierung des Abkommens, das er erhoffte, zwischen Preußen und Württemberg abschließen zu können. Wie schon zuvor, übermittelte mir der König einige Zeit später über Graf Podewils eine außergewöhnlich wohlwollende Antwort, in der er mir sein Verständnis, seine unverbrüchliche Freundschaft und seinen Beistand in allen meinen Angelegenheiten zusicherte:

Der König hat sich über den Inhalt des Memorandums berichten lassen, das ihm am 10. Februar von der Regentin und Herzogin-Witwe von Württemberg übermittelt wurde. Seine Majestät lässt ihr versichern, dass in Bezug auf den ersten Artikel, der die Niederlassung von Frau Herzogin betrifft, nach Ablauf der Minderjährigkeit des Herzogs, ihres Sohnes, Ihre Majestät alle möglichen Anstrengungen unternehme wird, um die Absichten Ihrer Durchlaucht zu unterstützen und ihr die volle Freiheit zu verschaffen, sich zurückzuziehen und sich niederzulassen, wo immer sie es für angemessen hält, wobei Ihre Majestät außerdem anbietet, sobald die Herzogin sich in Ihren Staaten niederlassen will, ihr den Aufenthalt dort so angenehm wie möglich zu machen.

Was den zweiten Artikel betrifft, der den Genuss der Schenkung an die Frau Herzogin und die Fortsetzung ihrer privilegierten Pension sowie das diesbezüglich mit den Ständen des Herzogtums Württemberg abzuschließende Abkommen betrifft, so macht sich der König ein wahres Vergnügen daraus, alles zu tun, was die Zufriedenheit und die Vorteile der Frau Herzogin erhöhen kann, und wird keine Schwierigkeit haben, das oben genannte Abkommen in der bestmöglichen Form zu gewährleisten, sobald Serenissima ihm dies mitteilen wird.

Ihre Majestät wird auch beim Herzog von Württemberg durch jede Art von guten Diensten darauf hinwirken, dass er sie ratifiziert und bestätigt, sobald er das Alter der Volljährigkeit erreicht hat.

Zu diesem Zeitpunkt, und wenn es so scheint, auch schon vorher, wird der König ein starkes Interesse daran haben, dass die Herzogin entweder von den Ständen oder vom Herzog, ihrem Sohn, für die paraphernalischen Güter(1)*, die sie in die Ehe eingebracht hat und die Gegenstand des dritten Artikels sind, sowie für die Zinsen, die ihr seit dem Tod des verstorbenen Herzogs, ihres Gemahls, geschuldet werden, entschädigt wird.*

Da es dem König ein besonderes Anliegen ist, der Herzogin bei jeder Gelegenheit zu zeigen, wie sehr ihm ihre Interessen am Herzen liegen, verpflichtet sich Seine Majestät, sie, wann immer es nötig ist, mit allen Kräften gegen jeden zu schützen, der versucht, sie anzugreifen, zu belästigen oder ihr zu schaden, sei es wegen der Schritte, die Ihre Durchlaucht unternommen hat, um den Absichten des Königs zu entsprechen, oder aus anderen Erwägungen oder Gründen jeglicher Art.

Ihre Majestät nimmt auch alle Personen, die Ihre Durchlaucht bisher zur Ausführung ihrer Absichten beschäftigt hat oder die sie in der Folge beschäftigen oder in ihren Dienst aufnehmen wird, unter ihren königlichen Schutz und wird es nicht dulden, dass sie aus diesem Grund in irgendeiner Weise gesucht oder behelligt werden.

Ihre Majestät lässt der Frau Herzogin im Übrigen die stärksten Versicherungen Ihrer beständigen Zuneigung und Freundschaft sowie Ihrer vollkommenen und ausgezeichneten Hochachtung geben.

Geschehen zu Olmütz am 30. März 1742"

(1) *paraphernalischen Güter*: außer der Mitgift eingebrachtes Sondervermögen einer Frau

Das klang nun tatsächlich so, als müsse ich mir um mein künftiges Auskommen, meine Finanzen, meine Sicherheit und auch in der Wahl meines künftigen Wohnsitzes keine allzu große Sorgen machen. Allerdings ahnte ich noch nicht, wie schnell und mit welch wohlgesetzten Worten König Friedrich jedermann das Blaue von Himmel versprach, wenn dies nur seinem Vorteil nutzte, jedoch nicht im entferntesten daran dachte, seine Versprechungen jemals einzuhalten, sobald er hatte, was er haben wollte ...

Im Gegenteil. Aus seinen Reaktionen und allem, was ich in den nächsten Wochen von ihm und über ihn hörte, entnahm ich, dass er eine regelrechte Aversion gegen mich entwickelte, je bestimmter und nachhaltiger ich Gegenleistungen für die Unterstützung seiner Politik von ihm einforderte.

Doch ungeachtet jeder persönlichen Abneigung gegen meine Person und meine ganz speziellen Anliegen, stützte, förderte, ja initiierte Friedrich II. eines der Projekte zwischen Preußen und Württemberg, das ihm offensichtlich ganz besonders am Herzen lag: Die Verbindung zwischen meinem Sohn, dem Erbprinzen Carl Eugen von Württemberg, und der Prinzessin Elisabeth Friederike Sophie von Brandenburg-Bayreuth. Denn auch dafür war ich nach Berlin gekommen: Um für meinen ältesten Sohn in Preußen eine standesgemäße Braut zu finden. Carl Eugen war zwar erst 15 Jahre alt geworden, doch ich wusste, wie schnell die Zeit verrinnt. Und es war absehbar, dass Carl Eugen über kurz oder lang in Württemberg das Zepter übernehmen würde. Also war jetzt schon eine mögliche Verbindung des jungen Herzogs mit einer der heiratsfähigen Töchter aus hoch gestelltem Hause ein Politikum.

Mit meinen engsten Vertrauten – Montolieu, d'Argens, Bilfinger und Neuffer – hatte ich die Angelegenheit besprochen, und alle hielten es für einen klugen Schachzug, die kleine Prinzessin aus Bayreuth für dieses Vorhaben zu erwählen: Württemberg mit seinen Landständen und evangelischen Prälaten würden eine evangelische Herzogin erhalten – und König Friedrich mit der stärksten Macht im Südwesten einen zuverlässigen Bündnispartner. Und ich würde dafür sorgen, dass trotz alledem der katholische Glaube in diesem Land nicht unterging.

Wie sehr ich mit meinem Vorhaben auch die geheimen Absichten des preußischen Königs erfüllte, konnte ich nicht ahnen, war aber nicht sonderlich überrascht darüber, dass ich in dieser Angelegenheit sein uneingeschränktes Wohlwollen fand. Und auch das der Königin-Mutter Sophie Dorothea, deren Lebensinhalt es seit jeher war, nach politischen und dynastischen Erwägungen die Ehen ihrer vielen Kinder, Enkel, Nichten und Neffen zu stiften. Regelmäßig speiste ich bei der Königin-Mutter in ihrem Apartment im Stadtschloss, dabei zeigte sie sich von dem Plan, ihre Bayreuther Enkelin mit dem künftigen Herzog von Württemberg zu verheiraten, mehr als angetan.

Der Kniefall des Philosophen

Am 5. April – das Datum ist wie kaum ein anderes eingebrannt in mein Herz – kam es aus heiterem Himmel zu dem so spektakulären Zerwürfnis zwischen dem Marquis d'Argens und mir. Ein epochales Ereignis, das für die nächsten Wochen für jede Menge Gesprächsstoff in den adeligen Zirkeln Berlins sorgen sollte.

Natürlich war mir bekannt, dass der Marquis mit König Friedrich in Kontakt stand, schon zu Zeiten, als dieser noch Kronprinz war. Friedrich hatte die Schriften des Marquis gelesen und wollte ihn gerne persönlich kennenlernen. Aus welchen Gründen auch immer hatte d'Argens es damals abgelehnt, nach Berlin zu reisen und die Absage mit dem dezenten Hinweis auf die unter König Friedrich Wilhelm üblichen Zwangsrekrutierungen zu den „Langen Kerls" recht anschaulich formuliert: *„Genehmigen Ew. Königliche Hoheit zu* *bedenken, daß ich, um mich zu ihnen zu begeben, ganz dicht bei den drei Bataillonen Garde in Potsdam vorbei muß: kann ich dies aber wohl ohne Gefahr, ich, der ich 5 Fuß 7 Zoll messe und ziemlich wohl gewachsen bin?"*

Kaum dass er selbst König geworden war, hatte dann Friedrich sich erneut bei d'Argens gemeldet und ihn wissen lassen: *„Fürchten Sie nichts mehr von den Bataillonen der Garde und kommen Sie dreist, ihnen in Potsdam selbst zu trotzen ... "*

Doch wovon ich bis dahin nichts wusste, ist der Umstand, dass König Friedrich, kaum dass ich d'Argens nach Berlin beordert hatte, seinen Vertrauten Jordan bat, *„schreiben Sie mir, wer der Marquis d'Argens ist, ob er den unruhigen, flatterhaften Geist seiner Nation hat, ob er die Kunst zu gefallen versteht; kurz, ob Jordan ihm Beifall gibt!"* Wenig später dann hatte der König dem Marquis offeriert, in Berlin zu bleiben und in seine Dienste zu treten. Und mein viel gerühmter d'Argens, Philosoph, Philantroph und Freigeist, ließ sich von der Aussicht auf Protektion, einen Sitz in der Tafelrunde König Friedrichs sowie ein Salär vor 1.000 Gulden jährlich, so sehr verlocken und verführen, dass er ohne Wimpernzucken seiner doch so verehrten und angebeteten Herzogin für immer den Laufpass geben wollte.

Der Brief Friedrichs, der dieses Angebot enthielt, war im Bett des Marquis zwischen die Kissen geraten und fiel mir dort ganz zufällig in die Hände:

Hauptquartier von Selowitz, 19. März 1742.

Sehr geehrter Herr, ich habe Ihr Schreiben vom 11. dieses Monats erhalten, und bitte Sie zu glauben, dass es für mich immer eine Quelle der Genugtuung sein wird, wenn ich Ihnen zeigen kann, wie sehr ich Ihre Verdienste schätze. Sie werden auch die Beglaubigungsschreiben erhalten, die Sie für den Herzog-Administrator und für Madame la Duchesse, als Verantwortlicher für meine Angelegenheiten, haben möchten.
Und sollten Sie es jemals für angebracht halten, sich nach Beendigung Ihrer Tätigkeit in Württemberg nach Berlin zurückzuziehen, so werden Sie dort immer willkommen sein, und ich werde dann dafür sorgen, Sie mit einer jährlichen Pension von tausend Gulden zu versorgen.
Ich bin mit viel Bedacht
Ihr sehr liebevoller Frederic

Wie fühlt man sich, wenn der Mann, DEIN – zwar heimlicher, aber immerhin – GELIEBTER, in dessen Armen du dich glücklich, geborgen und verstanden fühltest, hinter deinem Rücken ganz konkret Pläne der Trennung schmiedet und sich unversehens als jemand entpuppt, dem die Karriere offensichtlich wichtiger ist, als die so oft beschworene, angeblich so große Liebe zu dir?

Gerne wäre ich d'Argens ganz kühl gegenübergetreten, hätte ihn zur Rede gestellt und ihm dann lächelnd die Tür gewiesen ... Doch leider bin ich aus ganz anderem Holz geschnitzt. Wie schon so oft, überrollte mich die Welle aus abgrundtiefer Enttäuschung und höllischem Zorn! Vor meinen Freunden und vor den Augen und Ohren meines halben Hofstaates schlug ich diesen Brief aus der Feder des Königs dem verdutzten Marquis um die Ohren. Ich beschimpfte und beleidigte ihn zutiefst.

Der Marquis, der sonst so Wortgewaltige, geriet ins Stottern, suchte sich stammelnd zu erklären, zu entschuldigen, konnte sich jedoch meiner vehementen Vorwürfe nicht erwehren. Und als er begriff, dass mich NICHTS beruhigen würde, ergriff er einfach feige die Flucht! Mein Angriff hatte ihn wohl so schwer erschüttert, dass er noch am gleichen Abend seine Zimmer im Palais Schwerin räumen ließ. Er selbst verschwand, ohne noch einmal zurückzukehren – wohin auch immer ...

Es vergingen keine Nacht und kein Tag, da machte die Flucht d'Argens' in ganz Berlin die Runde. Wobei die wenigsten der Auseinandersetzung selbst beigewohnt hatten und deshalb über Anlass und Gründe nur wild und abenteuerlich spekulierten.

Der gute Caspar Wilhelm von Borcke etwa, Etat-Minister des Königs, den ich im Februar bei einem festlichen Essen in seinem Hause kennen- und schätzengelernt hatte und der mehrere Male auch im Palais Schwerin zu Gast gewesen war, fühlte sich bemüßigt, König Friedrich in einem seitenlangen, sehr theatralischen und bei weitem übertriebenen Schreiben über den Skandal zu informieren, in dem er Parallelen zum Inhalt der Oper „*Armide*“ bemühte.

Armide, die Nichte des Königs Hidraot von Damaskus, ist eine Zauberin, die ihre magischen Kräfte einsetzt, um ein Heer feindlicher Kreuzritter zu besiegen. Doch unversehens verliebt sie sich in den fremden Ritter Renaud. Sie setzt einen Liebeszauber ein, dem

Renaud dann auch verfällt. Doch seinen Freunden gelingt es, diesen Liebeszauber zu lösen und den Ritter aus den Armen Armides zu befreien. Aus Verzweiflung darüber zerstört sie ihren Palast und jagt durch die Lüfte davon …

Am Samstag, den 7.04.1742, also schrieb von Borcke an König Friedrich:

Anlässlich des Beglaubigungsschreibens des Ministers für Auswärtige Angelegenheiten, das Eure Majestät soeben dem Marquis d'Argens für die Herzogin Regentin und den Herzogsadministrator von Würtemberg erteilt hat, sehe ich mich verpflichtet, Eurer Majestät in aller Bescheidenheit von einer in den letzten Tagen öffentlich gegebenen Komödie zu berichten, die gegenwärtig DAS Gespächsthema in der Stadt ist und die mit Recht den Titel tragen könnte: „Die Flucht des Philosophen".

Die Herzogin von Würtemberg hatte letzten Donnerstag einen höchst lebhaften Streit mit dem Marquis d'Argens. Das wahre Thema des Streits ist nur denen bekannt, die in Eleusis waren, und ich gehöre nicht dazu. Doch der Streit ging zu tief, dass sie sich voneinander getrennt haben.

Der Marquis d'Argens ließ nach der Auseinandersetzung mehrere Leute wissen, dass er kein anderes Mittel habe, als sich das Gehirn zu zermalmen oder so schnell wie möglich nach Holland zu fliehen. Er nahm tatsächlich Postpferde, um über Land zu fliehen.

Man hatte ihr von der geplanten Flucht des Philosophen erzählt, und als sie sah, dass dieser bereits geflohen war, geriet Armide in einen unbeschreiblichen Zorn und spie Gift und Galle gegen ihn.

Der mehrere Stunden lang versammelte Rat hielt es für ratsam, einen Polizeileutnant kommen zu lassen, dem Dame Armide den strengen und präzisen Befehl gab, den flüchtigen Philosophen zu verhaften, und ihn tot oder lebendig auszuliefern.

Sie sollten, sobald er sich davongemacht hatte, ihm unverzüglich folgen, wobei sie besonders die Straße nach Bronswick nehmen und Estafetten, Kuriere, Dromedare usw. aussenden sollten. Nach schrecklichen Debatten wurde beschlossen, nach Bielfeld zu schicken, um zu versuchen, den Philosophen zurückzubringen.

Dies gelang ihm wider Erwarten, allerdings nur unter der Bedingung, dass Armide ihn auf der Stelle beurlaubte, da er keinesfalls mehr von ihr abhängig sein und schon gar nicht mit ihr nach Stuttgart zurückkehren wollte.

Nachdem dies geschehen war, wurde vereinbart, dass die beiden nur in Anwesenheit Dritter wieder zusammentreffen sollten, damit Armide in ihrer Wut und ihrem Zorn den armen Philosophen nicht mit ihren Blicken vernichten würde, der sich zitternd im Vorzimmer verbarg und sich aus Angst vor einem erneuten Zusammenprall nicht in den Gerichtssaal wagte.

Also zog er sich sehr schnell zurück und aß bei der Königinmutter zu Abend. Da dies die Lage der Dinge ist, habe ich d'Argens das Beglaubigungsschreiben überreicht, und ich hielt es für meine Pflicht, Eurer Majestät diesen ausführlichen Bericht zu geben und seine gnädigen weiteren Befehle in dieser Hinsicht zu erwarten."

Soweit der Bericht Borckes, der – wie er selber bemerkte – nicht dabei gewesen war und nur Tratsch aus zweiter und dritter Hand weitergeben konnt. Wenige Tage später schilderte Charles Ètienne Jordan dem König seine Sicht der Dinge:

Berlin, 14. April 1742

Ich bin überzeugt, dass man V. M. über den Streit des Marquis d'Argens mit Madame la Duchesse unterrichtet hat. Dieser Streit war heftig, die Trennung laut und die Wiedervereinigung sehr glanzvoll. Die Gelehrten und die Frauen sind über die Ursache dieses Streits geteilter Meinung. Die einen sagen, es sei die Eifersucht,

Der Gott, den man Eifersucht nennt,
Der eine fremde Anbetung fürchtet,
Und den wir immer schonen müssen
Um der Ruhe unseres Lebens willen.

Es ist dieser Gott, der sie zerstritten hat. Man sagt, der Marquis d'Argens sei verliebt, und man will, dass er nur in seine Angebetete und seine Bücher verliebt ist. Er schwört seinen großen Schwur, dass er es ist, aber man glaubt ihm nicht. Man will, dass er drei Jahre in Stuttgart bleibt.

Vernunft und Freiheit opfern,
Die den Reiz des Lebens ausmachen,
Den Schwachen der Menschheit,
Wäre das Philosophie?

Er, der den Aufenthalt in Berlin liebt und glaubt, dass es der einzige ist, der ihm zusagt, will nur drei Wochen lang wegbleiben. Das ist der wahre Ursprung dieses Streits. Sie haben sich auf eine ziemlich ausgeprägte Weise wieder versöhnt. D'Argens hat auf den Knien die Herzogin erneut um ihre Achtung gebeten; diese Unterredung hat die Anwesenden zu Tränen gerührt. Sie wohnen jedoch nicht mehr zusammen; man sieht sich, aber mit wohlüberlegter Kälte.

Man ist immer bereit zu zeigen
Dass man d'Argens aus weiblicher Laune hasst;
Der Philosoph ist bereit, zu zeigen
Dass er aus Vernunftgründen so handeln muss.

Ihr Hass ist systematisch, das ist das Gute. Der Marquis d'Argens arbeitet an einer Komödie über die Verlegenheit des Hofes; ich habe ihm geraten, die Bühne in das Vorzimmer der Herzogin zu verlegen, da man dort abwechselnd sieht, wie sich die Leidenschaften entfalten.

Die Leidenschaften alle ihre Rollen spielen,
Dass man dem Hass und der Liebe opfert,
Dass die Vernunft dort keine zwei Obolus wert ist.

Ich dachte, ich könnte nichts Besseres tun, als den Marquis d'Argens dazu zu bewegen, selbst einen Bericht über alles, was geschehen ist, zu verfassen, um V. M. zu unterhalten; niemand kann das besser als er.

Ich habe die Ehre..

Die Schilderung Jordans, der zumindest Zeuge des Kniefalls des Philosophen gewesen war, hat mehr Substanz. Doch dann musste ich hören, dass selbst Freund Jordan es sich nicht verkneifen konnten, das Ereignis weiter zu kommentieren, bis hin zur lächerlichen Unterstellung, ich könne aus Verärgerung und Wut über d'Argens nicht mehr von Tellern aus Silber speisen, weil diese mich an den Marquis erinnerten. Silber – Argent. Ein kleines, schräges Wortspiel, das sich wer auch immer ausgedacht und in die Welt gesetzt hatte, um das Ereignis auf meine Kosten noch weiter ins Lächerliche zu ziehen … Kein Wunder, dass sich auch die mir wenig gut gesonnene Prinzessin Louise Ulrike auf diese angebliche Äußerung stürzte, um damit in ihren Kreisen die negative Stimmung gegen mich zu schüren.

Mir jedoch offenbarte all das undifferenzierte, sensationslüsterne Gerede, all die hemmungslose Häme, dass ich selbst bei meinen engeren und engsten Berliner Vertrauten – oder denen, die ich dafür hielt – weder Beistand noch Diskretion erwarten konnte: Schande über sie!

Um Abstand zu all dem Tratsch zu finden, bat ich eine Freundin, die Gräfin Franzi von Schmettau, mich hinaus nach Charlottenburg zu begleiten und mir dort das Schloss und die weitläufigen Gärten zu präsentieren. Die laue Luft dort, das Zwitschern der Vögel und der berauschende Duft der ersten Rosen erfüllten mich mit Ruhe und Zuversicht. Die nächste Gelegenheit dieser Art bot sich bei einem Besuch von Schloss Schönhausen, der Sommerresidenz der Königin Elisabeth Christine, bei dem mich auch meine drei Söhne begleiteten. Sie, die zeitlebens unter den demütigenden Zurücksetzungen durch König Friedrich zu leiden hatte, bezeugte mir ihr Mitgefühl, gab mir neuen Mut und lenkte meine Gedanken endgültig in eine andere Richtung.

Nach dem Kniefall des Marquis d'Argens hatten wir uns darauf geeinigt, dass er umgehend nach Stuttgart zurückkehren, dort seine Angelegenheiten regeln sollte, und danach als ungebundener Mann nach Berlin zurückkehren konnte. Als er am 8. Mai nach Württemberg abreiste, konnte ich es mir allerdings nicht verkneifen, ihm zum Abschied in Anspielung auf die Komödie, an der er angeblich schrieb, noch einen kurzen Vers zu widmen, um ihm ein für alle mal deutlich zu machen, was ich von ihm hielt. Wie so vieles, machte auch dieser Vers in Berlin die Runde, sehr zum Amüsement aller, die gespannt auf den Ausgang unserer Affäre warteten:

Die Verlegenheit des Hofes

Während alle Philosophie am Haken hängt
Um sich den Verlockungen der Liebe hinzugeben,
hat Bruder d'Argens eine sehr bescheidene Torheit begangen,
Und machte sich zum Gespött des Hofes.
Zu diesem Thema hat er nie eine Komödie geschrieben
konnte sich nicht als guter Autor profilieren,
oder trotz all seiner Genialität erfreuen,
Das Publikum ist es leid, über den Schauspieler zu lachen.

Marquis d'Argens gab dann in Stuttgart auch nur noch ein kurzes Gastspiel, obwohl er natürlich weiterhin versuchte, wenigstens ein Stück weit mein Vertrauen und meine Gunst wieder zu erlangen. Doch unsere Kontakte beschränkten sich auf seine Bemühungen, dem preußischen König zu gefallen, indem er dessen Interessen in und an Württemberg zu forcieren suchte. Dazu gehörte es vor allem, der Männer habhaft zu werden, die aus den württembergischen Regimentern in der preußischen Armee desertiert waren und die sich in die Heimat abgesetzt hatten. Weiter sollte er alle Wege ebnen, um in Württemberg neue Rekruten für das preußische Heer anwerben zu konnten.

Durchaus bemerkenswert in diesem Zusammenhang sind zwei Schreiben d'Argens an König Friedrich, in denen er zu Kreuze kroch und immerhin versucht hat, bei diesem eine Lanze für mich zu brechen:

Stuttgart, 12. Juni 1742

Sire,
Immer darauf bedacht, was Eurer Majestät gefallen könnte, glaubte ich, nichts tun zu können, was Ihr angenehmer wäre, als mich zu bemühen, die Achtung Ihrer Durchlaucht, der Frau Herzogin, wiederzugewinnen und ihren Schutz von neuem zu verdienen; und das ist es, was sie mir zu versprechen die Güte hatte.

Ich werde in der kurzen Zeit, die ich noch hier bleiben werde, nichts unversucht lassen, um ihr die Erinnerung an die Schritte zu nehmen, die ich vielleicht unternommen habe und die ihr missfallen haben, und bevor ich die gnädige Erlaubnis ausnutze, die Ihre Majestät mir gewährt hat, nach Berlin zurückzukehren, werde ich gemäß den Befehlen, die ich von Ihren Ministern erhalten habe, versuchen, den Eifer und die Zuneigung, die Ihre Majestät für sie empfindet, zu steigern, wenn es möglich ist.

Ich wage es, Eurer Majestät zu versichern, dass, wenn alles, was in diesem Land Kredit hat, Ihr so zugetan wäre wie die Herzogin, es Ihr ebenso leicht fallen würde, Ihre Wünsche in dem, was sie sich von Württemberg wünschen kann, zu erfüllen, wie Sie es in Ihren eigenen Staaten findet.

Frau Herzogin arbeitet derzeit daran, Sire, Ihnen so viele Rekruten wie möglich zu verschaffen, und ich nehme mir die Freiheit, Ihnen zu raten, für diese Angelegenheit den Oberstleutnant von Schwartzenau einzusetzen, der die Ehre hat, Ihnen ausführlich über diesen Gegenstand zu schreiben.

Euer Majestät erlaubt mir, Ihr hochachtungsvoll zu versichern, dass Sie gut daran täte, einige Zeilen an Ihre Hoheit, die Herzogin, zu schreiben; da sie Ihren Schutz unendlich schätzt, fürchtet sie Ihre Gleichgültigkeit außerordentlich.

Im Übrigen ist es für den Erfolg Ihrer Geschäfte wichtig, dass Sie in diesem Land Zeichen setzen, wie sehr Sie die Herzogin schätzen, denn je mehr Macht sie hat, desto größer ist Ihr Einfluss, Ihre Majestät, und Sie in Württemberg Kredit haben wird.

Es wäre sogar gut, wenn Sie, wenn man Sie im Land um eine Gnade bittet, diese über den Weg der Herzogin laufen ließen; denn schließlich, Sire, bin ich verpflichtet, zu Ihnen als ein Mann zu sprechen, der für die Interessen Ihrer Majestät handelt.

Außer der Herzogin handelt hier, was Sie betrifft, alles nur aus niederen Interessen, die sehr oft Gegenstand von Zweifel sind. Ich wage es, Ihrer Majestät kühn zu sagen, dass diejenigen, die Ihr bisher von Württemberg erzählt haben, Ihr nur falsche und irreführende Vorstellungen davon vermittelt haben, und ich hoffe, dass ich, wenn ich glücklich genug bin, um Ihrer Majestät den Hof zu machen, sie so gut mit allem vertraut machen werde, was dieses Land betrifft, dass Sie in mir den Eifer eines treuen Dieners mit der Offenheit eines Philosophen erkennen wird.

Ich bin mit tiefstem Respekt
der sehr geehrte und sehr gehorsame Diener
Der Maquis d'Argens"

***

Stuttgart, 19. Juni 1742

Sire,
Nachdem ich erfahren habe, dass von der großen Zahl der Deserteure des Regiments Ihrer Durchlaucht, der Frau Herzogin, mehrere durch Württemberg gezogen und einige verhaftet worden sind, habe ich geglaubt, dass die Interessen Ihrer Majestät es erfordern, dass ich dem Rat ein pro memoria vorlege, damit man alle, die man finden kann, ergreift und sie gemäß dem Kartell aufbewahrt, bis Sie angeordnet haben, was man mit ihnen tun soll.

Es besteht kein Zweifel, dass noch viele von ihnen verhaftet werden, denn die meisten derjenigen, die desertiert sind, werden sich im Land Durlach in einem Regiment verpflichten, das dort für den König von Sardinien aufgestellt wird.

Seine Majestät wird die Güte haben, Ihrem Oberstleutnant Schwartzenau bei der Übersendung seiner Befehle für die Rekruten mitzuteilen, was Sie mit all den Deserteuren, die sie festgenommen haben, zu tun wünscht.

Ihre Hoheit, die Herzogin, hat hier moralisch alles Mögliche getan, um den Baron von Sweerts als Gouverneur zu behalten, aber sie hat beim Herzog und beim Rat unüberwindbare Widerstände vorgefunden. Es wäre zu wünschen, dass diese Prinzessin in vielen Fällen die ganze Macht auf sich vereinigen würde; dies würde den Interessen Ihrer Majestät zugute kommen.

Ich bin mit tiefstem Respekt
der sehr geehrte und sehr gehorsame Diener
Der Maquis d'Argens

Gut einen Monat später kehrte d'Argens endgültig nach Berlin zurück, um dort ganz in die Dienste König Friedrichs zu treten und, neben Voltaire, einen Platz an der legendären Tafelrunde des Monarchen einzunehmen. Mit seinem Abschied aus Stuttgart fand dann aber auch unsere Beziehung ihr profanes Ende, wie in dem Brief zu lesen steht, den er schon von Berlin aus an den König im Felde schrieb (und in dem er geradezu um das Wohlwollen und die Gnade des erlauchten Königs winselt):

Berlin, 1. August 1742.

Sire,

Darf ich mir die Freiheit nehmen, Ihre Majestät daran zu erinnern, dass sie vor etwa acht Monaten die Güte hatte, mir zu versprechen, dass sie mir, wenn ich mich nach Berlin zurückziehen würde, eine Pension von tausend Gulden gewähren würde?

Wenn Sie, Sire, diese Pension für zu hoch halten, können Sie sie auf ein beliebiges Maß reduzieren, und ich werde immer sehr zufrieden sein. Es ist nicht die Gier nach Wohltaten, die mich nach Berlin gebracht hat, sondern die Befriedigung, unter einem Fürsten zu leben, der den Menschen erlaubt zu denken und der selbst so gut denkt.

Im Übrigen kann Euere Majestät versichert sein, dass ich nichts mehr mit Frau Herzogin zu schaffen habe, die ich auf die höflichste Weise verlassen habe, wie Sie aus ihrem Brief ersehen konnten; und was die Dinge betrifft, in denen sie zum Ausdruck brachte, dass Euere Majestät mir volles Vertrauen entgegenbringen könnte, so handelt es sich um eine sehr beträchtliche Anzahl von Rekruten, die die Herzogin Euerer Majestät zukommen lassen möchte. Sie hat in einigen Ratsmitgliedern einen deutlichen Widerstand dagegen gefunden.

Diese Opposition kann jedoch überwunden werden, und ich hoffe, dass sie sogar bald überwunden wird. Ich habe vorgestern noch an Frau Herzogin über diesen Anlass geschrieben. Ich wage es nicht, Sire, in größere Einzelheiten zu gehen, weil ich fürchte, Sie zu langweilen.

Ich bitte also Eure Majestät, mich darüber unterrichten zu wollen, was sie über mich zu entscheiden gedenkt, da Ihre Antwort den Umfang meiner Ausgaben regeln muss und es einem Mann von Briefen mehr als jedem anderen geziemt, die Unannehmlichkeiten zu meiden. Auf welche Weise auch immer Euere Majestät über die Pension, um die ich sie bitte, entscheidet, ich werde immer sehr zufrieden sein, und wenn Sie mir niemals irgendeine Gnade gewähren würde, wäre ich auch zufrieden, eine Reise gemacht zu haben, die mir das Glück verschafft hat, einen Prinzen kennen zu lernen, der wirklich würdig ist, den Menschen zu befehlen.

Ich bin, mit tiefstem Respekt
der sehr geehrte und sehr gehorsame Diener
Der Maquis d'Argens

Natürlich versuchte der Marquis, sich und sein Engagement für König Friedrich in einem möglichst positiven Licht darzustellen, denn weder ich noch der Herzog-Administrator oder der Geheime Rat waren sonderlich erpicht darauf, die Rekrutierungen der preußischen Armee unter den württembergischen Landeskindern zu unterstützten oder gar zu forcieren. Und die Auslieferung der Deserteure aus meinem Regiment, das ich Preußen zur Verfügung gestellt hatte, lag schon gar nicht in meinem Sinne: Viele der Soldaten kannte ich persönlich, auch deren Frauen und Kinder, für die ich oft genug die Patenschaft übernommen hatte.

Den Oberstleutnant Justus Christian von Schwartzenau, den d'Argens in einem der Briefe an den König erwähnt, hatte ich ihm benannt. Denn auch Schwartzenau, der mit dem Regiment in preußische Dienste getreten war, gehörte zu meinen Vertrauten. Bei ihm konnte ich mir sicher sein, dass er aus den Reihen der Deserteure nur die Unruhestifter, Diebe und Gauner an Preußen ausliefern würde.

Wie auch immer: d'Argens konnte erreichen, dass der König ihm schließlich im Erdgeschoss des Berliner Stadtschlosses, unmittelbar unter dem Apartment Friedrichs, einige Zimmer für seine umfangreiche Bibliothek zuwies. Wie ich hörte, verbrachte er auch hier die Tage meist lesend und schreibend im Bett, mit zwei Schlafmützen auf dem Kopf und einem Schal um den Hals, weil er beständig fürchtete, sich zu erkälten. Und eifersüchtig hortete er auch dort die Korrespondenz mit dem König, die er an geheimer Stelle in einer Schatulle verwahrte. Es hieß, dass er beim Öffnen der Briefe des Königs aus lauter Ehrerbietung sogar beide seiner Schlafmützen ablegte, um die Zeilen aus der Feder des Erlauchten barhäuptig zu lesen …

Trotz dieses ersten Gunsterweises kostete es d'Argens noch eine ganze Reihe von Bettelbriefen an Friedrich, bis dieser – stets in Geldnot und den Philosophen immer wieder vertröstend – dem Marquis dann tatsächlich und regelmäßig die versprochenen 1.000 Gulden Jahressalär auszahlen ließ.

Erfolg und Misserfolg

Nach den wenig schönen Erfahrungen in Berlin gab es kaum noch Gründe, die mich hier noch hielten. Zumindest meine Mission, für den Landprinzen Carl Eugen die künftige Braut zu finden, konnte ich als geglückt notieren: Die Königin-Mutter, so hatte sie mir versichert, stand einer Verlobung und späteren Heirat ihrer Bayreuther Enkelin mit meinem Ältesten äußerst wohlwollend gegenüber. Und bei König Friedrich rannte ich mit diesen Heiratsplänen sowieso offene Türen ein.

Die einzige, die noch zögerte, war die Mutter der jungen Braut, Wilhelmine von Bayreuth. Doch ihr Bruder Friedrich verstand es, die Bedenken seiner Schwester zu zerstreuen und sie fügsam zu machen: Einmal mehr erlag sie den Verlockungen der Reichtümer, die der König ihr erneut in Aussicht stellte ...

Nachdem der König mir hatte versichern lassen, dass er das Vorhaben dieser neuerlichen Verbindung zwischen Preußen und Württemberg nach Kräften unterstützen, für eine ordentliche Mitgift der Braut sorgen und auch die Kosten der Vermählung übernehmen werde, sandte ich meinen Obersthofmeister Marquis de Montolieu nach Bayreuth. Ausgestattet mit Briefen des Königs, der Königin-Mutter und von mir an den Markgrafen und die Markgräfin, überbrachte er den beiden meinen Heiratsantrag.

Anschließend reiste Montolieu nach Stuttgart weiter, um Herzog Carl Rudolph von Württemberg-Oels und die vormundschaftliche Regierung aus erster Hand über das Vorhaben zu informieren. Gleichzeitig sollte er meine Bitte an die Landschaft übermitteln, meine kompletten Reisekosten von 15.000 Gulden zu übernehmen und mir – in Anerkennung meiner guten Dienste für das Land – eine zusätzliche Leibrente von 12.000 Gulden jährlich zu genehmigen.

Der 4. Mai 1742 war kein wirklich guter Tag für mich. Baron de Montolieu kehrte nach Berlin zurück und brachte aus Stuttgart wenig erfreuliche Nachrichten mit. Die vormundschaftliche Regierung stimmte zwar der geplanten Heirat des Erbprinzen mit Elisabeth Friederike Sophie von Brandenburg-Bayreuth mit Freuden zu. Doch die Landschaft ließ ausrichten, sie wolle gerne die Reisekosten übernehmen, fand aber eine ganze Reihe von Ausflüchten, um die von mir erbetene Leibrente abzulehnen.

Montolieu hatte mein hohes Engagement für Württemberg gebührend dargestellt und eindringlich darauf verwiesen, *„daß ihre hochfürstliche Durchlaucht während ihres Aufenthaltes zu Berlin für des Landes künftiges Glück arbeitete, sich darüber aber vieler Gefahr und Verdruß ausgesetzt hat, auch sich selbst aller Zuflucht beraubt hat, die sie sonst bei den katholischen Mächten haben könnte ...* “ Doch vergeblich. Der engere Ausschuss der Landschaft sah sich außerstande, über die zusätzliche Apanage zu entscheiden, und der Größere Ausschuss konnte nicht einberufen werden, weil eines der Mitglieder verstorben und dessen Stelle noch nicht wieder besetzt worden war. Alles vorgeschoben, alles Ausflüchte! Sie wollten einfach nur Geld sparen, diese erbärmlichen schwäbischen Knauser!

Am selben Tag musste ich dann auch noch hören, dass König Friedrich dem Grafen Gustav Adolf von Gotter mitgeteilt hatte, *„obgleich mir die Freundschaft der Frau Herzogin von Württemberg immer lieb sein wird, so gestehe ich doch, dass ich es zuletzt müde werde, fortwährend von ihren häuslichen Angelegenheiten als einer Angelegenheit sprechen zu hören, die unter allen, über die Europa in Aufruhr ist, die größte Aufmerksamkeit verlangt.*

Ich hoffe, dass ihr Haus durch die vorgeschlagene Heirat nicht weniger Vorteile finden wird, als ich in seiner Allianz finde … "

Man kann einfach nicht immer nur gewinnen. Und dass Friedrich ein ausschließlich eiskalt kalkulierender Machtmensch war, hatte ich mittlerweile begriffen. So ließ ich ihn zwei Tage später wissen, dass ich mich nach Kräften für das Zustandekommen der Heirat zwischen meinem Sohn und seiner Nichte einsetzen würde. Am 15. Mai 1742 kehrte ich dann endgültig nach Stuttgart zurück und ließ schweren Herzens meine drei Söhne in Berlin zurück.

Oberhofmarschall Graf von Gotter hatte mich schon seit geraumer Zeit auf seine Ländereien und sein Schloss in Molsdorf in Thüringen eingeladen. Da dieses auf dem Weg nach Bayreuth und Stuttgart lag, nutzte ich die Gelegenheit und gab ihm auf der Reise dorthin die Ehre. Den Marquis d'Argens, der – wie schon erwähnt – Berlin bereits einige Tage vor mir verlassen hatte, bat ich, ebenfalls einen Abstecher nach Molsdorf zu machen, um meinen Aufenthalt dort vorzubereiten.

Wie ich von Jordan hörte, fluchte er über diesen Auftrag und die *„Anstandsregeln, die ihn hundert Meilen durch Deutschland sehr nutzlos zurücklegen ließen."* Wie schnell sich doch der Wind dreht! War das der selbe Mann, der einst so süß um meine Gunst gebuhlt und mir seitenlange Gedichte gewidmet hatte?

Unabhängig davon war der Besuch in Molsdorf ein ganz besonderes Erlebnis. Denn Graf von Gotter hatte das Anfang der 30er Jahre erworbene mittelalterliche Wasserschloss luxuriös zum barocken Lustschloss umbauen, ausstatten und rundherum einen weitläufigen, französischen Park errichten lassen. Sichtlich stolz präsentierte mir der Graf seine umfangreiche Bibliothek zeitgenössischer Literatur und eine superbe Gemäldegalerie. Dort reihten sich die Portraits berühmter und bekannter Personen, darunter das des König Friedrich Wilhelm I. und der Herzogin Louise Dorothea von Gotha, aber auch von schönen Damen wie der Schauspielerin Adrienne Lecouvreur und der Ballett-Tänzerin Barbara „Barbarina" Campanini.

War es die Ironie des Schicksals, dass der vom Glück so sehr verwöhnte Reichsgraf, der selbst seinen engsten Verwandten nie auch nur einen einzigen Kreuzer aus seinem riesigen Vermögen vergönnte, wenige Jahre später seinen gesamten Besitz in Molsdorf wieder verlor? Denn trotz eines beachtlichen Einkommens, zusätzlicher Donationen und zweier außergewöhnlicher Gewinne in Millionenhöhe, die ihm die Lotterien in London und im Haag ausgezahlt hatten, konnte er seine Schulden nicht mehr begleichen – zu aufwändig und zu verschwenderisch war immer noch sein Lebensstil.

Der Schlesische Krieg

In diesem zweiten Jahr des Schlesischen Krieges hatte König Friedrich mit Unterstützung der französischen Armee unter der Führung von Feldmarschall Victor-Francois de Broglie und des Herzogs Charles Luis Auguste Fouquet de Bell-Isle den größten Teil Schlesiens erobert und befand sich gemeinsam mit dem Polnischen König August III., Kurfürst von Sachsen, auf dem Feldzug durch Mähren.

Während meines Aufenthalts in Berlin verging kaum eine Woche, in der nicht weitere Regimenter ausgehoben und ins Feld geschickt wurden. Das Vorrücken der alliierten Truppen war Tagesgespräch bei Hofe, in allen Zirkeln und in den Kaffeehäusern der Stadt. Dass sich die Sachsen ursprünglich lieber mit Österreich zusammengetan hätten und erst im Mai 1741 dem Bündnis von Nymphenburg gegen Maria Theresia beigetreten waren, war ebenso bekannt wie die heftige Abneigung, die König August und König Friedrich füreinander hegten. Schon die erfolglose Belagerung von Brünn durch die Preußen im März hatte für Zündstoff gesorgt. Es hieß, dass König August keine Kanonen geliefert hatte, mit denen die Mauern der Stadt hätten beschossen werden können – mit der Begründung, im fehle das Geld für die Kanonen, da er erst kürzlich einen grünen Diamanten für 400.000 Gulden erworben habe. Und im April beschwerte sich König Friedrich, dass die Sachsen *„keinen Geschmack an Mähren und noch weniger am Krieg finden ... Ich bin in Mähren in der Defensive und ich bereite hier eine energische Offensive für den Feldzug, den wir in sechs Wochen eröffnen werden."*

Am 3. Mai hatte Generalleutnant Georg Friedrich von Kleist mich und meine drei Söhne eingeladen, vor dem Hallischen Tor den Abmarsch von acht Eskadrons des Regiments der Schwarzen Husaren nach Schlesien mitzuerleben.

Dann bei Czaslau und Chotusitz gelang Friedrich am 17. Mai endlich der entscheidende Sieg, obwohl er den dort aufmarschierten 28.000 Österreichern nur 23.500 preußische Soldaten entgegensetzen konnte. Denn weder die Franzosen noch die Sachsen hatten sich an dieser Schlacht beteiligt. Die Preußen zählten 3.500 tote und verwundete Soldaten. Die Gefallenen wurden noch auf dem Schlachtfeld begraben und mit einer dreifachen Salve geehrt. Das Grundstück für die Gräber der getöteten Soldaten hatte der König erworben und bestimmt, dass es 25 Jahre lang nicht beackert werden sollte.

Noch am Tag des Sieges hatte Friedrich an Jordan geschrieben und ihm stolz von seinem Triumph auf dem Schlachtfeld berichtet. Die Nachricht von Friedrichs Sieg traf am 20. Mai in Berlin ein. Am Tag darauf fand aus diesem Anlass in der Domkirche auf der Spreeinsel ein feierliches Tedeum statt. Am gleichen Tage verfasste König Friedrich einen neuerlichen Brief an Jordan:

Camp de Zleby, 20 mai 1742.

Fredericus Jordano, sei gegrüßt. Zweifellos habt ihr den Brief, in dem ich euch von unserem Sieg berichtet habe, bereits erhalten. Heute habe ich die Genugtuung, euch mitzuteilen, dass er für unsere Truppen nicht sehr blutig war, was ihn für mich umso erfreulicher macht und es erlaubt, sich von ganzem Herzen darüber zu freuen.

Unsere Vorteile sind vollständig, und die Niederlage des Feindes, den wir zwei Tage lang verfolgt haben, ist so schrecklich, die Bestürzung, der

Schmerz und die Niedergeschlagenheit so allgemein, dass nichts auch nur in die Nähe davon kommt.

Niemand ist gestorben, den wir kennen. Der liebe Rottembourg, der verwundet ist, wird zurückkehren, und man rechnet höchstens damit, dass unsere Toten sich auf tausend oder zwölfhundert Mann belaufen; der Verlust des Feindes wird auf sechs- bis siebentausend Mann geschätzt. Der Bericht, der über die Ereignisse vor und nach der Schlacht erscheinen wird, ist von mir selbst verfasst worden und entspricht der strengsten Wahrheit.

Ich glaube, dass der Friede uns in Kürze erreichen wird und dass ich früher nach Berlin zurückkehren werde, als Sie zu hoffen gewagt haben.

Sagen Sie Knobelsdorff, er soll mir mein liebes Charlottenburg einrichten, er soll mein Opernhaus fertigstellen; und für Sie, sorgen Sie für eine fröhliche und zufriedene Stimmung.

Adieu, lieber Jordan; du siehst, dass ich dich nicht vergesse, da ich im Augenblick nach dem Sieg an dich gedacht habe. Vale.

C'est la vie! Während für die einen ein nasser Acker als Ruhestätte genug sein musste, sorgte sich der König um die Einrichtung eines Lustschlosses und die rechtzeitige Fertigstellung seiner Oper!

An all den Feierlichkeiten und rauschenden Festen zu dem großen Sieg, der wenig später tatsächlich zu einem kurzen Frieden zwischen den Kriegsparteien führte, konnte ich nicht mehr teilhaben, denn zu diesem Zeitpunkt war ich von Graf Gotters Besitztümern bei Erfurt weiter nach Bayreuth abgereist.

Es waren meine drei Söhne, die nicht nur diese Siegesfeiern miterlebten, sondern auch die Rückkehr meiner Württembergischen Dragoner nach Berlin. Diese waren im Mai 1741 mit 1.800 *„der auserlesensten Leute"* an die Front kommandiert worden und kehrten im Juli 1742 in die Preußische Metropole zurück. Im Palais Schwerin gaben meine drei Prinzen aus diesem Anlass am 10. Juli 1742 *„einen kostbaren Ball"*. Wenige Tage später besichtigte Friedrich II. höchst persönlich in Charlottenburg das Württembergische Dragonerregiment. Er spendete den Männern für ihren Einsatz großes Lob und ließ ein *„königliches Geschenk"* auszahlen. Dann ernannte er einige junge Adelige aus dem preußischen Kadettenkorps zu Fahnenjunkern im Regiment.

Zwei Monate lang kampierten die Württemberger Dragoner am Potsdamer Tor. Nachdem sie sich von den Strapazen des Feldzuges erholt hatten und ihnen wiederum im Beisein meiner drei Prinzen und deren Hofstaat 100 Remonte-Pferde übergeben worden waren, brachen sie am 24. September zu ihrem neuen Standort in Massow in Pommern auf.

Zuvor, In diesen bewegten, entscheidenden Tagen im Mai, war es jedoch zu einer Episode gekommen, die mir zu denken gab und die ich nutzte, um mich beim polnischen König und Kurfürst von Sachsen, dafür zu revanchieren, dass er mir fünf Jahre zuvor seinen Gesandten von Schellhaas zur Seite gestellt hatte, um mich bei meinen Vergleichsverhandlungen mit der vormundschaftlichen Regierung so erfolgreich zu unterstützen.

Noch in Berlin hatte ich Kenntnis von einem Brief erhalten, den König Friedrich an eines der Mitglieder meiner kleinen, intimen Tafelrunde gesandt hatte. Darin hieß es etwas kryptisch: *„Ich habe gerade einen Rat erhalten, der mir schwerfällt, weil man mir versichert, dass unsere Nachbarn einen sehr schlechten Gebrauch von einer gewissen vertraulichen Eröffnung gemacht haben, die ich ihnen zu machen wagte; Ich hoffe, dass ich darüber aufgeklärt werde, sobald ich den Marschall von Bell-Isle kennengelernt habe."*

Bei den erwähnten „Nachbarn" konnte es sich wohl nur um die Sachsen handeln, die das Missfallen des preußischen Königs erregt hatten, weil sie eine vertrauliche Mitteilung Friedrichs wohl an die Österreicher weitergegeben hatten. Nun drohten ihnen möglicherweise daraus Konsequenzen Friedrichs.

Für meinen dezenten Hinweis auf den Inhalt der Depesche Friedrichs bedankte sich der sächsische Kabinettsminister, Reichsgraf Ernst Christoph von Manteuffel, und ließ mich im Vertrauen wissen, dass der Dresdener Hof den König von Preußen von Herzen hasse und beim französischen König, beim Kaiser in Frankfurt und bei der Zarin von Russland gegen ihn intervenierte.

Manteuffel warnte mich vor Friedrich: *„Seid auf eurer Hut, ich weiß aus eigener Erfahrung, ein wie gefährlicher und tückischer Feind er ist; es wird die Zeit kommen, wo sich alle Welt vereint auf ihn stürzen wird, ihm die Flügel zu beschneiden … "*

Wilhelmine von Brandenburg-Bayreuth

Am 15. Mai hatte ich meine Söhne und Berlin verlassen. Ehe ich nach Stuttgart zurückkehrte, war das Ziel Bayreuth, um dort mit dem Markgrafen und der Markgräfin alle Fragen der Verlobung und der späteren Heirat unserer Kinder zu regeln.

Als ich Wilhelmine von Brandenburg-Bayreuth 1742 auf meiner Reise nach Berlin zum ersten Mal getroffen hatte, war sie 32 Jahre alt und damit drei Jahre jünger als ich. Trotzdem wirkte sie sehr viel älter und matronenhaft auf mich.

Man wusste um die Tragödie ihres Lebens: Spielball zwischen der ehrgeizigen Mutter, die sie unbedingt mit dem englischen Prinzen von Wales verheiraten wollte, um sie als künftige Königin von England zu sehen, und dem herrischen, brutalen Vater, der den rüpelhaften, ungehobelten Herzog von Weißenfels als ihren künftigen Gemahl ausersehen hatte, willigte sie schließlich ein, den zwar hübschen, aber ebenso farb- wie mittellosen Erbprinzen der Markgrafschaft Brandenburg-Bayreuth zu heiraten, auf den sich die beiden Eltern nach jahrelangem Streit schließlich einigen konnten.

Vorausgegangen waren schreckliche Zerwürfnisse, abwechselnd mit Vater und Mutter, die Androhungen von Enterbung, Verstoßung, lebenslanger Haft, ja sogar von gezielter Vergewaltigung durch den vom Vater erwählten Heiratskandidaten. Es müssen sich übelste Szenen abgespielt haben mit Tränen, Ohnmachten und Gewalt-Exzessen durch den Vater. Bis sich die *„Kanaille Wilhelmine"* damit abfand, ihr Leben in der Provinz an der Seite eines kleinen Fürsten zu verbringen.

Baron de Montolieu, mein Obersthofmeister, hatte mich schon Jahre zuvor gewarnt:

„Nehmen Sie sich vor dieser Familie in Acht, Herzogin! Friedrich gibt gerne den Flöte spielenden Schöngeist und ist ein Freund wohl gesetzter, gedrechselter Worte. Doch hinter der Maske des mitfühlenden, aufgeklärten Fürsten, der sich gerne in Reimen erklärt, versteckt sich ein eiskalter, berechnender Machtmensch!"

Bei seiner halbherzig inszenierten Flucht 1730 in Ansbach und dann in Steinsfurt im Kraichgau, habe er ohne zu zögern das Wohlergehen, die Freiheit, ja das Leben seiner Vertrauten und Freunde riskiert: Selbst er, Montolieu, habe fliehen müssen, weil er befürchtete, zu enden wie der Jugendfreund des Kronprinzen, Hans Herrmann von Katte, der am Ende unter dem Schwert starb.

Als Friedrich 1731 von den Schwierigkeiten Montolieus und seiner Flucht aus Preußen erfuhr, habe er darüber nur gelacht. Wie ich ja wisse, so Montolieu, sei er Friedrich dann 1734 während des Rheinfeldzuges gegen die Franzosen zum ersten Mal seit dieser Flucht wieder begegnet. Und auch dabei habe er Friedrichs zweifelhaften Charakter zu spüren bekommen. Statt sich dafür zu entschuldigen, dass er den ehemaligen Freund in eine derart gefährliche Lage gebracht hatte, nannte Friedrich ihn einen *„Wegelagerer und Bandit"*. Er nahm Montolieu übel, dass dieser bei der Flucht nach England nicht nur seine Frau, sondern auch deren Vermögen mitgenommen und damit aus Preußen abgezogen hatte.

Man hatte daraufhin das Gerücht in die Welt gesetzt, der Marquis de Montolieu habe in wenigen Jahren das Erbe seiner Ehefrau von zwei Tonnen Gold verschleudert. Er habe sie auf einem Berg von Schulden in Berlin zurückgelassen und sei mit Juwelen im Wert von 60.000 Talern nach Württemberg geflüchtet. Nichts davon entsprach der Wahrheit.

Doch noch im April 1744 rügte König Friedrich den Baron von Pöllnitz – als dieser hoffte, in Nürnberg eine reiche Partie mit einer katholischen Dame machen zu können – er lasse sich *„durch das schlechte Beispiel des Kammerherrn Montolieu"* verführen.

Der so ungerechtfertigt bescholtene Marquis de Montolieu siedelte 1749 zusammen mit seiner angeblich in Stich gelassenen Ehefrau und dem gemeinsamen Sohn Louis nach Vevey über, als Gesandter Württembergs beim Kanton Bern. Später erwarb der Marquis ein Anwesen in Etoy und ein Haus in der Rue de Bourg in Lausanne. Sein Erbe ging, wie ich hörte, an Louis de Montolieu, der in die Fußstapfen seines Vaters trat und später ebenfalls in Württemberg diente.

Als weiteres Beispiel für den zweifelhaften Charakter Friedrichs (und seines Vaters!) hatte Montolieu mir von der 1730 erst 16jährigen Dorothea Elisabeth Ritter berichtet. Sie war die Tochter des Kantors der St. Nikolaikirche in Potsdam, und Friedrich sei damals in das Mädchen wohl nicht nur wegen seiner schönen Stimme verliebt gewesen. Nur weil sie mit Friedrich zusammen musiziert hatte und mit ihm in Begleitung von Freunden auf gemeinsamen Spaziergängen gesehen worden war, habe König Friedrich Wilhelm nach der vergeblichen Flucht seines Sohnes das Mädchen inhaftieren lassen und seinen Schergen anbefohlen, *„ … die in Arrest einsitzende Cantors Tochter auspeitschen zu lassen, und dieselbe alsdann ewig auf Spandow in das Spinnhauß zu bringen. Vorher soll dieselbe vor dem Rathhause gepeitscht werden, hernach vor ihres Vaters Hause, und dann auf allen Ecken der Stadt."*

Am 7. September 1730 wurde Dorothea Elisabeth Ritter, wie vom König angeordnet, sechsmal ausgepeitscht und dann wie eine gewöhnliche Prostituierte zur Zwangsarbeit ins Spandauer Spinnhaus gebracht. Vorher hatte sich das Mädchen – ebenfalls auf Anweisung des Königs – entwürdigender gynäkologischer Untersuchungen unterziehen müssen. Dabei wurde festgestellt, dass Dorothea noch Jungfrau war. Also hatte während ihrer nur sechs Monate dauernden Bekanntschaft mit dem Kronprinzen und auf den gemeinsamen Spaziergängen sicher kein Beischlaf stattgefunden. Erst drei Jahre nach ihrer ungerechtfertigten Inhaftierung kam Dorothea Ritter auf ein Gnadengesuch ihres Vaters hin frei.

Der Leutnant Johann Ludwig von Ingersleben, der Friedrich und Dorothea auf den Spaziergängen der beiden Verliebten begleitet hatte, kam vors Kriegsgericht und wurde zu sechs Monaten Festungshaft verurteilt, da er hätte *„wissen und urteilen können, daß S. K. M. dergleichen höchst mißfällig sein würde"*.

Doch während Friedrich nach seiner Thronbesteigung den Jugendfreund Ingersleben in sein Gardebataillon holte und ihm so eine militärische Karriere ermöglichte, hatte er jeglichen Kontakt zu der schwer bestraften und gedemütigten jungen Frau vermieden und sich keinen Deut darum geschert, an ihr das erlittene Unrecht wiedergutzu machen.

Und auch Friedrichs ältere Schwester Wilhelmine, so hatte mich Montolieu instruiert, sei mit Vorsicht zu genießen. Sie sei – trotz ihrer vielen Leiden unter dem unbeugsamen Willen ihrer Mutter und den Brutalitäten ihres Vaters – mehr als selbstgerecht, hochnäsig und davon überzeugt, dass sie ein besseres Los verdient habe, als an der Seite eines unbedeutenden Markgrafen in der fränkischen Provinz ihr Leben zu verbringen.

Solchermaßen vorgewarnt, hatte ich Wilhelmine von Brandenburg-Bayreuth bei meinem ersten Besuch Ende Januar kennengelernt. Schon da hatte ich die Einschätzung Montolieus bestätigt gefunden. Jetzt, bei meinem zweiten Aufenthalt in Bayreuth, war ihr vordergründig freundliches Verhalten, hinter dem ich jedoch ihre tiefe Abneigung gegen mich verspürte, keine große Überraschung mehr für mich.

Zusammen mit Baron de Montolieu, dessen diplomatisches Geschick mir stets eine überaus große Hilfe bedeutete, traf ich Mitte Mai den Markgrafen Friedrich und seine Frau Wilhelmine in St. Georgen am See. Hier, vor den Toren Bayreuths, hatte einer der Vorfahren des Markgrafen einen See anlegen und davor Gärten und ein Schloss errichten lassen. In dieser angenehmen Atmosphäre schlossen wir das Abkommen über die gemeinsame Zukunft unserer Kinder. Mit der Einschränkung, dass die Verbindung zwischen Carl Eugen und Prinzessin Elisabeth Friederike Sophie *„nur dann stattfinden sollte, wenn beide Parteien, sobald sie zu vernünftigen Jahren gelangt, darein willigten“.*

Mein Aufenthalt in Bayreuth erstreckte sich über mehrere Tage. Anfänglich saß man recht steif zu Tisch und führte eine ebenso langweilige wie gezwungene Konversation. An einem der Abende, um das Geschehen etwas aufzulockern, machte ich einige Scherze und warf dem Markgrafen über den Tisch hinweg eine Serviette zu, die dieser geschickt auffing und nun seinerseits lachend in die Runde warf …

Nachdem das Eis erst einmal gebrochen war, bestimmten kurzweiligere Themen unsere Zusammenkünfte. Besonders die beiden jüngeren Schwestern der Hofdame Wilhelmine Dorothee von Marwitz, Albertine und Caroline, zeigten sich begeistert von der *„französischen Art“*, wie sie mein Verhalten in Gesellschaft interpretierten. Im Gegensatz zu Markgraf Friedrich, dem *„Schmetterling“*, der sich gerne und willig den neuen, für Bayreuther Verhältnisse so gelockerten Sitten bei Tisch unterwarf, kam diese Art von *„unangemessenen Lustigkeiten“* bei der Markgräfin Wilhelmine weit weniger akzeptabel an. Ihr Urteil über mich, fiel dann auch entsprechend frostig aus: *„Ihr hauptsächliches Studium ist das zu gefallen, alle ihre Bestrebungen gehen nur dahin. Neckereien, kindisches Benehmen, Blicke werfen, kurz alles, was man Koketterie nennt, wird zu diesem Zwecke angewendet. Die beiden Marwitz setzen es sich in den Sinn, daß die Art und Weise dieser Prinzessin französisch sei und daß man sich, um ein schönes Ansehen zu haben, nach diesem Muster bilden müsse … "*

Vor allem Albertine, die ältere der beiden Marwitz-Schwestern, wich nicht mehr von meiner Seite und nahm jedes meiner Worte mit Begeisterung auf. Offensichtlich verstand sie es, diese Begeisterung auch an den Markgrafen zu übertragen. Sehr zum Missfallen der Markgräfin Wilhelmine: *„Innerhalb vierzehn Tagen veränderte alles sein Ansehen. Man gab sich Mühe sich zu schlagen, sich die Servietten an den Kopf zu werfen, wie scheu gewordene Pferde zu rennen und sogar beim Singen gewisser sehr zweideutiger Lieder sich zu umarmen"*. Die Ärmste dachte allen Ernstes, dass erst mein Besuch ihren Haushalt so durcheinander gebracht hatte. Dabei konnte jeder sehen, der Augen im Kopf hatte, dass Markgraf Friederich nicht nur der Hofdame Wilhelmine Dorothee von Marwitz, sondern auch deren kleiner Schwester Albertine längst in einer Weise zugetan war, die weit tiefer ging als nur harmloses Serviettenwerfen oder das Absingen schlüpfriger Lieder.

Nun, ich weiß nur zu genau, wie so etwas beginnt und wie es endet! Und ich weiß, wie es sich anfühlt. So konnte ich durchaus nachempfinden, wie sehr es die Markgräfin Wilhelmine treffen musste, wenn sich der Ehemann einer Mätresse zuwandte und es sich dabei auch noch um die eigene, beste Freundin und Vertraute handelte!

Als ich Bayreuth verließ, hatte ich dort wohl den mir vorauseilenden Ruf als liederliche Frau bestätigt – zumindest bei der Markgräfin. Trotzdem hatte ich zum Abschied die künftigen Schwiegereltern meines Sohnes samt ihrem Anhang für August zu einem Gegenbesuch nach Stuttgart eingeladen, und diese hatten die Einladung angenommen. Darüber hinaus hatten wir vereinbart, dass Prinzessin Elisabeth Friederike Sophie zuvor noch nach Berlin reisen sollte, damit sich das junge Paar näher kennenlernen konnte und *„bei vermehrtem Umgang die Gemüter besser verbunden würden."* Carl Eugen, mit dem schon bei meinem Aufenthalt in Berlin über die Verlobung mit Elisabeth Friederike Sophie gesprochen worden war, zeigte sich nicht nur einverstanden, sondern über beide Ohren verliebt. Denn mit der künftigen Braut wechselte er bereits seit dem ersten Kennenlernen mit viel Leidenschaft verfasste Briefe und Gedichte.

Beim Gegenbesuch des Markgrafen und der Markgräfin im August in Stuttgart lag wieder einmal brütende Hitze über der Residenzstadt. Es bot sich also an, mit den Gästen nach einigen Tagen in den kühlen Schwarzwald weiterzureisen, zur Kur nach Teinach. Hatte Markgräfin Wilhelmine, vom Hof in Berlin wohl Größeres und Besseres gewohnt, schon in Stuttgart die Nase gerümpft, so erging dies anfänglich in Teinach nicht viel besser. Geheimrat Georg Bernhard Bilfinger konnte jedoch seinem Ratskollegen Geheimrat Georgii in Berlin auf dessen besorgte Nachfrage hin berichten: *„Daß die baireutschen Herrschaften in Deinach mißvergnügt gewesen, weiß ich nicht. Im Anfang gabs Mißverständnis mit den Fräulein, da man die Hofdames nach hiesiger Mode setzt. Ob sie wohl in Baireuth nach den verheiratheten Dames sitzen, wo sie den Rang gleich nach den Geheimrathsfrauen haben. Man hat sich aber hernach von der hiesigen Mode belehren lassen und ist lustig gewesen und hat brav getanzt"*.

Im Netz des Königs

Wie viele Stühle gibt es, zwischen denen man sitzen kann? Irgendwann im Herbst dieses Jahres 1742 hatte ich das Gefühl, ich saß zwischen allen, die man sich nur denken kann! Die Landschaft, der Geheime Rat, die vormundschaftliche Regierung – sie alle lavierten, um Württemberg so weit möglich aus den erneut aufflammenden Auseinandersetzungen zwischen den großen Mächten herauszuhalten. Und Herzog Carl Rudolph von Württemberg-Oels war in erster Linie nur daran interessiert, seine persönlichen Besitzstände in Schlesien zu wahren.

Die Markgräfin von Bayreuth hatte sich – was meine Person betraf – ihrem Bruder gegenüber zwar Honig süß gegeben (*„die*

Herzogin von Württemberg ist vorgestern zu unserem großen Bedauern abgereist, da sie eine angenehme Gesellschaft war. Man sagt, dass der Kaiser in zwei Wochen in Nürnberg sein wird. Wir werden um diese Zeit nach Erlangen zurückkehren und von dort aus meine Schwester in Ansbach und die Herzogin besuchen, die im Wildbad sein wird … "), doch ich wusste, dass sie meine Gesellschaft nicht sonderlich schätzte. Und selbst meinen engeren Berliner Freunden – Jordan, Bielfeld, Pöllnitz – konnte ich nicht mehr blind vertrauen: denn so wie sie untereinander über ihre Schriften, Manuskripte und Briefe diskutierten, mich in alle ihre kleinen und großen Geheimnisse einweihten, mich über den Klatsch in den Boudoirs und Berliner Zirkeln informierten, mir Kopien ihre Briefe – auch an Friedrich – schickten, aus seinen Antworten daraus zitierten, musste ich fürchten, dass sie auch König Friedrich und andere über jeden meiner Schritte und Gedanken in Kenntnis setzten …

Ja sogar meine eigenen Leute – Laubsky, von Geyern, d'Espars – stellten ihre persönlichen Neigungen und Interessen in den Vordergrund: Sie organisierten mit großem Eifer Empfänge, Soiréen und Gesellschaften, denn seit die kleine Prinzessin aus Bayreuth während des Sommers in Berlin zu Gast gewesen war, dachte Erbprinz Carl Eugen nur noch in Liebesreimen, an Tanz und Tändeleien und eroberte die Salons und die Aufmerksamkeit der Berliner Damenwelt mit seinem jungen Charme wie im Fluge. Der Erziehungsplan Bilfingers wurde einmal mehr vernachlässigt. Nur Euler und Mylius erfüllten treu die ihnen auferlegten Pflichten als Lehrmeister meiner Prinzen …

Oder sollte ich bei all diesen unwägbaren Entwicklungen, Gefühlen und Verhältnissen lieber sagen, ich fühlte mich in diesem Herbst wie auf einem Pulverfass sitzend? Der Friede, den König Friedrich II. nach der siegreichen Schlacht bei Czaslau und Chotusitz so nahe sah, wurde tatsächlich am 28. Juli 1742 in Berlin besiegelt. Preußen gewann dabei den größten Teil Schlesiens, Österreich musste bis auf wenige Städte wie Jägerndorf und Troppau darauf verzichten.

Dafür hielt die Erzherzogin Maria Theresia nahezu ganz Bayern besetzt. Kaiser Karl VII. residierte weiterhin im Frankfurter Exil. Dass dieser Friede also mehr als brüchig war, konnte jeder,

der nur wollte, mit Händen greifen! Neue Allianzen zu Gunsten Österreichs und gegen Preußen wurden bereits geschmiedet. Dabei gerieten erneut Württemberg und die drei Prinzen ins Visier der konkurrierenden Parteien.

Um neben dem Erbprinzen auch meinen Sohn Ludwig Eugen stärker an sich und an Preußen zu binden, hatte ihm König Friedrich am 8. September 1742 das Dragonerregiment Nr. 2 übertragen. Nachdem dessen bisheriger Inhaber, Friedrich Otto Freiherr von Wittenhorst-Sonsfeld, seinen Abschied genommen hatte. Doch als die österreichische Herrscherin Maria Theresia wenig später ihrerseits den Landprinzen Carl Eugen zum Inhaber eines Dragonerregiments erklärte, kam es in der Berliner Hofgesellschaft zu ersten Animositäten gegen meine drei Söhne: plötzlich galten die drei nicht mehr als das liebenswerte schwäbische *„Kleeblatt“*, das bei Hofe mit seinem Charme begeisterte, sondern sie wurden ignoriert, ja offen angefeindet und zur Zielscheibe unschöner Intrigen.

Die erste dieser Intrigen zettelte ausgerechnet meine eigene Mutter an, der es von Anfang an ein Dorn im Augen gewesen war, meine Söhne zur Erziehung nach Berlin in die Hände eines evangelischen Fürsten zu geben. Sie hatte sich mit dem Würzburger Fürstbischof Friedrich Karl von Schönborn verbündet, um die Prinzen dem preußischen Einfluss zu entziehen. Gemeinsam waren sie wohl bei Kaiser Karl VII. in Frankfurt vorstellig geworden, um diesen zu bewegen, Erbprinz Carl Eugen vorzeitig für mündig zu erklären.

Was für eine Vorstellung! Carl Eugen, kaum 16 Jahre alt, Herzog von Württemberg! Ein Kind noch, ein gerade flügge gewordener Junge, zum ersten Mal unsterblich verliebt, mit Flausen im Kopf, über die Maßen verwöhnt, abgelenkt von Tanz, Gesellschaften und allerlei anderen Vergnügungen, ohne Weitsicht und eigenes Urteil! Und dieses Kind sollte ein Land, ein ganzes Herzogtum regieren?

Andererseits war Carl Eugen schon immer ein aufgewecktes, interessiertes Kind gewesen. Mit guten, viel versprechenden Anlagen. Jetzt als Jugendlicher zeigte er sich als begabter, gelehriger Schüler, von rascher Auffassung, ausgestattet mit Intelligenz und einem starken Selbstbewusstsein, das sich über die Maßen aus der übergroßen Aufmerksamkeit nährte, die man ihm von Kindesbeinen an als Erbprinz Württembergs entgegenbrachte. Einige Jahre noch hätte ich ihm gerne gegönnt, in denen er seine Ausbildung vervollständigen, in denen er Kenntnisse und Erfahrungen sammeln, auf Reisen seine Sicht der Welt erweitern konnte. Dann hätte er alle Grundlagen, um – mit guten Beratern an seiner Seite – ein hoffnungsvoller, gerechter und weit blickender Landesherr zu werden.

Es gab also Gründe genug, meine drei Söhne wieder nach Hause zu holen und sie all diesen Anfeindungen, Intrigen und den sich widersprechenden, schädlichen Einflüssen und Einflüsterungen zu entziehen. Wie zu erwarten, stieß mein Wunsch, nach Berlin zu reisen und die drei Prinzen dort abzuholen, bei König Friedrich auf so gar keine Gegenliebe.

Schon im November 1742 hatte ich an Graf Gotter geschrieben und einen Brief an den König beigefügt mit der Bitte, diesem meine Klagen und Wünsche mitzuteilen. Die Antwort Friedrichs an Gotter – und damit auch an mich – kam postwendend:

Potsdam. 14. November 1742.

Ich habe Ihren Brief vom 10. dieses Monats erhalten, zusammen mit dem Brief, den die Herzogin von Württemberg für mich an Sie gerichtet hat. Ich bin verärgert, dass sie so viel Unmut über mein Thema macht, und ich sehe wohl, dass ich gezwungen sein werde, etwas für den Favoriten zu tun, um sie zu mildern, woran ich denken werde.

Da sie ihre Lust, eingeladen zu werden, um nach Berlin zurückzukehren, deutlich genug zeigt, möchte ich, dass Sie mir Ihre Meinung mitteilen, ob es angemessen sein wird, sie kommen zu lassen, oder nicht; und wenn ja, ob sie mit der Stimmung, in der Sie sie kennen, während des Aufenthalts, den sie in Berlin machen kann, zufrieden sein wird oder nicht.

Denn ich muss Ihnen sagen, dass es mir absolut unmöglich sein wird, mich um ihretwillen zu zwingen, und dass meine Beschäftigungen derzeit zu ernst sind, als dass ich mich, während sie in Berlin ist, nur mit ihr beschäftigen dürfte. Ich warte auf Ihre Meinung dazu, bevor ich ihren Brief beantworte. Ich bin

Ihr liebevollster König,

Frederic.

Wie ich später erfuhr, hatte darauf Gotter seinem König empfohlen, meinen Besuch möglichst weit hinauszuschieben und mich erst für den Februar nach Berlin einzuladen. Da er wusste, dass ich bereits eine Einladung zum Karneval nach Bayreuth angenommen hatte, war er sich sicher, dass ich aus diesem Grund auf eine gleichzeitige Einladung Friedrichs nicht eingehen würde. So wollte man Zeit gewinnen! Außerdem hatte Gotter dem König vorgeschlagen, ebenfalls beim Kaiser die vorzeitige Mündigkeitserklärung für meinen Sohn Carl Eugen zu erwirken. Allerdings aus ganz anderen Gründen als meine Mutter und der Würzburger Fürstbischof. Man wollte so die Dauer der vormundschaftlichen Regierung abkürzen und meinen Einfluss auf die Prinzen schmälern, sollte ich nicht freiwillig von meinem Ansinnen abrücken, meine Söhne aus Berlin abzuziehen.

Daraufhin ließ König Friedrich seinem Minister am 17. November 1742 wissen: „*Was die Mittel betrifft, die Sie mir vorschlagen, um die Herzogin dazu zu bringen, ihre Absichten gegen meine Interessen zu ändern, oder um sie zurückzuweisen, finde ich alle gut, aber bevor wir sie anwenden, müssen wir ihre Antwort abwarten und sehen, was sie in Bezug auf die Prinzen, ihre Söhne, tun will. Ich würde es immer vorziehen, wenn wir sie, wenn möglich, auf sanfte Weise umstimmen könnten, was wir zumindest versuchen sollten, bevor wir es zum Éclat kommen lassen und bevor wir uns gewaltsamer Mittel bedienen.*“An welche gewaltsamen Mittel Friedrich und Gotter dabei dachten, konnte ich leider nie in Erfahrung bringen. Doch wenn sie mir Gewalt androhten, würde ich ihre Pläne durchkreuzen und sie mit Standhaftigkeit und List schlagen!

Dann kam der Winter. War dieser im Jahr 1741/42 in Berlin noch ein einziges rosarotes Abenteuer für meine Söhne gewesen, so erlebten sie ihn jetzt eiskalt, aschgrau und abweisend in jeder Hinsicht. Als wenn der Krieg und die politischen Spannungen nicht schon genug gewesen wären, wurde ganz Europa von einer in dieser Form kaum je gekannten Seuche heimgesucht. Das Katarrhfieber nahm seinen Ausgang in Italien und breitete sich in Windeseile nordwärts aus. Gerade in der Zeit des Karnevals erreichte die Synocha catarrhalis epidemica oder Influenza, wie die Ärzte sie jetzt nannten, auch Berlin. Wie so viele erkrankten auch meine drei Söhne an dieser Seuche. Sie wurden von heftigen Kopfschmerzen, Husten,

Brustbeschwerden und hohem Fieber geplagt. Ihre Leibärzte Geßner und Bellair hatten alle Hände voll zu tun, die Symptome zu bekämpfen und den drei Prinzen zur Genesung zu verhelfen. Denn nicht wenige der vielen Kranken in der Stadt, die weniger gut versorgt waren, starben an dem höllischen Fieber.

Die Krankheit, das hässliche Wetter und auch die vielen kalten Schultern, die ihnen plötzlich bei Hofe gezeigt wurden, irritierten meine Söhne über die Maßen. Sie weckten ihr Heimweh und verleideten ihnen Berlin mehr als gründlich. Schon Mitte April und dann Anfang Mai erhielt ich von Carl Eugen die ersten Briefe, in denen er die bedrückende Situation schilderte und darum bat, zusammen mit seinen Brüdern nach Stuttgart zurückkehren zu dürfen. Und als dann der Frühling zu Ende ging und der Sommer begann, erreichte mich eine wahre Flut von zum Teil sehr ergreifenden, jammervollen Schreiben aus den Federn meiner drei Söhne. So klagte am 6. Juli 1743 der 11jährige Friedrich Eugen:

Madame und sehr liebe Mama,

ich kann es nicht mehr ertragen, schöne Mama, all die Grobheiten, die man uns in Berlin angetan hat. Gestern am Hofe hatten sie nicht die Höflichkeit, mit uns ein Spiel zu machen. Sie erwidern uns nicht einmal ein Kompliment, sie sprechen nie ein einziges Wort mit uns.

Die Prinzessinnen drehen uns immer den Rücken zu, sie machen sich, glaube ich, eine Ehre daraus, unhöflich zu uns zu sein, denn sie lassen es wirklich jeden, der da ist, merken.

Sie reden mit denen zu unserer Rechten und zu unserer Linken und sogar mit denen hinter uns, aber nie mit uns. Schöne Mama, ich möchte lieber zwei Jahre in einem württembergischen Dorf verbringen als ein halbes Jahr in Berlin. Ich kenne in meinem Leben keinen abscheulicheren Ort als Berlin. Ich kann dort nicht bleiben, ich werde dort sterben.

Wenn wir einmal in das liebe Württemberg zurückkehren, können wir sehr wohl sagen, dass wir im Himmel und vom Fegefeuer befreit sind. Wenn ich noch einen Winter hierbleibe, sterbe ich einfach, schöne Mama.

Wir sind schon bald zwei Jahre hier, ich glaube, das ist genug. Wenn wir nach Stuttgart zurückkehren, dann werde ich mit großer Freude Alleluja singen, es wird sein, als hätte man mir das Leben geschenkt.

Ich hoffe, dass wir bald in unser geliebtes Land Württemberg kommen können, ich bin mit tiefem Respekt erfüllt,

sehr geehrte Madame und liebe Mama,

Ihr sehr demütiger und gehorsamer Diener und unterwürfiger Sohn,

Friedrich Prinz von Württemberg

P.S.

Haben Sie die Gnade, schöne Mama, meine Komplimente an die liebe Schwester und Fräulein Venediger zu machen.

Bitte seien Sie gnädig, schöne Mama, ich werde meinen großen Auftrag nicht vergessen.

Wie also hätte ich nicht zu Tränen gerührt sein sollen, diese Zeilen von einem meiner lieben Söhne zu erhalten? Zumal ich Ähnliches in den Briefen Carl Eugens und Ludwig Eugens lesen musste …

In der Folge schalt ich König Friedrich einen Tyrannen, der mir meine Söhne vorenthalten wollte. Und Herzog Karl Friedrich von Württemberg-Oels, ebenso den Geheimen Rat, die wohl von den Prinzen ähnlich lautende Briefe erhalten hatten, flehte ich an um ihre Unterstützung und Zustimmung, meine Söhne nach Württemberg zurückholten zu können. Doch stieß ich auch bei diesen Herrn mit meinem Ansinnen auf harsche Ablehnung und wenig Verständnis.

Bereits im April und im Mai hatte sich Carl Eugen, überzeugt davon, dass *„die Ratsherren mit der Gelehrsamkeit zufrieden sein werden, die ich während des Noviziats, das sie mich hier haben machen lassen, an den Tag gelegt habe“*, mit einem anklagenden, flehentlichen Appell an die Vormundschaftliche Regierung in Stuttgart gerichtet, in dem sich Passagen fanden, wie

„ … ich glaube nicht, dass sie mich so wenig lieben, dass sie das Interesse einiger Leute meinem wahren Interesse vorziehen …

… muss ich hier sterben? Der Aufenthalt ist schädlich für meine Interessen und meine Gesundheit …

… wenn man die Absicht gehabt hätte, mich auf eine Reise zu schicken, wie man sie mir vorgaukelte, hätte man darauf geachtet, was meine wirklichen Interessen sind: aber nun, wird Berlin mein Grab sein …

… zwei Jahre in demselben Haus, von meiner Mama entfremdet und aus meinem Land verbannt … “

Die Herren benötigten zwei Monate, um sich zu entscheiden, dann legten sie mir ihre Antwort auf meine Bitten vor. In einem zwölfseitigen Memorandum begründet, am 11. Juni 1743 *„untertänig und gehorsam"* unterzeichnet von den Geheimräten Hardenberg, von Wallbrunn, Bilfinger und Zech, lehnte es die Vormundschaftliche Regierung schlichtweg ab, meinen drei Prinzen die Rückkehr nach Hause zu gestatten.

Was die angeblich angegriffene Gesundheit der Prinzen angehe, so sei man außer Sorge, da die bisherigen Berichte der *„Leibmedici und Leibchirurgi"* zeigten, dass die Prinzen wohlauf seien. Zur Sicherheit sollten sie noch einmal gründlich untersucht werden und von Hofmeister Laubsky forderten sie, unter Eid Auskunft über das Befinden der Prinzen zu geben, und ob die Witterung in Berlin tatsächlich einen so schädlichen Einfluss auf sie habe, dass man sie nach Württemberg zurückholen müsse. Sollte sich herausstellen, dass Unzufriedenheit und Verdrießlichkeit meiner Söhne von ihrer Umgebung geschürt werden, so drohte die vormundschaftliche Regierung damit, die Schuldigen festzustellen und auszutauschen. Sollten die Gründe dafür bei Hofe zu suchen sein, dann wolle man über den Oberhofmarschall von Gotter oder den Minister von Marschall Beschwerde beim König darüber führen.

Dann legte man mir breit und ausführlich dar, dass man verhindern wolle den preußischen König durch die vorzeitige Abreise der Prinzen vor den Kopf zu stoßen und welch große Vorteile Württemberg durch sein Wohlwollen genieße. Denn nur deshalb sei das Land während der letzten Jahre im Krieg gegen Österreich so unbeschadet davongekommen. Man sehe es als höchst gefährlich an, sich jetzt zu einem Verhalten treiben zu lassen, das die bis jetzt genossenen Vorzüge ins glatte Gegenteil verwandeln könnte. Das Ratskollegium empfahl also, lieber abzuwarten, bis König Friedrich selbst die Prinzen gehen lasse – um ihn nicht zu beleidigen und damit es in der Welt kein Gerede darüber gebe.

Dann sprachen die Räte noch einmal die Vermutung aus, dass *„des Erbprinzen Hand von bösartigen Menschen mißbraucht"* worden sei, die Württemberg übel wollten. Der Geheime Rat werde der Sache auf den Grund gehen und die Schuldigen mit Nachdruck bestrafen. Allerdings konnte auch ich nicht übersehen, dass sich hinter den sich wiederholenden und zum Teil gleich lautenden Briefen meiner drei Söhne der Einfluss anderer zeigte.

Die Beschuldigungen und Vermutungen trieben seltsame Blüten. Am 11. Juli berichtete Graf Gotter dem König: „… *es besteht eine Kabale, an deren Spitze die Herzogin von Württemberg steht, welche Himmel und Erde in Bewegung setzt, damit die Prinzen zurückkehren*“, und den Verdacht äußerte, dass ich mit Hilfe d'Espars den Erbprinzen manipuliere, um „*auch nach seiner Großjährigkeit die Administration der Angelegenheiten*“ zu behalten. Wenige Tage später stellte Graf Podewils die Vermutung an: „*Montolieu und d'Espars haben der Herzogin-Witwe und der Markgräfin von Brandenburg-Bayreuth glauben gemacht, daß der König die Prinzen in Berlin zurückhielte, um ihnen die Heirat mit der Prinzessin von Bayreuth zu verleiden und daß man dem jungen Herzog eine andere Prinzessin vorschlagen wolle* … “

König Friedrich reagierte postwendend und setzte Markgräfin Wilhelmine darüber in Kenntnis, „*dass ein gewisser Despars und ein anderer Mann, den ich nicht nenne, in der Absicht, mich mit der Herzogin von Württemberg zu entzweien, Ihnen, meine liebe Schwester, Andeutungen gemacht haben, als ob ich die Absicht hätte, die Ehe zwischen Ihrer Tochter und dem jungen Prinzen von Württemberg zu verhindern, und ihre Bosheit so weit getrieben haben, dass sie der Herzogin nahelegten, man müsse ihre Kinder aus Berlin abziehen. Ich halte Sie für zu aufgeklärt, meine liebe Schwester, um in eine so grobe Falle zu tappen, und ich bin überzeugt, dass Sie mehr Vertrauen in mich haben, als in einen Despars und einen M* … “

Nun, für den Marquis de Montolieu legte ich meine Hand ins Feuer, und Hofmeister Laubsky verwahrte sich vehement gegen jede Unterstellung, er würde die Prinzen manipulieren. Er lasse „*die Duchlauchtigsten Prinzen schreiben, was ihnen das Herz diktieret*“ und Prinz Carl Eugen sei kein Kind mehr, das er zwingen könne, „*so er mir die Briefe an seine Durchlauchtigste Mama nicht lesen lassen wollte*“.

Schließlich fiel der alleinige Verdacht auf d'Espars, den Lehrer meiner Söhne. Ich wusste, dass er das uneingeschränkte Vertrauen Carl Eugens genoss und er dies nun offensichtlich ausnutzte, um bei den Prinzen gegen Preußen und ihren Aufenthalt in Berlin zu opponieren. Man vermutete dahinter eine katholische Verschwörung, die nicht nur die weitere Erziehung der Prinzen im protestantischen Berlin, sondern auch die Heirat des Erbprinzen mit der evangelischen Prinzessin aus Bayreuth verhindern wollte. Außerdem sah man in d'Espars ein Werkzeug des französischen Gesandten Marquis Guy Louis Henry de Valory, der Preußen, dem ehemaligen Bundesgenossen im schlesisch-österreichischen Krieg, zusätzliche Schwierigkeiten bereiten wollte.

Was für ein Durcheinander sich widerstreitender Interessen, Vermutungen, Anschuldigungen und politischer Verwicklungen! Und dazwischen meine drei unschuldigen Kinder, die immer flehentlicher zurück in die Heimat drängten und dazu alle Hebel in Bewegung setzten:

Da war Laubsky, der mir berichtete, dass die Prinzen das ungemeine Verlangen hegten, meine Hände zu küssen, und dass er glaube, dass sie aus Sehnsucht krank würden, wenn sie noch einen Winter länger bleiben müssten.

Dort Carl Eugen, der vehement für seinen Freund und Vertrauten d'Espars eintrat und sich fragte, ob ihn der Geheime Rat für einen Dummkopf oder einen schlechten Charakter halte.

Dann d'Espars, der schließlich nach Stuttgart zurückbeordert wurde und sich am Ende seiner Verantwortung durch Flucht entzog …

Schließlich König Friedrich, der nicht nur seine Schwester vorschickte, um mich zu beruhigen, mich mit Geschenken und ausgesuchten Freundlichkeiten überhäufte und einzig aus politischem Kalkül alles unternahm, um die vorzeitige Abreise der Prinzen zu verhindern.

Und immer wieder die zaudernde Vormundschaftliche Regierung, die es weder mit den Franzosen noch mit den Österreichern und schon gar nicht mit den Preußen verderben wollte.

Also schickte ich im August den Marquis de Montolieu nach Berlin, um die Lage zu sondieren und alle Informationen zu sammeln, die uns in der verfahrenen Situation nützlich sein konnten. Montolieu konnte immerhin in Erfahrung bringen, dass Friedrich plante, eine *„Conföderation“* zwischen einigen Kurfürsten und Ständen im Reich zu bilden – insbesondere die Pfalz, Hessen, Württemberg, Ansbach, Bayreuth, den Bischof von Würzburg und Bamberg – um dem bayrischen Kaiser eine „Neutralitätsarmee“ gegen die vorrückenden Österreicher zu verschaffen: *„Die Verhandlungswege sind bis* *jetzt gescheitert, und Verhandlungen ohne Waffen machen so wenig Eindruck wie Noten ohne Instrumente. Es handelt sich also darum, den Vermittlungsvorschlägen, die man machen will, Gewicht und Wert zu verleihen, und es handelt sich darum, eine Armee im Feld unter den Schutz des Namens des Reiches zu stellen. Die große Schwierigkeit besteht darin, so viele verschiedene Köpfe zusammenzubringen … "*

Die Pfalz und Hessen auf seine Seite zu bringen, erschien Friedrich nicht allzu schwer, und zu Ansbach und Bayreuth pflegte er enge verwandtschaftliche Verbindungen. Die große Unbekannte in seiner Rechnung stellte damit wieder einmal Württemberg dar. Die vorzeitige Abreise der Prinzen hätte nicht nur die geplante Verlobung des Erbprinzen mit Elisabeth Friederike Sophie von Brandenburg-Bayreuth gefährdet, sondern auch Carl Eugen der unmittelbaren Einflussnahme des Königs entzogen. Also galt es, unter allen Umständen die Heimkehr meiner Prinzen zu verhindern, oder zumindest soweit wie möglich hinauszuzögern.

Im Juli 1744, während sich die Depeschen mit immer neuen Mutmaßungen, Vorwürfen und Ultimaten zwischen Berlin, Stuttgart und Bayreuth kreuzten, weilte ich mit einer kleinen Hofgesellschaft in Teinach. Hier erreichte mich die Mitteilung der Geheimen Räte von Hardenberg und Bilfinger, dass sich die österreichische Armee unter dem Kommando des Prinzen Karl Alexander von Lothringen, Schwager Maria Theresias, von Bayern her in drei Kolonnen den Grenzen Württembergs nähere, um das Land zu durchqueren und die französischen Truppen hinter den Rhein bis ins Elsaß zurückzudrängen. Man bat mich, schnellst möglich nach Stuttgart zurückzukehren, um den Lothringer und seine drei Generale Ludwig Andreas von Khevenhüller, Franz Wilhelm von Hohenems und Adam Sigmund von Thüngen gebührend in Empfang zu nehmen. Der Oberstleutnant von Röder war den anrückenden Truppen bereits entgegengeschickt worden, um den Durchzug zu regeln und die Herren in meinem Namen zu einem Bankett nach Stuttgart einzuladen.

Die Gegeneinladung folgte kurze Zeit später nach Marbach, um dort das königlich ungarische Heer in Augenschein zu nehmen. Gefeiert wurde der Sieg der pragmatischen Allianz aus England, Kurhessen und Österreich bei Dettingen am 27. Juni 1743 über die Franzosen. Bei der Parade feuerten die in Reihe angetretenen Soldaten zum Salut ihre Gewehre ab und sangen viel tausendstimmig das „Te Deum Laudamus". Ein grandioser, Herz ergreifender Moment, der nicht nur mir die Tränen in die Augen trieb …

So sehr ich mich natürlich darüber freute, Karl Alexander von Lothringen und seine tapferen Mitstreiter kennenzulernen, so sehr ich es auch genoss, bei beiden Empfängen als Herzogin im Mittelpunkt zu stehen, so sehr war mir aber auch bewusst, dass dies alles König Friedrich nicht verborgen bleiben und sein Misstrauen gegen mich weiter schüren würde. Und tatsächlich äußerte er sich wenig später triumphierend gegenüber seiner Schwester, dass er mich in der Hand habe, so lange meine Söhne in Berlin weilten: *„Ich habe den jungen Herzog hier als Treuhänder seiner Mutter, die von Natur aus den Streit sucht und launisch ist … "*.

Damit war mir klar, dass der König von Preußen niemals dieses Faustpfand für mein Wohlverhalten – und das ganz Württembergs – aus der Hand geben würde. Und tatsächlich setzte er alles daran, die Missstimmung, die meine Söhne ergriffen hatte, wieder ins Gegenteil zu verkehren. Er gab Anweisung, die drei mit ausgesuchter Höflichkeit und wohlwollendem Entgegenkommen zu behandeln, arrangierte Feste und Einladungen und schenkte Carl Eugen sogar ein überaus edles, englisches Reitpferd samt einer mit Gold durchwirkten Satteldecke und ebensolchem Zaumzeug.

Der Widerstand der Fürstinnen

Wer wollte behaupten, dass wir Frauen – über alle persönlichen Gegensätze und Motivationen hinweg – nicht in der Lage wären, den Mächtigen die Stirn zu bieten? Während es mir in erster Linie darum ging, meine Söhne nach Württemberg heimzuholen und so schnell als möglich dem Einfluss des preußischen Königs zu entziehen, dürften die Beweggründe seiner Schwester, der Markgräfin Wilhelmine, weit vielschichtiger gewesen sein: Sie fühlte sich seit langem von ihrem Bruder, diesem *„Meister der Verstellung"*, hintergangen, bevormundet und zurückgesetzt, flüchtete sich immer mehr in den verbissenen, ja manischen Wunsch, Bayreuth zur glanzvollsten Residenz auszubauen, während er sich als der große Retter Preußens und Europas selbst inszenierte. Jedenfalls hatten wir uns seit der ersten Besuche und des Kuraufenthalts im Sommer und Herbst 1742 soweit verständigt, dass wir uns bei aller Ambivalenz der Gefühle wohl gegenseitig – nein, nicht respektierten, jedoch akzeptierten! Nun – ein Jahr später – opponierte jede von uns beiden, ohne dass wir dies offen angesprochen oder gar vereinbart hätten, auf ihre Weise gegen den großen Friedrich.

Der preußische König betrieb nun ganz offen die Mündigkeitserklärung des Landprinzen, obwohl wir in dem Vertrag über dessen Heirat mit seiner Bayreuther Nichte ganz ausdrücklich vereinbart hatten, dass eine vorzeitige Mündigkeit des Erbprinzen ausgeschlossen werden sollte.

Wilhelmine verfasste in diesem Sommer einige recht spitze Briefe an ihren Bruder und brüskierte ihn, indem sie seine Einladung abschlug, zu ihm nach Berlin zu kommen und ihn dort zu besuchen. Erst im September dann – nachdem erneut von allen Seiten viel Tinte geflossen war – gelang es König Friedrich mit Wilhelmine ein Versöhnungstreffen in Bayreuth zu arrangieren, zu dem auch ich herzlich gebeten worden war.

Für Friedrich bedeutete die Visite gleichzeitig den Auftakt zu einer heimlichen Rundreise quer durch all die Fürstentümer, die er gegen Österreich auf seine Seite zu ziehen gedachte. Der Empfang in Bayreuth für ihn war herzlich, der gegenseitigen Komplimente wollte es kein Ende nehmen. Vor allem die Parteigänger Österreichs am Bayreuther Hof – und das waren nicht wenige – sollten im Glauben gelassen werden, es handle sich um eine reines Familientreffen, um das Wiedersehen und die Versöhnung der beiden Geschwister zu zelebrieren. Um dem die Krone aufzusetzen, befanden sich im Tross des preußischen Königs zwei ausgesprochen illustre Persönlichkeiten, wie sie widersprüchlicher nicht hätten sein können: François-Marie Arouet, genannt Voltaire, der gefeierte französische Philosoph, Lyriker und Schriftsteller, sowie Antonio Uberti, genannt Porporino, der nicht minder berühmte Kastrat und Opernsänger! Beiden zuzuhören war die pure Freude: wenn Porporino mit seiner vollen, überirdischen Alt-Stimme ein Adagio sang, oder wenn Voltaire geistreich über Poesie dozierte …

Doch erst nachdem König Friedrich zu seiner kleinen Schwester Friederike Luise und dem verhassten Schwager nach Ansbach weitergereist war und uns andere in Bayreuth zurückgelassen hatte, lockerte sich die Atmosphäre. Besonders in Voltaire fand ich einen willigen Zuhörer, dessen Interesse an den Gesprächen zunahm, je mehr ich mich ihm gegenüber öffnete und über mein gegenwärtiges Problem mit König Friedrich sprach und ihm die politischen Hintergründe dafür erläuterte. In einem sehr emotionalen Moment brach ich vor ihm sogar in Tränen aus, beschimpfte den König als Tyrannen, dem ich meine Söhne anvertraut und zwei Regimenter überlassen hatte, und der mich nun dazu zwinge, die ganz Welt um Gerechtigkeit für mich anzurufen!

Voltaire versuchte Trost zu spenden, indem er mir versicherte, dass es ihm persönlich mit dem König nicht viel anders ergehe. Er genieße derzeit zwar die Gunst Friedrichs, doch habe er auch dessen dunkle, gefährliche Seite schon kennengelernt: der König sei durchaus imstande *„Verrat an der Freundschaft selbst zu üben …“* König Friedrich, wohl um Voltaire noch stärker an sich zu binden, hatte versucht, ihn in Frankreich zu diskreditieren. Der König – so erzählte mir Voltaire – habe dem Bischof von Mirepoix, Jean-François Boyer, einflussreicher Erzieher des französischen Dauphins Ludwig XV, einige Schriften Voltaires zuspielen lassen, in denen dieser den Bischof als *„Erzmagier und Dummkopf“* verunglimpfte. Voltaires Eröffnungen über König Friedrich bestätigten mir meine eigene Einschätzung und was mir schon Marquis de Montolieu über dessen charakterliche Qualitäten offenbart hatte.

Kein Wunder also, dass König Friedrich mich einerseits mit Freundlichkeiten überschüttete und mir buchstäblich Honig um den Mund schmierte, mich jedoch hinter meinem Rücken gehässig als *„Medea“* titulierte, von der man sich befreien müsse!

Was für ein überzogener, unpassender Vergleich. Weder war ich eine unsterbliche Halbgöttin noch verfügte ich über irgendwelche magischen Kräfte, noch würde ich einen einzigen meiner Söhne opfern, nur um Rache an diesem König zu üben …

Nein, König Friedrich spielte auch mit mir, meinen Söhnen, ja mit ganz Württemberg sein mehr als undurchsichtiges Spiel: Einerseits versuchte er, die vorzeitige Mündigkeit Carl Eugen zu erreichen, andererseits war er bestrebt, ihn so lange als möglich in Berlin zu halten. Doch beides nicht zum Wohl des jungen Prinzen, sondern einzig und allein, um möglichst viele Vorteile für sich selbst und für Preußen zu sichern!

Als ich ankündigte, dass ich im Dezember nach Berlin reisen und dann meine Söhne sogleich nach Württemberg heimholen wolle, wurde mir unmissverständlich bedeutet, dass dieser Besuch dem König nicht erwünscht sei.

Von Etatminister Podewills erfuhr Montolieu Ende November 1743, dass der König sich bemüht hatte, seine Schwester Wilhelmine und deren kleine Tochter zu einem erneuten Besuch in Berlin zu animieren, in der Hoffnung, dass Carl Eugen sich dadurch länger in der Einfluss-Sphäre des Königs halten ließ. Doch Wilhelmine hatte auch dieses Mal abgelehnt, zum großen Bedauerns ihres Bruders, der Podewills wissen ließ, *„ … die Bayreuther kriege ich nicht nach Berlin, so lange sie noch Geld haben … “*. Und dem Kaiser hatte er abverlangt, seine Mündigkeitserklärung an Bedingungen zu knüpfen und *„noch eine Kondition zu machen, dass der junge Herzog ihm nicht so conträr sein wolle als die bisherige Administration … “*. Denn auch die *„Administration“*, also die vormundschaftliche Regierung Württembergs, tendierte trotz aller religiöser Bindungen an Preußen nun mehr und mehr in Richtung Österreich.

Auf die eindrückliche Anweisung des Königs hin, versuchte dessen Etatminister Podewills, von Marquis de Montolieu Einzelheiten über die angebliche Vorliebe der württembergischen Räte von Hardenberg und Bilfinger für Maria Theresia zu erfahren. Die Animositäten der beiden Räte dem preußischen König gegenüber, hatten jedoch ganz andere Gründe. Friedrich August von Hardenberg, ebenso wie der mit ihm eng befreundete Georg Bernhard Bilfinger, hatten das erklärte Ziel, die Prinzen und damit das ganze fürstliche Haus Württemberg zur evangelischen Kirche zurückzuführen. Sie beide waren die glühendsten Verfechter dafür gewesen, meine Söhne nach Berlin zu schicken. Hardenberg hatte mich 1742 nach Berlin begleitet und war maßgeblich daran beteiligt gewesen, die Vereinbarung über die künftige Vermählung Carl Eugens mit der Bayreuther Prinzessin einzufädeln. Doch genauso vehement widersetzten sich Hardenberg und Bilfinger dem Bestreben König

Friedrichs, den Erbprinzen vorzeitig für mündig erklären zu lassen, da sie – genauso wie ich dies tat – von dem blutjungen Herzog wenig Gutes für des Land erwarteten. Und ganz unabhängig davon, versuchten beide, einvernehmlich mit mir, Württemberg und den ganzen schwäbischen Reichskreis unter allen Umständen aus dem Konflikt zwischen Preußen und Österreich herauszuhalten.

Dass darüber hinaus bei Hardenberg und Bilfinger auch noch persönliche Gründe eine Rolle spielten, gegen König Friedrich zu opponieren, sei nur am Rande erwähnt: Hardenberg wertete den Einfall Friedrichs II. in Schlesien und dessen Krieg mit Österreich als Frevel gegen die festgefügte Ordnung im Reich. Und Bilfinger nahm dem König übel, dass er von diesem für seine Vorschläge für ein neues System zum Bau von Festungsanlagen weder die gebührende Aufmerksamkeit noch jemals eine angemessene Gratifikation erhalten hatte.

Um diesen gordischen Knoten aus widerstreitenden Interessen und politischen Winkelzügen endlich zu lösen, hatte mittlerweile auch ich mich dazu durchgerungen, bei Kaiser Karl VII. selbst um die vorzeitige Mündigkeitserklärung des Erbprinzen nachzusuchen: Wenn ich diese schon nicht verhindern konnte, dann wollte ich doch die Möglichkeit haben, die Bedingungen und den Zeitpunkt selbst zu bestimmen!

Am 21. November 1743 vermerkte König Friedrich zu meinem Vorstoß beim Kaiser: *„Sehr gut. Es soll in sehr obligeanten Terminis an den Kaiser geschrieben werden. Ehe dieser Brief abgehet, muss der Etatsminister Graf von Podewils solchen an den jungen Herzog mit einem convenablen Compliment in Meinem Namen weisen. Klinggräffen aber muss unter der Hand and ganz en secret instruiret werden, die Sache wegen der Majorennitätserklärung solcher Gestalt de bonne grâce zu trainiren, dass der Monat April oder Mai herankommet, ehe alles ajustiret wird.“*

„Unter der Hand und ganz en secret … “ Ganz typisch für den preußischen Monarchen, der auf welche Weise auch immer alle Trümpfe in die Hand bekommen wollte. Denn bis zum Mai, so hoffte er, die von ihm anvisierten Reichsfürsten in seiner *„Confööderation“* vereint zu haben, denn dann könnte er *„im Juli 1744 an der Spitze der größten Streitkräfte des Reiches stehen und damit den König von England und die Königin von Ungarn zwingen, die Friedensbedingen, die ihnen vorgeschrieben werden, zu akzeptieren“*.

Nun, meine Ziele waren da weit weniger ambitioniert. Ging es mir doch einzig darum, meine Söhne wieder wohlbehalten in Württemberg zu wissen und die für alle Seiten vorteilhafte Verbindung zwischen Carl Eugen und seiner jungen Bayreuther Braut dauerhaft gesichert zu haben.

Am Tag, nachdem König Friedrich seine Anweisungen gegeben hatte, richtete er ein Schreiben an den Kaiser, in dem er meinen Antrag vehement unterstützte und meinen Ältesten und dessen außergewöhnliche Reife in den höchsten Tönen hervorhob:

Monsieur, mein Bruder!

Da ich auf Antrag meiner Cousine, der Herzogin-Witwe von Württemberg, meinen bevollmächtigten Minister bei Eurer kaiserlichen Majestät, Herrn von Klinggraeffen, beauftragt habe, sie zu bitten, mir ein neues Zeichen ihrer kostbaren Freundschaft und Zuneigung zu geben, indem sie meinen Cousin für volljährig erklären, den jungen Herzog von Württemberg, auch auf Drängen seiner Frau Mutter, der Wahrhaftigkeit und den Verdiensten, der Fähigkeiten und den guten Eigenschaften und Talenten des jungen Herzogs, ihres ältesten Sohnes, gerecht zu werden, die ihn hinreichend in die Lage versetzen, aus eigener Kraft größere Staaten zu regieren, wenn es sein müsste, als die, welche die Vorsehung seiner Fürsorge anvertraut hat.

Ich wage es, Ihrer Kaiserlichen Majestät zu versichern, dass niemand dies authentischer bezeugen kann als ich, da ich das Vergnügen und die Genugtuung hatte, diesen jungen Prinzen einige Jahre lang sozusagen vor meinen Augen und an meinem Hof unter Anleitung aufwachsen zu sehen, selbst zu sehen, welche Fortschritte er in allem gemacht hat, was zu einer Erziehung gehört, die einem Prinzen seines Ranges und seiner Geburt angemessen ist, und wie sehr seine glückliche, sorgfältig gepflegte Natur seinem Alter vorausgegangen ist und ihm Kenntnisse, Talente und Eigenschaften verschafft hat, die geeignet sind, einen Prinzen zu bilden, der fähig ist, selbst zu regieren und seine Untertanen glücklich zu machen.

Ich hoffe, dass Ihre Kaiserliche Majestät aus diesen Gründen meiner Cousine, der Frau Herzogin-Witwe, Regentin von Württemberg, und meinem Cousin, dem Herzog, ihrem ältesten Sohn, die Gnade nicht verweigern wird, die die erstere mit so viel Nachdruck verlangt und die der letztere mit so viel Recht verdient.“

Im Dezember dann forcierte König Friedrich die Mündigkeitserklärung Carl Eugens beim Kaiser erneut. Allerdings – so erfuhr ich wiederum über Montolieu und dessen Berliner Verbindungen – wollte er sich im Geheimen mit dem Kaiser darüber einigen, *„dem jungen Herzog Verpflichtungen"* aufzuerlegen und *„damit an die Interessen Frankreichs und Bayerns zu ketten"* – und damit natürlich auch an die Interessen Preußens.

Nun endlich beauftragte der Kaiser seinen Reichshofrat Friedrich Samuel von Montmartin, einen Juristen, der zuvor im Dienste des Markgrafen von Brandenburg-Bayreuth und des fränkischen Reichskreises gestanden hatte, zusammen mit dem preußischen Gesandten am Hof des Kaisers in Frankfurt, Joachim Wilhelm von Klinggräffen, die Angelegenheit der Volljährigkeit des jungen Herzogs zu regeln.

Während König Friedrich immer noch hoffte, dass die bevollmächtigten und beauftragten Minister der einzelnen Parteien in Frankfurt die zu seinen Gunsten formulierten geheimen *„Artikel"* der Mündigkeitserklärung unbesehen unterzeichnen würden, stellte ich mich, unterstützt von Hardenberg und Bilfinger dagegen quer.

Auf meine Anweisung hin erklärte Marquis de Montolieu am 30. Dezember gegenüber dem Etatminister Graf Podewills in Berlin, dass wegen des Vertrages zwischen dem Erbprinzen und dem Kaiser nicht verhandelt werden könne, so lange der Regentschaft die genauen Inhalte nicht bekannt seinen, da man fürchten müsse, mit diesem Geheimvertrag dem Wiener Hof vor den Kopf zu stoßen.

Die Antwort des Königs, die er am Tag darauf durch seinen Cabinettesrat August Friedrich Eichel übermitteln ließ, war der blanke Affront: Er sehe keine Veranlassung, mich oder die vormundschaftliche Regierung über den Inhalt des geheimen Vertragswerks zu informieren, *„weil der Prinz durch die Majorennität die Regierung … alleine bekäme und alsdann von dem, so er gethan, weder der Mutter noch der Regierung Red und Antwort zu geben schuldig wäre."*

Noch während dieses politische Geplänkel lief – und viel, viel schneller, als ich zu hoffen gewagt hatte –, entschied der Kaiser,

Carl Eugen die vorzeitige Mündigkeit zu erteilen – ohne zusätzliche Conditionen und geheime Vereinbarungen! Sicher hatten dabei auch die 50.000 Gulden eine Rolle gespielt, die ich zusammen mit meinem Gesuch dem Kaiser hatte übersenden lassen, um meinem Wunsch den nötigen Nachdruck zu verleihen!

Bei König Friedrich dagegen dürfte der schnelle kaiserliche Erlass zu großer Enttäuschung geführt haben. Er hatte wohl damit gerechnet, dass die ansonsten äußerst schwerfällige kaiserliche Administration Monate, wenn nicht gar Jahre benötigen würde, um die Majorennitätserklärung auf den Weg zu bringen. So lange hätte er dann in Berlin noch über die Württemberger Prinzen verfügen und auf sie Einfluss nehmen können.

In dem vom 7. Januar 1744 datierenden Dekret, erklärte Karl VII., dass er den jungen Erbprinzen von Württemberg auf dessen eigenen Wunsch und auf das Gesuch seiner Mutter hin, sowie unter Berücksichtigung der positiven Zeugnisse und der Verwendung des preußischen Königs, die *„Vollbürtigkeit“* erteile und dass damit die bisherige Vormundschaft aufgehoben werden solle. Damit waren die Weichen gestellt für die baldige Abreise meiner drei Söhne aus Berlin: Graf Waldenburg-Zeil überbrachte die Urkunde des Kaisers über die Volljährigkeit Carl Eugens dem preußischen König, der diese in einer feierlichen Zeremonie am 5. Februar 1744 an den Erbprinzen weiterreichte – nicht ohne ihn darauf hinzuweisen, welch hoher Bestimmung und großer Verantwortung er nun entgegengehe.

Damit war nun mein ältester Sohn, nur wenige Tage vor seinem 16. Geburtstag, so unerwartet zum regierenden Herzog des Hauses und des Landes Württemberg geworden. Glücklich und erwartungsvoll brachen meine Söhne in Berlin die Zelte ab und traten mit ihrem gesamten Hofstaat, begleitet von Geheimrat Georgii und dem preußischen Etatministers Baron von Pöllnitz, am 8. Februar 1744 die Reise zurück in die württembergische Heimat an. Zum Abschied hatte König Friedrich dem jungen Herzog ein versiegeltes Paket überreicht mit der Bitte, dieses erst einen Tag nach seiner Abreise zu öffnen. Es fand sich darin eine Handschrift des Königs mit einer Reihe von Gedanken und Empfehlungen, die er Carl Eugen als Maßstab für sein künftiges Handeln ganz besonders ans Herz legte:

„Mein Herr Vetter,

Nehmen Sie den Rath, den Sie von mir erhalten, als einen wahren Beweis meiner Zärtlichkeit auf, und sein Sie überzeugt, daß ich Ihnen nie etwas Ähnliches gegeben haben würde, wenn mir nicht Ihre Tugenden und Talente eine so hohe Meinung von Ihnen eingeflößt hätten. Sehen Sie mich als Ihren wirklichen Freund an, in den Sie Vertrauen setzen können, und der Sie hoch genug achtet, um Ihnen nie die Wahrheit zu verbergen.

Mich knüpft nur ein Interesse an Sie: die Ehre.

Ich glaube, die meinige beruht darauf, Sie von Ihren Untertanen geliebt, von ganz Europa bewundert, und auf die Art glücklich zu sehen, wie man sich selbst dazu machen kann; ferner mein Urteil über den Herzog von Württemberg, ‚daß bei ihm die Tugend den Jahren voraus geeilt sei', einmütig bestätigt zu hören.

Mit Ungeduld erwarte ich den Augenblick, wo ich Sie hier umarmen werde, ob ich Sie gleich zu sehr liebe, als daß ich Ihre Abreise ohne Bedauern sehen sollte. lassen Sie meinen Gesinnungen immer Gerechtigkeit widerfahren, und seien Sie überzeugt, daß ich bin

Mein Herr Vetter
Ihr guter Vetter und treuer Freund
Friedrich

Und weiter:

„Mein Herr,

Ich habe Anteil an Ihrer Mündigsprechung gehabt, und interessiere mich um so mehr für das Glück Ihrer Regierung, da ich mir einbilde, das Gute und Böse derselben werde gewissermaßen auch auf meine Rechnung kommen.

Deshalb halte ich mich für verpflichtet, Ihnen meine Gedanken über den neuen Stand, in welchen Sie nun kommen werden, freundschaftlich und offen zu sagen. Ich gehöre nicht zu den Leuten, die aus Dünkel und Eitelkeit, anstatt Rat, nur Befehle zu geben wissen, ihre Meinungen für untrüglich halten, und immer verlangen, daß ihre Freunde nur durch sie denken, handeln und atmen sollen.

So lächerlich diese Anmaßung auf der einen Seite wäre, so strafbar würde es auf der anderen sein, wenn ich Ihnen das nicht sagte, was gewiß keiner von Ihren Dienern und Untertanen Ihnen zu äußern Dreistigkeit genug hat, oder auch aus persönlichem Eigennutz nicht sagen will.

So ist gewiß, daß man allgemein die Augen auf das Debüt eines Mannes richtet, der den öffentlichen Schauplatz betritt. Und gewöhnlich bestimmen die ersten Handlungen das Urteil des Publikums. Wenn Sie Ihren Ruf sogleich gründen, so erwerben Sie sich das Vertrauen desselben, was, meines Erachtens, für einen Souverän höchst wünschenswert ist.

Sie werden allenthalben Personen finden, die Ihnen schmeicheln und nur darauf ausgehen, Ihr Vertrauen zu gewinnen, um dann Ihre Gunst zu mißbrauchen und Sie zu regieren. Ferner noch eine andere Art von Leuten, besonders unter den Räten, welche sich sorgfältig bemühen werden, Ihnen die Kenntnis Ihrer Angelegenheiten zu verbergen, um Sie von der Arbeit abzuschrecken. Und Sie werden finden, daß alle den Plan gemacht haben, Sie unter der Vormundschaft zu behalten, und zwar bei dem schönsten äußeren Schein, und auf eine für Sie sehr schmeichelhafte Weise.

Sie fragen mich, was hierbei zu tun sei? Sie müssen sich Kenntnisse von allen Finanzangelegenheiten erwerben, irgend einen Sekretär wählen, der als Subalterner darin gearbeitet hat, und ihm eine gute Belohnung versprechen, damit Sie von Allem, was Sie selbst betrifft, unterrichtet werden. Die Finanzen sind die Seele eines Landes. Wenn Sie dieses Fach gut verstehen, so wird das Übrige immer in Ihrer Gewalt sein.

Ich habe an vielen Deutschen Höfen den Mißbrauch bemerkt, daß die Minister der Fürsten den Titel „kaiserliche Minister" hatten, wodurch sie sich denn vor Bestrafungen sicherten. Sie sehen selber ein, wie nachteilig es für Sie wäre, wenn Sie dies litten.

Ich muß Ihnen ferner sagen, daß Sie zwei Räte bei der Staatsverwaltung finden, vor denen Sie sich in Acht zu nehmen haben. Der eine heißt Bilfinger, der andre Hardenberg. Es ist nun Ihre Sache, sie zu prüfen, und zuzusehen, wie weit Sie ihnen trauen können.

Seien Sie fest in Ihren Entschlüssen. Wägen Sie, ehe Sie einen fassen, das Für und das Wider. Aber wenn Sie einmal Ihren Willen erklärt haben, so gehen Sie um alles in der Welt nicht wieder davon ab: sonst wird jeder Ihres Ansehens spotten, und Sie für einen Mann halten, auf den man nicht bauen kann.

Nach einer vormundschaftlichen Regierung muß es an Ihrem Hofe notwendig Intrigen geben. Strafen Sie sogleich die Anstifter streng, dann wird sich jeder hüten, dem Beispiel derselben zu folgen. Güte am unrech-

ten Ort ist Schwäche, so wie Strenge ohne Not ein Verbrechen. Man muß beide vermeiden, obgleich nur ein edles Herz in den Fehler einer übertriebenen Güte fällt.

Denken Sie nicht, das Land Württemberg sei für Sie geschaffen. Sondern glauben Sie, daß die Vorsehung Sie hat geboren werden lassen, um das Volk darin glücklich zu machen. Ziehen Sie immer den Wohlstand desselben Ihren Vergnügungen vor. Wenn Sie schon in Ihrem zarten Alter Ihre Wünsche dem Wohl Ihrer Untertanen aufzuopfern wissen, so werden Sie nicht nur das Vergnügen Ihres Landes, sondern auch die Bewunderung der Welt sein.

Sie sind das Oberhaupt der bürgerlichen Religion in Ihrem Lande, die in Rechtschaffenheit und allen sittlichen Tugenden besteht. Es ist Ihre Pflicht, die Ausübung derselben zu fördern, besonders der Menschlichkeit, welche die Haupttugend jedes denkenden Geschöpfes ist. Die geistliche Religion überlassen Sie dem höchsten Wesen. In diesem Stück sind wir alle blind, und irren auf verschiedenen Wegen. Wer unter uns wäre so kühn, dass er den rechten bestimmen wollte?

Hüten Sie sich also vor dem Fanatismus in der Religion, der Verfolgungen bewirkt. Können elende Sterbliche dem höchsten Wesen gefallen, so tun sie es nur durch Wohltaten, die sie den Menschen erweisen, nicht aber durch Gewalttätigkeiten, die sie an hartnäckigen Köpfen ausüben.

Ja, wenn auch die wahre Religion, das heißt die Menschlichkeit, sie nicht zu diesem Verfahren brächte, so muß es doch die Politik tun, da alle Ihre Untertanen Protestanten sind. Toleranz wird machen, daß Sie angebetet, Verfolgung, daß Sie verabscheut werden.

Die Lage Ihres Landes, das an Frankreich und an die Staaten des Hauses Österreich grenzt, verpflichtet Sie, gegen diese beiden mächtigen Nachbarn ein angemessenes und gleichmäßiges Betragen zu beachten. Äußern Sie für keinen von beiden Vorliebe, damit man Sie nicht der Parteilichkeit beschuldigen könne. Denn beide würden es Ihnen unfehlbar entgelten lassen, wenn sie Grund zu Vorwürfen gegen Sie zu haben glaubten.

Halten Sie immer fest am Reich und dem Oberhaupt desselben. Sie haben keine Sicherheit gegen die Ehrsucht und die Macht Ihrer Nachbarn, wenn Sie die Reichsverfassung nicht aufrecht halten. Seien Sie stets ein Feind dessen, der Sie umzustürzen sucht, denn in der Tat will er, daß Sie genau dieses Schicksal treffen soll. Verachten Sie das Oberhaupt des

Reiches in seinem Unglück nicht, und halten Sie es so sehr mit ihm, als Sie es können, ohne sich mit in sein Unglück zu verwickeln.

Nutzen Sie Ihre Jugend, ohne sie zu mißbrauchen. Lassen Sie einige Jahre für das Vergnügen hingehen. Dann denken Sie daran, sich zu vermählen. Das erste Feuer der Jugend ist nicht geschickt zur Ehe, und man glaubt schon äußerst lange treu gewesen zu sein, wenn man es drei Jahre gewesen ist.

Nehmen Sie keine Prinzessin aus einem großen Hause, denn sie wird glauben, ihnen durch ihre Hand eine Gnade zu erweisen. Dies veranlaßt für Sie einen verderblichen Aufwand, und Sie hätten keinen anderen Vorteil davon, als daß Sie der Sklave Ihres Schwiegervaters wären.

Wenn Sie eine Gemahlin wählen, die mit Ihnen ungefähr von gleichem Range ist, so werden Sie glücklicher leben. Denn Sie sind dann ruhiger, und die Eifersucht, zu welcher große Fürsten ihren Ehehälften immer Gelegenheit geben, fällt Ihnen nicht zur Last.

Verehren Sie Ihre Mutter als die Urheberin Ihres Lebens. Je größere Achtung Sie ihr beweisen, desto größere Achtung wird man gegen Sie selber haben. Geben Sie immer nach, wenn etwa ein Zwist unter ihnen entstehen sollte. Dankbarkeit gegen Eltern hat keine Grenzen. Man kann getadelt werden, daß man zu wenig, aber nie, daß man zu viel äußert.

Auf gleichgültige und folglich willkürliche Dinge lass ich mich nicht weitläufiger ein. Aus zärtlicher Zuneigung zu Ihnen werde ich immer aufrichtigen Anteil an Ihrer Zufriedenheit nehmen, und es mit unaussprechlicher Freude hören, wenn Ihre Untertanen Sie loben und segnen. Auch werde ich Gelegenheiten, Ihnen nützlich sein zu können, mit der äußersten Begierde ergreifen.

Mit einem Wort, es gibt kein Glück,. mein lieber Herzog, das ich Ihnen nicht wünsche, und ebenso keines, dessen Sie nicht würdig wären.

Friedrich"

Welch ein perfides Stück beschriebenes Papier! Nachdem der von ihm erwünschte geheime Allianzvertrag nicht zustande gekommen war und der Kaiser zudem den Erbprinzen viel früher als von ihm erhofft, in die Volljährigkeit entlassen hatte, wollte der große König nun auf diese Weise meinen Sohn ganz in seinem Sinne indoktrinieren – mundgerecht servierte, giftige Happen, eingetunkt in einen süßlichen Brei aus Stereotypen und Plattitüden! So versucht er beim jungen Herzog Misstrauen gegen seine Berater zu säen und ihn gegen die vormundschaftliche Administration aufzuwiegeln. Mich, die Mutter, die bisherige Obervormünderin inbegriffen! So wie Friedrich dies formuliert hatte, musste künftig jeder noch so gut gemeine Rat, jede Hilfestellung aus dieser Richtung, für Carl Eugen wie eine weitere Bevormundung wirken! Ja der Schreiber schreckte nicht davor zurück, zwei Ehrenmänner wie Bilfinger und Hardenberg, die er als seine Gegner ausgemacht hatte, ganz gezielt und namentlich zu nennen und zu diffamieren.

Seine Empfehlung, am Kaiser festzuhalten und die Reichsverfassung zu wahren, galt nicht der Institution als solcher, sondern – auch hier versteckt unter dem Deckmantel der wohlmeinenden Empfehlung eines väterlichen Freundes – einzig dem in diesem Amt bisher so glücklosen bayerischen Erzherzog Karl VII., Marionette und Hanswurst der preußischen Politik in den Auseinandersetzungen mit Maria Theresia von Österreich.

Dann forderte er vom jungen Herzog uneingeschränkte Toleranz für die evangelische Religion im Land, ohne auch nur mit einem einzigen Wort darauf einzugehen, dass es in Württemberg auch Katholiken gab, für die die gleiche Toleranz zu gelten hatte.

Und dass er meinem Sohn wärmstens empfahl, erst einmal einige Jahre uneingeschränkt seiner Jugend zu frönen und sich durch die Wahl der passenden, angepassten Gemahlin die Voraussetzungen zu schaffen, um sich – ganz direkt und ohne Umschweife formuliert – auch später noch die Hörner abstoßen zu können, empfand ich als den ganz gezielten Schlag eines Chauvinisten tief unterhalb der Gürtellinie – als Frau, als Ehefrau und als Mutter gleichermaßen!

Dass Carl Eugen in den folgenden Jahren aus dem Gebräu dieser königlichen Rezeptur ausgerechnet und fortschreitend die giftigsten Ingredienzien zur Bildung seines Charakters filtern sollte, konnte in diesem Februar des Jahres 1744 niemand ahnen. Stattdessen begingen wir am 11. Februar 1744 in Bayreuth, wohin ich meinen Söhnen zusammen mit Prinzessin Elisabeth Augusta entgegengereist war, die Mündigkeit und den 16. Geburtstag des jungen Herzogs mit den gebührenden Feierlichkeiten. Carl Eugen freute sich sehr, bei dieser Gelegenheit seine kleine, angebetete Prinzessin Elisebeth Friederike Sophie wiederzusehen, in die er nach wie vor wohl sehr verliebt war: Ohne Frage ein wunderschönes, graziles Wesen. Selbst der weit gereiste Voltaire – und nicht nur er – schwärmte von diesem *„schönsten Kind Europas"* …

Am 21. Februar streifte Carl Eugen seiner elfjährigen Verlobten im Festsaal der Erlanger Residenz den dafür speziell gefertigten, über und über mit funkelnden Diamanten besetzten Ring über den Finger. König Friedrich – auch hier sehr fürsorglich in seiner bestimmenden Art – hatte dazu den Entwurf eines Ehekontrakts beigesteuert, in dem er den beiden Häusern Württemberg und Brandenburg *„die erfreulichsten Folgen dieser Verbindung, an welcher niemand mehr teilnehmen könne als er"* wünschte.

Tags darauf konnte Wilhelmine ihrem Bruder mitteilen: *„Der Herzog hat sich in diesem Augenblick mit Friederike versprochen. Ich wollte es nicht versäumen, Ihnen diese gute Nachricht zuerst mitzuteilen, zumal es allein Ihr, mein lieber Bruder, seid, dem ich die Gründung zu verdanken habe, und dass Ihre Fürsorge und Ihre Güte die Dinge bis zu diesem Punkt geführt haben. Der Herzog scheint sehr verliebt und sehr zufrieden mit seinem Schicksal zu sein. Die Herzogin fühlt sich nicht glücklich; sie hat sich jedoch während der ganzen Zeit verständnisvoll gezeigt und damit das Herz ihres Sohnes vollständig gewonnen. Das alles geschah auf die Schnelle, denn der junge Liebhaber ist etwas verwirrt und wollte nicht die geringste Formalität, alles geschah ohne große Zeremonie."*

Wie hätte ich mich auch glücklich fühlen können! Natürlich war es meine größte Freude, meine drei Söhne auf Dauer wieder um mich zu haben. Doch war es richtig gewesen, dass ich mich dafür so vehement eingesetzt hatte, dass Carl Eugen vorzeitig für mündig erklärt wurde? Einerseits machte er einen durchaus reifen Eindruck. Er gab sich selbstbewusst, wusste sich zu behaupten, zeigte sich liebenswürdig und gewandt im Gespräch. Doch wenn ich sah, wie wenig Menschenkenntnis er hatte, welchen Leuten er kritikloses Vertrauen schenkte, wie verantwortungslos gierig er auf Zerstreuung aus war, welch unangebracht überzogene Verliebtheit er seiner kleinen, gezierten, wunderschönen Verlobten entgegenbrachte – da wurde mir vor der Zukunft mehr als bang ums Herz!

Den Informator d'Espars, der ihn doch so schändlich hintergangen und benutzte hatte, verteidigte er bis zu letzt wie ein Löwe. In seinem unbedingten Bestreben, Berlin verlassen zu können, hatte er sogar den korrupten Oberstallmeister von Roeder zu Hilfe gerufen, weil er in diesem ungeachtet dessen negativer Seiten einzig den vertrauten, väterlichen Freund wahrnehmen wollte. Und selbst bei seinen Gefühlen gegenüber Elisabeth Friederike Sophie war ich mir nicht sicher: Zwar hatte Carl Eugen ihr noch vor der Verlobung erbost die kindlichen Gängelbänder vom Kleid gerissen und erklärt, er wolle kein Kind zur Braut haben. Doch bei Licht betrachtet, wirkte seine Verliebtheit, seine grenzenlose Begeisterung für die Bayreuther Prinzessin irgendwie aufgesetzt und gespielt. Wie also konnte ich verhindern, dass dieser hoffnungsvolle, doch noch so unbeleckte Knabe, zum Spielball all dieser sich streitenden, nur auf ihren ureigenen Vorteil bedachten Parteien und der vielen falschen Ratgeber mit ihren eigennützigen, zumeist konkurrierenden Interessen wurde?

Die Nachricht von der vollzogenen Verlobung des Herzogs mit der Prinzessin von Brandenburg-Bayreuth war uns weit vorausgeeilt. In der markgräflichen Residenz zu Erlangen erwartete uns Christoph Friedrich Stockmayer, Mitglied im engeren Ausschuss der Landschaft, mit deren Gratulation und ansehnlichen Geldgeschenken für Carl Eugen, seine künftige Herzogin und auch für mich, die Herzogin-Mutter. Denn im Land war die Freude groß über diese Verbindung, die ich eingefädelt hatte. Württemberg würde neben dem katholischen Herzog zumindest eine evangelische Herzogin erhalten, die Kinder der beiden – so hoffte man – würden im evangelischen Glauben erzogen. Dass es allerdings in der Vereinbarung, die noch in Erlangen zwischen Geheimrat Georgii, Marquis de Montolieu und dem Reichshofrat Montmartin als Bevollmächtigter Brandenburg-Bayreuths, nach langem, zähen Ringen ausgehandelt worden war, eine geheime Klausel gab, in der die Religion künftiger Nachkommen ausschließlich in das Ermessen des Herzogs gelegt wurde, wussten die wenigsten.

Für meine seitherigen Bemühungen in Anerkennung meiner Verdienste als Vormünderin und in der vormundschaftlichen Regierung, wohl auch um mich künftig gewogen zu stimmen, zeigte die Landschaft sich jetzt großzügig. So sollte ich nun nicht nur die seither schon bezogene Apanage von 4.000 Gulden jährlich weiterhin erhalten, sondern zusätzlich die 12.000 Gulden Leibrente, um die ich schon einige Zeit zuvor so erfolglos gebeten hatte.

Am 1. März verließ ich Erlangen, um in Stuttgart alles für den Empfang des jungen Herzogs vorzubreiten. Dort traf ich allerdings erst am 6. März ein, weil nach der Schneeschmelze allenthalben die Flüsse über die Ufer getreten waren und die Überschwemmungen die Straßen in Morast verwandelt hatten. Was viele Umwege erforderte und das Reisen doppelt unbequem machte.

Der junge Herzog steigt auf den Thron

Am 10. März 1744 erreichte der herzogliche Wagenzug dann ebenfalls die Residenzstadt Stuttgart. Die ganze Stadt war auf den Beinen, um den jungen Herzog zu begrüßen. Unseren Weg zum Schloss säumte eine schier unübersehbare Menge jubelnden Volkes, man hatte Triumphbögen aufgestellt und Blumen gestreut. Die Freude der Stuttgarter war um so größer, als Carl Eugen noch von Berlin aus – und auch dies auf meine ausdrückliche Empfehlung hin – verkündet hatte, dass er seine Residenz weiterhin in der Stadt belassen werde – und nicht wieder nach Ludwigsburg zu verlegen, so wie dies von verschiedenen Seiten gewünscht und betrieben worden war. Am Rande sei vermerkt, dass sich der landschaftliche Ausschuss für diese Entscheidung dann auch erkenntlich zeigte und ein beachtliches Douceur bewilligte: 30.000 Gulden für den jungen Herzog und weitere 7.000 Gulden für mich, die Mutter und Vermittlerin.

Wie dies schon zehn Jahre zuvor sein Vater getan hatte, beschwor auch Herzog Carl Eugen im Saal des Herrenhauses auf dem Stuttgarter Marktplatz feierlich vor den versammelten Vertretern der Landschaft und des Geheimen Rates die Religionsreversalien und nahm darauf hin die Huldigungen der Honoratioren entgegen.

Als eine seiner allerersten Amtshandlungen als nun regierender Herzog ordnete Carl Eugen an, die Überreste von Joseph Süß Oppenheimer, des viel geschmähten „Jud Süß", dessen Leichnam immer noch als schaurige Attraktion am Eingang zur Stadt in seinem eisernen Käfig am Galgen hing, dort zu entfernen und ganz in der Nähe zu begraben. Böse Zungen wollten wissen, Carl Eugen habe deshalb so großen Wert auf die Beseitigung des Leichnams gelegt, weil er als Knabe von seinem damaligen Hofmeister Monleon gezwungen worden sei, den Galgen zu erklimmen, durch die Gitterstäbe den Kadaver des Gehenkten zu berühren und dessen Verwesungsgeruch zu atmen … Ob es sich genauso zugetragen hat, ist nirgendwo belegt, doch Monleon wäre es zuzutrauen gewesen, dass er nicht nur seinen Zögling derart malträtiert, sondern dass er die Mär davon selbst in die Welt gesetzt hatte, um damit zu prahlen. Denn Monleon gehörte nicht nur zum Kreis der Gegner des Herzogs und des Generals Remchingen, er war auch ein eingeschworener Feind Oppenheimers, dem daran gelegen war, in den einfältigen Köpfen des Volkes die Abneigung gegen Herzog Carl Alexander, dessen Finanz-Juden und deren angebliche Missetaten wachzuhalten. Umso mehr machte ich meinen Einfluss auf Carl Eugen geltend, um endlich dieses Schandmal gnadenloser Grausamkeit und Rachsucht beseitigen zu lassen. Und um damit auch die hässlichen Schatten zu tilgen, die immer noch über der Erinnerung an seinen Vater lagen …

Ganz unabhängig davon hatte Carl Eugen vorerst alle Regierungsgeschäfte in meine Hände und in die des Geheimen Rates gegeben. Und dort sollten sie nach meinem Willen fürs Erste auch bleiben. Anlass dazu hatte wiederum ein Gerücht gegeben, das kurz nach der Mündigsprechung Carl Eugens durch den Kaiser im Land kursierte: Der Fürstbischof von Würzburg im Verein mit der Großmutter Carl Eugens hätten vor, nach Stuttgart zu kommen, *„um dem jungen Herzog allerlei beizubringen …“*.

Wie tief diese Paranoia vor einer Einflussnahme von außen und einer drohenden Katholisierung Württembergs selbst in den landschaftlichen Ausschüssen immer noch reichte, zeigte mir ein Brief des engeren Ausschusses vom 13. Februar, in dem die Herren mich, die *„gnädigste Landesmutter“*, geradezu anflehten, *„das Herz unseres durchlauchtigsten, gnädigsten Herzogs solchermaßen gegen alle fremden Einstreuungen zu bewahren … “*. Die Landschaft bedankte sich für mein erhofftes Entgegenkommen mit großzügigen Geldgeschenken für die gesamte herzogliche Familie (1.600 Gulden für den Herzog, 800 Gulden für mich, je 400 Gulden für die beiden Prinzen und

200 Gulden für die Prinzessin), doch hätten sie sich auch ohne diese Douceurs keine allzu großen Sorgen machen müssen.

Denn noch war Carl Eugen wenig interessiert an Politik oder daran, verantwortungsvoll sein Land zu lenken. Aus dem Kanon der Ratschläge des königlichen Mentors in Berlin, wählte er den, der ihm jetzt und auch in den nächsten Jahren am meisten zusagte: *„Lassen Sie einige Jahre für das Vergnügen hingehen …“* Mit seinem Adjutant und Busenfreund, Graf Friedrich Carl von Pappenheim, heckte Carl Eugen fortan allerlei Streiche aus und gab sich *„einer Wolke von Abenteuern“* hin, wie einer der Chronisten festhielt.

Wie schnell Carl Eugen dabei auch andere Vergnügungen entdeckte und wie zielsicher, doch wenig wählerisch, er dabei vorging, zeigte sich kaum neun Monate später, gegen Ende des Jahres 1744. In Ludwigsburg kam die ledige Silbermagd Regina Margarete Traub, Tochter eines Schneiders aus Beutelsbach im Remstal, mit einem Knaben nieder. Beim Schorndorfer Vogt Breidtschwerdten ging daraufhin ein Schreiben des Geheimen Rates Pflug ein, mit dem Auftrag, der Pfarrer solle das Kind wohl taufen, doch im Übrigen solle man die Sache auf sich beruhen lassen und ignorieren. Im Beutelsbacher Taufbuch wurde daraufhin der Name des Knaben mit Friedrich Wilhelm Ritter eingetragen. Wo, wie und warum die acht Jahre ältere Magd, bereits Mutter eines weiteren unehelichen Kindes und in Liebesdingen nicht ganz unerfahren, die Blicke Carl Eugens auf sich gezogen und seine Begierde geweckt hatte, konnte ich nicht mit Sicherheit in Erfahrung bringen. Jedenfalls scheint er ihr in einem heimlichen Augenblick in der Silberkammer mit Vergnügen unter die Röcke gegangen zu sein … Die Geburt des Knaben jedenfalls war unbestreitbar und die Vaterschaft Carl Eugens kaum zu übersehen: Die Augen, die Grübchen in den Wangen, die Form der Nase – das ganze Kerlchen dem jungen Herzog wie aus dem Gesicht geschnitten ähnlich! Und da der Name Friedrich Wilhelm Traub – oder auch Friedrich Wilhelm Ritter – bei dieser Herkunft dann doch allzu profan geklungen hätte, kam Montolieu auf den Einfall, den illegitimen Sohn des Herzogs „von Franquemont“ zu nennen: Friedrich Wilhelm von Franquemont – der erste in der somit neu begründeten Württemberger Linie der Grafen Franquemont, einer alt ehrwürdigen Herrschaft auf dem Gebiet der

Württemberger Enklave Montbéliard, dem Tor zum Burgund in Frankreich. Montolieu, der beste Verbindungen nach Montbéliard unterhielt, regelte alles Notwendige, um Friedrich Wilhelm von Franquemont – und einigen weiteren, die noch folgen sollten – den klingenden Namen und die rechte Herkunft zu sichern.

Abgesehen davon, beehrte uns in diesem an Ereignissen reichen Jahr auch Kaiser Karl VII. samt seinem Hofstaat mit seinem Besuch. Der junge Herzog empfing den hohen Gast standesgemäß und mit allen Ehren im Ludwigsburger Schloss. Fast eine ganze Woche lang wechselten sich Empfänge, Festtafeln, Konzerte, Bälle und Opern ab. Carl Eugen gefiel es ungemein, als Landesherr zu repräsentieren. Bei den Bällen glänzte er als galanter Tänzer und bei passender Gelegenheit setzte er sich sogar selbst an den Flügel, um eine der Württembergischen Sonaten zu spielen …

Dann, seit dem 10. August 1744, herrschte in Europa wieder Krieg. Seit dem Friedensschluss im Jahr zuvor, war es Österreich gelungen, nicht nur ganz Bayern zu besetzen und die französischen Truppen bis hinter den Rhein zurückzuwerfen. Darüber hinaus hatte es mit Großbritannien und Sardinien-Piemont neue, kraftvolle Bündnispartner gewonnen.

König Friedrich sah dadurch seine schlesische Kriegsbeute bedroht, fiel in Böhmen ein und erklärte Maria Theresia erneut den Krieg. Doch dieses Mal fiel es ihm nicht so leicht, gegen die Österreicher den entscheidenden Sieg zu erringen. Erst in der Schlacht bei Kesselsdorf, am 15. Dezember 1745, gelang den Preußen dann doch erneut der entscheidende Sieg. Der Friedensvertrag zwischen den Gegnern wurde zehn Tage später in Dresden geschlossen: Österreich verzichtete dauerhaft auf Schlesien, im Gegenzug besiegelte Friedrich II. die Anerkennung Franz I. Stephan, des Gatten Maria Theresias, zum neuen Kaiser über das Römische Reich. Denn Kaiser Karl VII., der für kurze Zeit in seine Heimat zurückkehren konnte, weil alle österreichischen Truppen in Böhmen gebraucht worden waren und deshalb Bayern verlassen hatten, war noch während des Krieges am 20. Januar 1745 völlig unerwartet in der Münchner Residenz verstorben. Sein Nachfolger als Kurfürst, Maximilian III. Josef von Bayern, hatte wenige Monate später mit Maria Theresia Frieden geschlossen.

War Kaiser Karl VII. im Jahr 1744 noch Gast in Württemberg gewesen, gab uns nun, ein Jahr später, die österreichische Erzherzogin Maria Theresia zusammen mit ihrem Gatten die Ehre: beredtes Zeichen dafür, welche Wertschätzung und Bedeutung das Herzogtum Württemberg als Puffer zwischen den beiden großen Machtblöcken in aller Augen genoss. Und natürlich wusste sie auch um meine Differenzen mit König Friedrich und welch starke Bande mich ganz persönlich mit Wien, dem Habsburger Kaiserhaus und seinen Unterstützern in Sachsen verbanden.

Auch beim Besuch des österreichischen Monarchenpaares erwies sich Carl Eugen als höchster Repräsentant Württembergs und als vollendeter Gastgeber. Angesichts dieser Repräsentationspflichten empfand er jedoch das noch aus dem Mittelalter stammende Stuttgarter Schloss bald als zu eng und wenig attraktiv. Um seiner Stellung den entsprechenden Rahmen geben zu können, verlangte er vom Ausschuss der Landschaft die Errichtung einer *„standesgemäßen, seiner fürstlichen Dignität convenablen und dem Umfang Dero Hofstaats hinlänglichen Wohnung"*. Die Herren bewilligten für den Neubau eines Schlosses 150.000 Gulden und man bat die berühmtesten Architekten jener Zeit, dafür ihre Vorschläge einzubringen. Unter ihnen so große Namen wie Johann Balthasar Neumann aus Würzburg und Leopold Retti, der in Ansbach wirkte.

Das Neue Schloss sollte in den herzoglichen Gärten, unweit vom Alten Schloss entstehen. Dort war 1740 bereits mit dem Bau einer dreiflügeligen Kavalleriekaserne begonnen und diese 1745 vollendet und bezogen worden. Der Entwurf von Leopold Retti, für den Carl Eugen sich letztlich entschied, sah vor, das Neue Schloss unmittelbar nördlich angrenzend an den Innenhof der Kaserne, zu errichten: mit dem imposanten Gartenbau in der Mitte, sowie zwei ausladenden Seitenflügeln, die wiederum einen nach Norden hin offenen Ehrenhof umschlossen. Am 3. September 1746 legte Carl Eugen für den Gartenflügel des Neuen Schlosses den Grundstein. Ein großer Tag für Stuttgart als gegenwärtige und künftige Residenzstadt Württembergs, der auf der Ehrentribüne alle Würdenträger des Landes versammelte.

Die Sicherung des Thronlehens

Kurz nachdem Maria Theresia mit ihrem Gatten Franz von Lothringen in Stuttgart zu Gast gewesen war, erhielt ich eine dringende Nachricht von meinem Bruder Alexander Ferdinand. Er bat mich, umgehend nach Frankfurt zu kommen, es gebe für das Haus Thurn und Taxis lebenswichtige Entscheidungen zu treffen.

Ich konnte mir lebhaft denken, worum es ging.

1740, nach dem Tod Kaiser Karl VI., war seine Tochter Maria Theresia Erzherzogin in den österreichischen Erblanden geworden und Königin in Ungarn und Böhmen. Die Auseinandersetzungen um die Frage aber, wer neuer Kaiser im Römischen Reich werden sollte, führten zum Österreichischen Erbfolgekrieg.

Als sie das Erbe ihres Vaters übernahm, war Maria Theresia 23 Jahre alt, und mein Bruder Alexander Ferdinand konnte sich nicht vorstellen, dass diese junge Frau den Willen und die Möglichkeiten besitzen würde, sich gegen die Übermacht ihrer Feinde durchzusetzen. Also setzte er sich mit allen Mitteln dafür ein, dass der konkurrierende Bayerische Kurfürst Karl Albrecht zum neuen Kaiser gewählt wurde. Man spricht davon, dass Alexander Ferdinand mindestens eine Million Gulden investierte, um sein Ziel zu erreichen. Andere wollten wissen, dass er zur Unterstützung des Wittelsbachers aus den Kassen des Hauses Thurn und Taxis sogar mehrere Millionen Gulden zur Verfügung stellte.

Die Habsburger reagierten von Anfang an verschnupft auf diese Initiative. Maria Theresia ließ Alexander Ferdinand in Brüssel sogar verhaften und zeitweise unter Hausarrest stellen.

Unabhängig davon sollten sich die Investitionen für das Haus Thurn und Taxis vorerst durchaus auszahlen. Bei der Krönung Kaiser Karl VII., die am 12. Februar 1742 in Frankfurt mit großem Pomp begangen wurde, führte mein älterer Bruder Alexander Ferdinand an der Spitze von 40 Postillonen den Zug des Kaisers an und mein jüngerer Bruder Christian übernahm mit seinem Dragonerregiment „Thurn und Taxis" dauerhaft den ‚Schutz des Kaisers.

Am 19. Februar 1743 bestätigte Karl VII. meinen Bruder Alexander Ferdinand als Generalerbpostmeister im Reich und in den

Niederlanden. Schon vorher, am 1. Februar 1743, hatte er ihn zum Prinzipalkommissar, also zum Vertreter des Kaisers beim Reichstag in Frankfurt, ernannt. Und am 2. Juli 1744 erhob der Kaiser das Reichsgeneralatpostamt zu einem fürstlichen Reichs- und Thronlehen, das er Alexander Ferdinand und allen seinen männlichen Erben auf Ewigkeit verlieh. Damit war das Haus Thurn und Taxis in kurzer Zeit in die Spitze der deutschen Fürstengeschlechter aufgestiegen.

Doch dann war ja alles ganz anders gekommen: Die Österreicher hatten sich stärker und hartnäckiger als gedacht erwiesen. Sie hatten ganz Bayern besetzt und Kaiser Karl VII. in das Frankfurter Exil getrieben. Und als dieser am 20. Januar 1745 plötzlich und unerwartet verstarb, wurden die Karten völlig neu gemischt.

Dass weder Maria Theresia noch ihr Gatte sonderlich gut auf Alexander Ferdinand zu sprechen waren, kann man sich denken. Er verlor nicht nur seine Funktion als Prinzipalkommissar, sondern mit einem Mal stand die Zukunft des Hauses Thurn und Taxis auf dem Spiel.

Das Reichs- und Thronlehen konnte meinem Bruder zwar nicht mehr entzogen werden, aber da die Reichspost weiterhin dem Kaiser unterstand, hätten Maria Theresia und ihr Gatte jederzeit ihre Unterstützung entziehen können – mit fatalen Folgen.

Im Frankfurter Palais traf ich nicht nur meinen Bruder Alexander Ferdinand, sondern auch dessen Hofmarschall Franz Michael Florenz von Lilien. Lilien war vor vielen Jahren schon als Page in die Dienste meiner Eltern getreten und war längst zum Vertrauten und Berater meines Bruders aufgestiegen. Gemeinsam entwickelten wir den Plan, das Thronlehen des Reichserbpostamtes in ein *„feudum femininum*“, also ein Weiberlehen zu meinen und meiner Nachkommen Gunsten umwandeln zu lassen. Von Lilien wusste um meine guten Kontakte zu den Habsburgern und zu Maria Theresia und war sich sicher, meiner Familie auf diese Weise deren Unterstützung dauerhaft sichern zu können.

Schon einmal hatte es in der Geschichte des Hauses Thurn und Taxis einen ähnlichen Fall gegeben. Nach dem Tod Leonhard II. von Taxis im Jahr 1628 war seine Witwe Alexandrine vom Kaiser mit dem Reichspostgeneralat betraut worden – stellvertretend für den eigentlichen Erben, deren damals erst siebenjährigen Sohn. Mit großer Weitsicht und diplomatischem Geschick hatte Alexandrine von Taxis nahezu 20 Jahre lang das Reichspostgeneralat geführt und ausgebaut, bis sie es 1646 wieder an ihren Sohn übergeben konnte.

Von Lilien schwebte nun ein ähnliches Konstrukt vor, bei dem künftig ich, die Herzogin-Witwe von Württemberg, die Geschäfte des Hauses Thurn und Taxis weiterführen und für die Zukunft sichern sollte.

Ein ehrgeiziges Projekt, das von Lilien bei einem folgenden Besuch in Stuttgart in seinem ganzen Umfang auch gegenüber meinem Vertrauten, dem Geheimen Rat Georg Bernhard Bilfinger, entwickelte. Von Lilien übergab Kopien der beiden entscheidenden Erlasse Kaiser Karls VII. und führte mit Bilfinger von Mai bis September 1745 eine umfangreiche Korrespondenz darüber. Bilfinger erstellte Analysen und Expertisen und unterrichtete schließlich auch meinen Sohn, Herzog Carl Eugen, der dann ebenfalls dem Plan zustimmte. In seiner Dankesnote an ihn beschwor Alexander Ferdinand die weitere *„Verknüpfung unserer so nahen Blutsverwandtschaft“* zeitlebens und unabänderlich.

Doch so sehr das ehrgeizige Projekt nicht nur zum Vorteil und Wohle meiner Familie und meiner Nachkommen, sondern auch für das Haus (und das Land!) Württemberg gereicht hätte - wie immer gab es Zauderer, Bedenkenträger und leider auch Neider, die sich damit nicht anfreunden wollten, sondern sogar versuchten, es zu boykottieren.

Selbst Bilfinger, dieser kluge Kopf, musste von mir immer wieder angespornt und bei Laune gehalten werden. In einem Brief vom 20. Juni informierte ich von Lilien über einige dieser Schwierigkeiten und meine Reaktionen darauf: *„Sie werden heute eine Antwort von Bilfinger erhalten, mit der ich jedoch gar nicht zufrieden bin, da hier falsche Prinzipien zu Grunde liegen, die ich Ihnen nach meinem Eintreffen in Teinach näher erklären werde, wohin ich morgen reise. Von dort kann ich meine Briefe versenden und Maßnahmen überlegen, während ich darauf warte, Bilfinger zu antworten und vorzugeben, mit allem, was er zu Ihnen gesagt hat, zufrieden zu sein, denn als schlauer Politiker darf man zu Beginn niemals vorgeben zu verstehen, was eigentlich klar ist – und bei Schlauen muss man noch schlauer sein! Sie werden in der kommenden Woche mehr darüber erfahren.*

Sie haben mich in Ihrem letzten Brief wissen lassen, dass eine Freundin sich einer Aussage bedient hat, die ich ihr geschrieben hatte und ich habe keine Schwierigkeiten, diese Person zu erraten. Es ist die Prinzessin M., der ich geschrieben habe, wobei ich den Wortlaut jedoch sehr sparsam wählte, weil meine Familie dafür bekannt ist, wofür sie meinen Brief verwenden würde. Was für eine Kreatur sie ist! Ich wäre entzückt wenn dabei das Resultat herauskäme, das ich mir dabei vorgestellt habe ..."

Die Antwort von Liliens ließ nicht lange auf sich warten: „*Ich habe tatsächlich die Antwort von Herrn von Bilfinger erhalten. Und da Sie sich gerade in Teinach aufhält, wird Sie vielleicht nicht verärgert sein, hier meine Antwort zu finden. Ich bin überzeugt, dass diese Ihre Durchlaucht im Besonderen und das noble Haus von Württemberg im Allgemeinen zufrieden stellen wird. Nun liegt es an Ihrer Durchlaucht, die Beteiligten anzuspornen ...*"

Ende Juli dann konnte ich von Teinach aus Bilfinger mitteilen, dass Herzog Carl Eugen ihm die Erlaubnis erteilt habe, wieder nach Frankfurt zu reisen „*... damit bin ich nicht nur einverstanden, sondern halte die Reise für sehr notwendig, so dass ich entzückt wäre, wenn Sie sie bald unternehmen und ich zweifle nicht daran, mein Herr, dass Sie bei dieser Angelegenheit ihr Bestes im Interesse des noblen Hauses von Württemberg und von Taxis geben ...*" Und am 15. August versuchte ich, Bilfinger weiter zu motivieren, indem ich ihm in Aussicht stellte, ihn bei seinem neuerlichen Aufenthalt in Frankfurt zu treffen: „*Mein lieber Bilfinger ... gebe Gott, dass es gelingt und dass ich bald das Vergnügen haben werde, Sie wiederzusehen. Ich zähle fest darauf, mein lieber Freund, dass Sie alles derart richten werden, dass die Angelegenheit gut endet. Sie erwähnen, dass es notwendig ist, mit Ihnen gemeinsam nach Frankfurt zu kommen, um die Angelegenheit abzuschließen. Ich wäre entzückt, diese Gelegenheit zu nutzen, um den zukünftigen Kaiser zu sehen und vielleicht auch die Kaiserin ...*"

Ausschließlich auf unser gemeinsames Projekt und die angestrebte Umwandlung des Thronlehens zu meinen Gunsten wollte sich von Lilien allerdings nicht verlassen. Seinem diplomatischen Geschick gelang es schließlich, Kaiserin Maria Theresia von den Vorteilen zu überzeugen, die eine weitere enge Zusammenarbeit zwischen dem Haus Thurn und Taxis und dem Haus Habsburg für beide Seiten haben konnte.

Am 13. September 1745 war Maria Theresias Ehemann zum neuen Kaiser Franz I. Stephan gewählt worden. Die Aussöhnung zwischen Wien und dem Haus Thurn und Taxis war vollzogen – beruhte aber ausschließlich auf ganz pragmatischen, politischen Erwägungen: Die Oberhoheit über eine einheitliche Reichspost als eines der wenigen Sonderrechte des Kaiserhauses sollte uneingeschränkt aufrechterhalten werden.

Außerdem sicherte es Maria Theresia den Zugriff auf die „Schwarzen Kammern", die Postlogen, die Jahrzehnte zuvor als Erster Kardinal Richelieu in Frankreich etabliert hatte. In den Postlogen wurden ohne das Wissen der Schreiber und Empfänger systematisch Briefe und Depeschen geöffnet, kopiert, ausgewertet, von Spezialisten wieder verschlossen und mit gefälschten Siegeln versehen.

Diese geheimen Dienste im Postwesen und ihre Informationsbeschaffung waren längst zu einer der Stützen österreichischer Politik geworden. Je flächendeckender dieses Spionagenetz ausgebaut werden konnte, umso vorteilhafter für den Kaiser und seine Politik. Nachdem von Lilien und mein Bruder zugesichert hatten, außer den bestehenden „schwarzen Kammern" in Wien, Frankfurt, Augsburg und Nürnberg überall im Reich, in den Niederlanden und in Österreich weitere Postlogen einzurichten, konnte die Versöhnung mit dem Haus Habsburg vollzogen werden. Schon im Dezember ernannte Maria Theresia meinen Bruder zum kaiserlichen Geheimen Rat und am 25. Januar 1748 wurde er vom Kaiser erneut zum Prinzipalkommissar ernannt.

Das Haus Thurn und Taxis siedelte in Folge endgültig nach Regensburg über. Ich, die Herzogin-Witwe, hatte zwar nicht, wie geplant, das Thronlehen des Reichsgeneralatpostamtes übernommen, aber durch meine Unterstützung durchaus dazu beigetragen, es meiner Familie dauerhaft zu erhalten.

Zwei Orden für die Herzogin-Witwe

Und während auf den Schlachtfeldern noch europäische Geschichte geschrieben wurde, hielt das Jahr 1745 auch für mich denkwürdige Ehren bereit: Carl Eugens künftiger Schwiegervater, Markgraf Friedrich von Brandenburg-Bayreuth, verlieh mir in Anbetracht meiner Verdienste um die glückliche Verbindung beider Fürstenhäuser den Roter-Adler-Orden seiner Markgrafschaft.

Dann im Oktober überbrachte mir, der *„freundlich geliebten Base"*, der Gesandte der russischen Zarin Elisabeth I. Petrowna zu ihrem *„nicht geringen Vergnügen"* den silbernen Damenorden der Hl. Katharina. Kein Geringerer als Zar Peter der Große hatte diesen Orden im Gedenken an seine Befreiung und die seiner Armee aus der Einkesselung durch die Türken 1714 gestiftet. Zu Ehren seiner Gemahlin Katharina Alexejewna, die für die Rettung des Zaren dem türkischen Großwesir Baltaji Mehmet Pascha damals ihren gesamten Schmuck zu Füßen legte.

Für Carl Eugen war die Verleihung des Katharinen-Ordens an mich, die Herzogin-Mutter, eine neuerliche Gelegenheit, sich als großer Staatsmann zu inszenieren. Im Saal des Großen Lusthauses empfing er die vielköpfige russische Gesandtschaft und arrangiert ein rauschendes Fest, bei dem mir das mit Brillanten besetzte Ordenskreuz feierlich überreicht wurde. Das Ordenspatent nannte eine ganze Reihe von allgemeinen Gunstbezeugungen der Zarin Elisabeth. Was nicht mit übermittelt wurde, war der Grund für diese außergewöhnliche Auszeichnung: Zarin Elisabeth Petrowna, die *„wollüstige Frau … die die Staatsgeschäfte einem vom Ausland bestochenen Minister überlässt"*, wie Preußens König ihr einmal wenig galant unterstellt hatte, honorierte damit wohl meinen anhaltenden, oft subtilen und doch so erfolgreichen Widerstand gegenüber eben diesem König Friedrich. Denn jenseits allen politischen oder dynastischen Kalküls, verband uns die heftige Abneigung gegen den preußischen Monarchen.

Was – und das stellte ich ja nicht zum ersten Mal fest – durchaus auf Gegenseitigkeit beruhte, wie mir die Äußerungen Friedrichs über mich wenige Monate später einmal mehr beweisen sollten: Wilhelmine von Brandenburg-Bayreuth hatte mich erneut nach

Bayreuth eingeladen, um mit mir über den passenden Zeitpunkt für die Hochzeit unserer beiden Kinder zu verhandeln. Die Markgräfin, nicht ganz gesund und überdies durch die Eskapaden ihres Gatten mit ihrer Hofdame Marwitz mehr als angegriffen, hatte über unser Treffen mit ihrem Bruder in Berlin korrespondiert. Sein Kommentar dazu klang, wie schon so oft, wenig schmeichelhaft für mich:

Potsdam am 19. März 1747

Meine allerliebste Schwester … der Besuch des württembergischen Hofes wird nicht zur rechten Zeit gekommen sein, denn man liebt die große Welt nicht, wenn man leidet, und die Herzogin von Württemberg ist allein imstande, den gesündesten Menschen in Fieber zu versetzen … Ich bedaure Sie von ganzem Herzen, dass Sie von dieser Furie belagert werden. Es ist erstaunlich, dass dieses weibliche Monster etwas so Passables wie ihre Söhne hervorbringen konnte …“.

Nun, dass König Friedrich sich generell wenig für das weibliche Geschlecht erwärmen konnte und mit mir ganz besonders hart ins Gericht ging, hatte ich schon mehrfach schmerzlich feststellen müssen. Also konnten ich seine drastischen Vergleiche und Titulierungen nur so deuten, dass es ihm offensichtlich die allergrößte Pein bereitete, sich immer wieder mit mir als lästige Kämpferin für meine Interessen, die meiner Söhne, meines Landes und meiner Religion auseinander setzen zu müssen. Was mich dann auch eher mit Stolz als mit Ärger erfüllte!

Was ich weit bemerkenswerter fand in der Replik des Königs als den Angriff auf mich, war seine nüchterne Charakterisierung Carl Eugens. Denn auch in Berlin wie in Bayreuth war nicht vorborgen geblieben, dass sich der junge Herzog auf einem gefährlichen Weg befand, der auch mich beunruhigte und dessen Ende noch nicht abzusehen war: So schrieb Friedrich an Wilhelmine:

„Was den Ältesten betrifft, so schmeichele ich mir nicht, dass er eine perfekte Liebe zu meiner Nichte entwickeln wird, und ich glaube, dass all die Zeit, die Sie gewinnen, wenn Sie die Hochzeit verschieben, genauso viel Zeit von seiner Beständigkeit genommen wird.

Was seinen Charakter betrifft, so ist er mir hinlänglich bekannt. Ich hatte gehofft, dass er sich vielleicht ändern würde. Aber er ist in einem Alter selbständig geworden, in dem die Erziehung der Jünglinge gewöhnlich beginnt.

Er fand einen ganzen Hofstaat von Schmeichlern und gefälligen Dienern und gefährliche Verführer vor, die imstande waren, Herzen zu verderben, die in der Tugend gefestigter waren, als er selbst es sein konnte.

Schließlich haben sich alle Umstände miteinander verschworen, um zu seinen Verirrungen beizutragen … "

Dass er mit seinem Ränkespiel, seiner Weigerung, meine Söhne ziehen zu lassen, und mit seinen von Eigennutz gelenkten Empfehlungen an Carl Eugen erheblich zu diesen Verirrungen beigetragen hatte, das zu erkennen oder einzugestehen, fehlte Friedrich freilich jede Fähigkeit zur Selbstkritik!

Mein geliebter Sohn, dieses pausbäckige, große Kind mit seinem schmollenden Mund und den blauen, unschuldsvollen Augen, hatte sich in der kurzen Zeit seit seiner vorgezogenen Volljährigkeit nicht nur äußerlich verändert. Er war schnell größer geworden, kräftiger, von beeindruckender Statur. Die Rolle des Herzogs schien ihm wie auf den Leib geschneidert. Mit wachem Geist erfasste er zwar schnell die Lage der Dinge. Doch aus mangelnder Erfahrung und Lebensweisheit, getragen von Selbstüberschätzung und Allmachtsgefühlen, beruhten seine Entscheidungen meist auf vordergründigen Stimmungen und Eingebungen des Augenblicks. Wohlgemeinte Ratschläge oder gar Einwendungen wischte er mittlerweile brüsk und ungnädig vom Tisch. Und nur allzu leicht ließ er sich ablenken, verlor die so selbstherrlich angekündigten oder angefangenen Projekte schnell wieder aus dem Blick und gab sich stattdessen lieber seinen zweifelhaften Vergnügungen und galanten Abenteuern hin.

Eines davon hieß Magdalene Barbara Fischer, Ehefrau des herzoglichen Hofkammerrates und Ersten Küchenmeisters Friedrich Johann Ernst Fischer. Obwohl zehn Jahre älter hatte Magdalene die Aufmerksamkeit Carl Eugens erregt. Sie war die Tochter des Hofmusikers und Instrumentenverwalters Sigmund Castenbauer. Doch es war nicht nur Magdalenes Liebe zur Musik, die den Herzog anzog … Das Ehepaar Fischer tauchte immer häufiger bei den Festen am Hofe und in der Nähe Carl Eugens auf. Anfang 1746 zeigte sich dann, dass Magdalene, bislang kinderlos, zur Freude ihrer Familie guter Hoffnung war. Am 18. Juni 1746 gebar sie einen gesunden, properen Sohn: Reinhard Ferdinand Heinrich Fischer.

Auffällig war das Interesse Carl Eugens an der Schwangeren, noch mehr an dem neu geborenen Knaben. Dass der junge Herzog zu der verheirateten Frau eine innige Liebesbeziehung unterhielt, wusste mittlerweile der ganze Hof und auch mir war dies nicht verborgen geblieben. So ging jedermann davon aus, dass nicht der Hofkammerrat Fischer der Vater des Neugeborenen war, sondern Carl Eugen.

Auch nach der glücklichen Geburt fiel auf, dass Magdalene und der Herzog sich weiterhin bei jeder sich bietenden Gelegenheit trafen. Nach einer der täglichen, ausgelassenen Schlittenfahrten im Karneval 1747, bei der Carl Eugen in der über und über mit erlesenen Juwelen besetzten Uniform eines ungarischen Husaren glänzte und alle Blicke auf sich zog, kam Magdalene ein weiteres Mal in andere Umstände.

Dieses Mal war es ein Mädchen, das neun Monate später, am 18. Dezember 1747, das Licht der Welt erblickte. Und erneut machte der junge Herzog keinen Hehl daraus, dass er mit größter Wahrscheinlichkeit auch als Erzeuger dieses Kindes gelten konnte.

Natürlich musste die wahre Vaterschaft in der bigotten evangelischen Gesellschaft Stuttgarts mit ihren so wenig toleranten Moralvorstellungen verborgen bleiben. So stand im Taufbuch als Vater der kleinen Auguste Elisabeth Franziska Johanna Fischer auch dieses Mal nicht der Herzog, sondern Magdalenes angetrauter Ehemann. Dass man dem kleinen Mädchen, wohl auf Betreiben Carl Eugens, ausgerechnet und gleichlautend den Namen meiner Tochter Auguste Elisabeth gab, empfand ich nun doch als wenig taktvoll und unsensibel!

Glanzvolle Fürstenhochzeit in Bayreuth und Ludwigsburg

Alle Welt war nun der Meinung, dass es allerhöchste Zeit werde, den jungen Herzog zu verheiraten und damit sein Sinnen und Streben endlich in andere Bahnen zu lenken. Auch mit Bayreuth herrschte darüber Einigkeit, und selbst Carl Eugen, der sich bei jedem Besuch in Bayreuth erneut in seine wunderschöne Braut verliebte, drängte nun darauf, sie schnellstens zu ehelichen. So wurden alle Vorbereitungen für die glanzvolle Hochzeit des Paares getroffen, die im Herbst 1748 stattfinden sollte.

Als Zeichen der Wertschätzung und wie sehr sie, die evangelische Prinzessin, in Württemberg willkommen war, überreichte der Geheime Rat als Neujahrspräsent für die Braut Elisabeth Friederike ein überaus schönes und wertvolles Perlenkollier, das für diesen Zweck extra aus dem Besitz derer von Racknitz erworben worden war.

Im März schloss ich mit Carl Eugen eine Konvention unter anderem darüber, dass ich nach seiner Heirat mein Apartment im Stuttgarter Schloss räumen und samt meinem Hofstaat im ehemals Roederschen Haus meinen Witwensitz nehmen würde. Vereinbart wurde auch, dass ich die nun 14jährige Prinzessin Auguste Elisabeth mit mir nehmen und weiterhin für deren Erziehung sorgen sollte.

Zwei Wochen später, am Palmsonntag, hatte Elisabeth Friederike in der Bayreuther Stadtkirche im Beisein ihres Vaters, des Markgrafen Friedrich, und der Hofgesellschaft das öffentliche Glaubensbekenntnis abgelegt und anschließend das Hl. Abendmahl empfangen. Wie ich hörte, führte der stolze Vater am Nachmittag dieses Tages seine 16jährige, nun heiratsfähig gewordene Tochter am Arm durch die ganze Stadt spazieren und nahm huldvoll die Ehrenbezeigungen der Bayreuther Bürger entgegen.

Dann, am 16. September 1748, bestieg Carl Eugen sein Pferd und brach an der Spitze seiner Minister, Hofkavaliere, Offiziere, Beamten und Domestiken über Erlangen nach Bayreuth auf, um endlich die ihm seit langem versprochene Braut Elisabeth Friederike nach Hause zu führen.

Ich selbst machte mich in Begleitung meines Hofstaates einen Tag später auf den Weg und traf am Donnerstag in den Abendstunden in Bayreuth ein. Das Jäger-Corps und eine Kompanie Husaren geleiteten mich in die Stadt, während von einer der Bastionen 24 Kanonen dreimal Salut schossen. Im inneren Hof des Schlosses hieß mich der Markgraf im Beisein seines Hofstaates willkommen und führte mich in die Churfürstlichen Zimmer, die mir als Logis überlassen worden waren. Auf der Galerie erwartete mich Markgräfin Wilhelmine und umarmte mich zur Begrüßung aufs Zärtlichste.

Der Empfang dort und all die über eine Woche dauernden Feierlichkeiten anlässlich der Hochzeit waren also wahrhaft königlich – auch wenn der Stifter dieser Verbindung, König Friedrich II. von Preußen, sich schon zwei Wochen zuvor hatte entschuldigen lassen: Seine Hämorrhoiden hinderten in wohl ebenso daran selbst aufs Pferd zu steigen und von Potsdam nach Bayreuth zu reiten wie die vorgeschobenen *„Friedensangelegenheiten, die Intrigen der Österreicher, der Vormarsch der Russen und der ungewisse Gesundheitszustand des Königs von Schweden …“* Stattdessen entsandte er als Vertreter der königlichen Familie *„mit tausend Wünschen und Segenswünschen beladen“*, seine beiden jüngeren Brüder, Prinz August Ferdinand und Prinz Friedrich Heinrich.

Nachdem ich mich gegenüber Markgräfin Wilhelmine – selbst mehr als enttäuscht und erbost über die Absage König Friedrichs – über dessen Verhalten mokiert hatte, machte sich Prinz Heinrich – ein ebenso gefühlskalter Charakter und Frauenfeind wie König Friedrich – einen Spaß daraus, mich hinter meinem Rücken nachzuäffen: Offenbar sehr zum Vergnügen der Bayreuther Hochzeitsgäste, die mich wohl als selbstgefällig, überdreht und hochnäsig empfanden, weil ich mit deren etwas derben, sehr ländlich geprägten Lebensart wenig anzufangen wusste. Hatte nicht Markgräfin Wilhelmine, als sie zum Beginn ihrer Ehe zum ersten Mal nach Bayreuth kam, selbst bemerkt, wie rückständig und eingeschränkt die Adeligen hier waren: *„Alle ohne Ausnahme waren unerträgliche Leute, mit denen man von gar nichts anderem sprechen konnte als von Ökonomie und Pferden. Sie waren gar nicht zur guten Gesellschaft zu rechnen, denn ihre Hauptleidenschaft bestand darin, von früh bis Abends zu trinken … lauter Gesichter, um kleine Kinder aus Furcht zu Bett zu jagen … und* *um ihre Antlitze noch zu verschönern, hatten sie all die Haare in Gestalt von Perücken gestutzt, in welchen Läuse, die ihren Stammbaum wenigstens so weit wie sie selbst, hinaufführen konnten, seit undenklichen Zeiten ihren Sitz aufgeschlagen hatten ...* ".

Natürlich hatte sich seit jenen Tagen so einiges zum Besseren gewendet, doch noch immer muteten die Gebräuche an diesem Hof recht archaisch an. So wurde am Hochzeitstag die komplette Aussteuer der Braut – Schmuck, Geschirr, Kleider, bis hin zu Negligés und Unterwäsche – im Schloss für jedermann zur Schau gestellt. Und auf der Herrenwiese davor hatte man dem Volk scheffelweise Wein und Bier bereitgestellt und dazu einen ganzen Ochsen, zwei Hirsche und acht Hammel am Spieß gebraten. Daran konnte sich jedermann bedienen, wie es auch andernorts durchaus üblich war. Hier allerdings erlebte ich zum ersten Mal, dass dazu weder Besteck noch Messer genutzt werden durften: Wie die Barbaren fielen die Bayreuther Bürger mit bloßen Händen über die Braten her, rissen große Stück Fleisch heraus und schlugen sich im Wetteifer gegenseitig die Köpfe blutig. Sehr zum großen Gaudium der Hofgesellschaft, die vom Balkon des Schlosses aus mit viel Spannung und Gelächter dem Spektakel folgte. Derart derber Volksbelustigung konnte ich nun wirklich kaum Erbauliches abgewinnen.

Doch gab es zum Glück auch andere, niveauvollere Zerstreuung: Denn anlässlich der Hochzeitsfeier sollte auch das neue markgräfliche Opernhaus, von Wilhelmine initiiert und unter ihrer Aufsicht in weniger als vier Jahren erbaut, eröffnet werden. Zwar war die Fassade dieses prachtvollen, in der Nähe des Schlosses gelegenen Gebäudes, noch nicht völlig fertiggestellt. Doch das Innere mit dem imposanten Deckenfresko, das Apollo und die Musen zeigt, erstrahlte jeden Abend im Glanz hunderter von Wachskerzen, die sich im vergoldeten Stuck und Schnitzwerk der Dekoration an den drei Stockwerke aufragenden Logen spiegelten.

Höhepunkt der Opern- und Theateraufführungen war die aufwendig inszenierte Oper „Ezio" von Pietro Metastasio und dem sächsischen Hofkapellmeister Joseph Adolph Hasse, in der die gefeierte Sopranistin Benedetta Emilia Molteni in einem wundervollen, rosa- und perlfarbenen Kostüm herzergreifend schön die Fulvia sang. Denn neben dem blassen Prinz August Ferdinand und dem impertinenten Prinz Friedrich Heinrich hatte König Friedrich wenigstens auch seine favorisierte Opernsängerin nach Bayreuth gesandt!

Nachdem von beiden Seiten die Eheverträge ausgehandelt und unterzeichnet worden waren, fand am Abend des Donnerstags, 26. September 1748, die Trauung statt. Im großen Saal des Schlosses, der von fünf Kronleuchtern und einer Unzahl von Wachslichtern in ein weiches, samtenes Licht getaucht wurde, war dazu auf erhöhtem Podium ein Himmel aufgebaut worden, darunter sieben mit rotem Samt bezogene Sessel. Die beiden in der Mitte waren für Braut und Bräutigam bereitgestellt, zur Rechten saßen Prinz Ferdinand, der Markgraf und ich, die Mutter des Bräutigams. Zur Linken, neben ihrer Tochter, die Markgräfin Wilhelmine, dann Prinz Heinrich.

Carl Eugen trug einen silberfarbenen Rock, bestickt mit goldenen Blumen, darauf die Ritterorden des goldenen Vlieses und der Württembergische große Jagdorden, auf dem Kopf einen Hut mit Feder. Auf der Agraffe, den Knöpfen, dem Degen und den Schnallen der Schuhe leuchteten unzählige Brillanten.

Überstrahlt wurde dies nur durch die Braut! Jugendlich frisch, in Silber durchwirkte Seide gehüllt, aufwändig bestickt mit goldenen Ornamenten. Auf dem Kopf die Fürstenkrone, große Ohrgehänge und ein Kehlband, auf dem Brillanten und birnenförmige Perlen funkelten. Die lange Schleppe ihres Kleides trugen zwei Hofdamen. Fürwahr ein wunderschönes Paar, ganz offensichtlich wie geschaffen füreinander!

Die Trauung vollzog Dr. German August Ellrod, General-Superintendent und Oberhofprediger zu Bayreuth. Als das Brautpaar die Ringe wechselte, schossen draußen 56 Kanonen dreimal Salut und die freudigen Vivat-Rufe des Volkes auf den Straßen waren bis in den Saal zu hören.

Nach der Trauung wurde im selben Saal zur Hochzeitstafel gebeten und später dann zum Zeremonienball geladen. Gegen ein Uhr nach Mitternacht geleitete Markgräfin Wilhelmine zusammen mit einigen Hofdamen die Braut in das Schlafzimmer, das für die Hochzeitsnacht vorbereitet worden war. Als die Braut ausgekleidet war und unter den Laken lag, folgte ihr Carl Eugen, der frisch gebackene Ehemann. Unter dem Klang von Pauken und Trompeten schlossen sich die Türen für die beiden zur Hochzeitsnacht. Wenig später wurden die 56 Kanonen auf den Bayreuther Bastionen dreimal abgefeuert und kündeten dem Volk von der Vereinigung des herzoglichen Brautpaars.

Am Sonntag, gleich morgens um sieben Uhr, trat ich die Reise zurück nach Stuttgart an, nachdem ich am Abend zuvor von meinem Sohn und seiner jungen Gattin, von Markgräfin Wilhelmine, dem Markgrafen und den beiden preußischen Prinzen Abschied genommen hatte.

Tags darauf, am Montag, sagte Elisabeth Friederike ihren Eltern Lebewohl. Sie vergoss dabei wohl bittere Tränen, wie ich hörte. Dann machte sich auch das herzogliche Paar in seinem mit blauem Samt ausgeschlagenen Reisewagen, begleitet von ihren Gästen, Hofstaat und Dienerschaft, in einem Zug von 14 Wagen, gesäumt von zahlreichen Reitern, über Erlangen und Ansbach auf den Weg nach Württemberg. Am 4. Oktober überschritt die Reisegesellschaft, von Dinkelsbühl und Schwäbisch Gmünd her kommend, beim Kloster Lorch die Landesgrenze und erreichte einen Tag später Ludwigsburg, wo sich nun auf württembergischer Seite die Hochzeitsfestivitäten eine weitere Woche lang fortsetzten.

Einer der Höhepunkte war am 8. Oktober 1748 die große Lustjagd in der Wasserhalde bei Leonberg. Ein spektakuläres Ereignis, wie es vor allem ältere, korpulente Fürsten lieben, besonders wenn sie schlecht sehen, nicht gut schießen oder schon recht angetrunken sind. Zur Vorbereitung war ein Bach aufgestaut und zu einem tiefen, quadratischen See angelegt worden. Auf der einen Seite des Sees verbarg sich hinter einer in Form von Triumphbögen angelegten Barriere ein Wildgehege, auf der anderen Seite standen Pavillons, die den Jagdgästen Deckung boten und in denen jede Art von Speisen und Erfrischungen gereicht wurden. Auf ein Zeichen des Herzogs hin, dass die Jagd eröffnet sei, trieben die Förster das Wild – Hirsche, Rehe, Sauen – aus dem Gehege durch die Triumphbögen über das steile Ufer in den See und die Jäger eröffneten aus den Pavillons das Feuer auf die schwimmenden Tiere. Man fand es lustig, sie in Massen über das steile Ufer in den See stürzen und dort um ihr Leben schwimmen zu sehen. In der Masse und auf die kurze Distanz ein leichtes Ziel, selbst noch für den schlechtesten Schützen, der sich hier als Herr über Leben und Tod fühlen konnte.

Am Ende des Tages zählte man eine Strecke von 400 erlegten Tieren, der Rest der 800, die durch den See getrieben worden waren, konnte in die Freiheit entkommen. Ein wahrhaft fürstliches Spektakel, an dem sich nicht nur die Jäger, sondern auch viel neugieriges Volk ergötzte. Doch nicht unbedingt meine Vorstellung vom Jagen, weshalb ich dem Ereignis auch gerne fern geblieben war. Ich selbst ziehe es vor, auf dem Pferd reitend über Stock und Stein einer Hundemeute zu folgen, bis diese das Wild gestellt hat, und dann zu schießen.

Doch die Fürstenjagd wie geschildert ist genau das spektakuläre, gesellschaftliches Ereignis, wie Carl Eugen es so sehr liebte. Es ermöglichte ihm, herzogliche Pracht zu demonstrieren und die Herren und Damen der hohen Jagdgesellschaft mit all dem Aufwand und Pomp tief zu beeindrucken und in seinen Bann zu ziehen.

Gleiches galt am nächsten Tag für das chinesische Lustfeuerwerk, zu dem sich das Hochzeitspaar nach einer Parade der Haustruppen mit seinen Gästen im Gardesaal im Obergeschoss des Ludwigsburger Residenzschlosses versammelt hatte – mit weitem Blick durch die hohen Fenster auf das Jagdschloss Favorite, um *„die schöne Illumination und das davor placierte Feuerwerk"* bewundern zu können …

Zum Ende der Ludwigsburger Feierlichkeiten und unter dem großen Jubel der Bevölkerung zog das junge Herzogspaar dann am 11. Oktober 1748 in die Residenzstadt Stuttgart ein. Die Stadt hatte sich zum Empfang herausgeputzt wie selten zuvor. Die Straßen waren gesäumt von einer schier unübersehbaren Menge begeisterter, winkender Menschen in ihrer Festtagskleidung.

Der lange Zug der edlen, festlich herausgeputzten Kutschen und Kaleschen wollte kein Ende nehmen. Inmitten des Zuges der Herzog auf seinem prächtigen dänischen Apfelschimmel. Dann, einige Wagenlängen zurück, in einer eigens neu gefertigten Staatkarosse, gezogen von acht Württemberger Goldfalben-Hengsten, die junge Herzogin Elisabeth Friederike in goldener Robe, von Kopf bis Fuß bedeckt mit glitzernden Brillanten. Durch das neue Büchsentor, vorbei an der Spitalkirche und über den Marktplatz bewegte sich der Zug bis zum Schloss, wo ich vor den Schwibbögen im Innenhof zusammen mit Prinzessin Auguste und dem Hofstaat das junge Herzogpaar erwartete und in der Residenzstadt aufs herzlichste willkommen hieß.

Ein Charakter verändert sich

In der ersten Zeit schien Carl Eugen mit seiner jungen Ehefrau recht glücklich zu sein. Sie residierten sowohl in Stuttgart als auch in Ludwigsburg, gaben Empfänge, Feste und Redouten, erfreuten sich gemeinsam an Konzerten, Opern und Theateraufführungen. Doch schon bald zogen über den beiden dunkle Wolken auf. Elisabeth Friederike schien sich in Württemberg nicht sehr wohl zu fühlen. Sie reagierte mit Hochmut und abweisender Kälte, verlangte von ihren Hofdamen, ihr königliche Ehrerbietung zu erweisen und ihr – statt des üblichen Handkusses – den Rocksaum zu küssen.

Im Volk machte außerdem das Gerücht die Runde, schon beim Einzug in Stuttgart habe Elisabeth Friederike stocksteif in ihrer Kutsche gesessen und eine Gruppe von festlich gekleideten Winzerinnen, die ihr kurz vor dem Eintreffen ihrer Kutsche am Schloss jubelnd entgegenstürmten, mit der ängstlich abwehrenden Frage bedacht: „*Was will das Geschmeiß?*" Ich bezweifle, dass die junge Herzogin sich jemals derart abfällig geäußert hatte und dermaßen abweisend reagierte. Denn Elisabeth Friederike war aus dem heimatlichen Bayreuth weit hemdsärmeligere Gunstbezeugungen gewohnt als das Vivat einiger jauchzender Weinbäuerinnen! Und wenn doch, wer hätte die Äußerung hören können beim Rattern der Equipage auf dem Pflaster und dem Hufschlag der Reiter, die sie zu beiden Seiten eskortierten und dem frenetischen Jubel der Menge? Nein, ich glaube nicht daran. Aber die Mär von der hochnäsigen, unfreundlichen Herzogin passte so trefflich in die zwiespältige Stimmung dieser Tage, die für die Zukunft nichts Gutes ahnen ließ …

Denn Carl Eugen hatte sich längst wieder seinen vielfältigen außerehelichen Vergnügungen und Liebschaften zugewandt. Kein Wunder, dass Elisabeth Friederike mit wachsendem Unverständnis und Eifersucht reagierte. Immer häufiger kam es zum Streit zwischen den beiden. Auch zwischen Carl Eugen und mir mehrten sich die Auseinandersetzungen. Sein Anspruch, alles besser zu wissen und zu können als andere, seine maßlose Selbstüberschätzung nahmen merklich zu. Seine kalte Arroganz und seine ungerechtfertigten Bevormundungen, selbst seinen Brüdern und seiner Schwester gegenüber, ließen mich manchmal frösteln …

Auch Markgräfin Wilhelmine blieb das gespannte Verhältnis des jungen Paares und der Charakterwandel Carl Eugens nicht verborgen. Nach einem Besuch zusammen mit dem Markgraf in April 1749 in Stuttgart hielt sie fest: *„Herzog Carl Eugen hat nicht die mindeste Rücksicht und Achtung für uns gehabt. Seine Laune ist unerträglich und wechselt in einem Augenblick dreißigmal. Sein Hochmut geht so weit, daß er sich an seinem ganzen Hof verhaßt und lächerlich macht. Das Land verabscheut ihn. Er ist toll verliebt in meine Tochter und mißhandelt sie. Kein Tag vergeht, wo er ihr durch seine Brutalität und seinen Jähzorn nicht brennenden Kummer macht.“*

Noch ließ Carl Eugen sich in Fragen der Politik von seinen bewährten Beratern leiten, den Geheimen Räten Bilfinger, von Hardenberg, Georgii und Zech, doch zunehmend gewannen auch andere Einfluss auf ihn. Allen voran der mir verhasste Oberstallmeister von Roeder, den er doch tatsächlich seinen *„Freund und Vater“* nannte!

Und verstärkt suchte der junge Herzog auch die Konfrontation mit der Landschaft, sichtlich mit dem Ziel, deren Autorität, Macht und Einfluss zu untergraben. Dass er dazu vorwiegend religiöse Anlässe wählte, wurde von den Landständen umso sensibler aufgenommen und konnte auch mir nicht gefallen. Brachte es doch das in den letzten Jahren so mühsam aufgebaute, gegenseitige Vertrauen erneut ins Wanken. Den ersten gravierenden Anlass bot ihm das Fronleichnamsfest, das am 5. Juni 1749 in der Ludwigsburger Residenz gefeiert wurde. Nach einer Predigt in der Hofkapelle bewegte sich die feierliche Prozession weithin gut sichtbar über die Schlossgalerie und von dort durch die fünf Höfe des Schlosses. In der Prozession gleich hinter den Priestern mit der Monstranz schritt der Herzog, gefolgt von mir und Prinzessin Auguste Elisabeth. Daran schlossen sich alle katholischen Kavaliere, Offiziere, der Hofstaat und die Bediensteten. Dabei paradierten die Garde du Corps und vier Bataillone anderer Regimenter. Nach jedem Evangelium schossen die Regimenter Salut und wurden die im Schlossgarten aufgebauten Geschütze abgefeuert. Anschließend wurde in der Schlosskapelle das Hochamt zelebriert. Zum „Te Deum“ erklangen erneut die Schüsse der Kanonen. Das Fronleichnamsfest endete am späten Nachmittag mit einer feierlichen Vesper, zu der zum dritten Mal die Kanonen donnerten.

Diese in aller Offenheit zur Schau gestellte Provokation nicht genug, ließ Carl Eugen wenige Tage später in dem vom Hof- und Kanzleidrucker Johann Georg Cotta herausgegebenen Informationsblatt einen ausführlichen Bericht über die Prozession lancieren. Kein Wunder, dass wieder einmal ein Aufschrei durchs Land ging: Erneut sahen das Volk und seine Vertreter die protestantische Landeskirche in ihrer Existenz bedroht. Der Eklat zog Kreise und landete am Ende sogar vor dem Reichstag in Regensburg.

Ein Sturm im Wasserglas! Selbst König Friedrich II., wie immer darüber informiert, was in Württemberg vor sich ging, schrieb im Juli seiner Schwester, der Markgräfin: *„Ich bin sehr überrascht über den Lärm, den man in Stuttgart gemacht hat … alle Befürchtungen der Herren Lutheraner in Württemberg sind panische Ängste. Diese guten Leute haben eine so starke Abneigung gegen die Hure Babylon, dass sie bei der kleinsten Sache, die sie in ihre Nähe zu bringen scheint, in Krämpfe verfallen …"*

Als wären all diese Ereignisse nicht schon betrüblich genug gewesen, so war am 1. Mai 1749, für jeden unfassbar, Justus Christian von Schwartzenau verstorben. Zwar hatte er schon im Verlauf des Jahres 1748 über gesundheitliche Probleme geklagt, die sich Anfang 1749 so sehr verstärkten, dass schon im Februar mit seinem Ableben zu rechnen war. Ende April ging es Schwatrzenau dann so miserabel, dass ich einen Kurier nach Darmstadt zu seinem Vater Kilian von Schwartzenau entsandte, um diesen über den bevorstehenden Tod seines jüngsten Sohnes zu unterrichten. Der Vater machte sich auch gleich auf den Weg, doch als Kilian von Schwartzenau in Stuttgart eintraf, war Justus Christian seinen schweren Leiden bereits erlegen.

Ein großer Schock und herber Verlust für mich: Schwartzenau, erst 33 Jahre alt, hatte mir als Oberhofmeister gedient, seit Marquis de Montolieu zum Gesandten Württembergs in Bern berufen worden war. Schwartzenau war ein enger Freund von Christoph Friedrich von Werneck gewesen und hatte wie dieser zu jenen Offizieren meines Kürassierregiments gehört, die nach dem Putsch von 1737 unverbrüchlich treu zu mir gestanden hatten und mich auch in den Jahren danach nie verließen.

1741 war Schwartzenau als Hauptmann zusammen mit dem Dragonerregiment „Herzogin Maria Augusta" in preußische Dienste getreten. Dort nahm er als Oberstleutnant seinen Abschied, als ich ihn zu meinem Oberhofmeister ernannte und zurück nach Stuttgart rief.

So wie Werneck zehn Jahre zuvor war mir auch Schwartzenau weit mehr als nur ein beliebiges Mitglied meines Hofstaates, was offenbar auch dieses Mal in vielen Köpfen bei Hofe zu den wildesten Spekulationen führte. Da ich keinen Hehl daraus machte, wie sehr Schwartzenau mir nahestand und wie sehr ich ihn schätzte, wurde er wegen der*"außerordentlichen Gnade und öffentlichen Passion",* die ich für ihn hegte, *„bey dem regierenden Hof scheel angesehen"*, wie ein Zeitgenosse später schrieb. Dass man bei Hofe aber noch ganz andere Motivationen hinter dieser meiner Gnade und Passion vermutete, wurde mir erst klar, als ich von einem Gerücht erfuhr, das da behauptete, Justus Christian von Schwartzenau sei mir in aller Heimlichkeit *„zur linken Hand angetraut"* worden. Später dann wurde sogar in die Welt gesetzt, dass ich aus dunklen Gründen seinen frühen Tod heimtückisch mit Gift herbeigeführt habe! Einmal mehr eine dieser infamen Fantastereien und gehässigen Lügengeschichten, die nicht nur das Andenken Schwartzenaus beschmutzten, sondern vor allem mich als Giftmischerin und Männer mordendes Ungeheuer in Misskredit bringen wollten.

Dabei hatte ich im gleichen Frühjahr, kurz nach Schwartzenaus zwar nicht unerwarteten, aber kaum erklärlichen Hinscheiden, aus tiefer Verbundenheit mit ihm und seiner Familie, die Verlobung meiner von mir sehr geschätzten Hofdame Henriette von Streithorst mit dem Bruder des Verstorbenen, Joachim Ludwig von Schwartzenau, arrangiert. Und im Jahr darauf, am 20. August 1750, richtete ich mit großem Vergnügen und mit noch mehr Aufwand auf meinem Schloss in Heimsheim ein standesgemäßes Hochzeitsfest für die beiden aus. Deren Verbindung war überaus glücklich und zu aller Freude bald mit Nachwuchs gesegnet. Hätten diese beiden mir wohl ihr Vertrauen geschenkt, wenn auch nur der Funke eines Verdachts auf mich gefallen wäre, ich hätte den Bruder des Bräutigams ermordet?

Nie hätte ich außerdem meinem geschätzten Freund oder einem aus seiner Sippe ein Leid zufügen können! Ganz im Gegenteil: Nachdem Joachim Ludwig von Schwartzenau mit seiner jungen Ehefrau als Gesandter nach Regensburg beordert worden war, empfahl ich ihn der Fürsorge meines Bruders, des Prinzipalkommissars des Kaisers, der die beiden gerne unter seine Fittiche nahm und in die Regensburger Gesellschaft einführte.

Der Verlust meines treuen Freundes und Vertrauten sollte nicht der einzige bleiben in diesen beiden schicksalhaften Jahren! Mein jüngster Sohn, Friedrich Eugen, für den ich mir eine glanzvolle Karriere in der katholischen Kirche gewünscht hätte, entschied sich im Frühjahr 1749 dazu, als Militär in preußische Dienste zu treten. Vorausgegangen waren ein kurzes Studium in Utrecht, zusammen mit seinem Bruder Ludwig Eugen, und gemeinsame Reisen der beiden durch Holland, England und Frankreich. Im Mai war Friedrich Eugen nach Berlin zurückgekehrt und hatte König Friedrich in einem Brief um dessen Einverständnis ersucht, mich zu bitten, ihm mein Dragonerregiment zu überlassen, das in preußischen Diensten stand. Der König gab wohl gerne die Erlaubnis dazu, und auch ich willigte ein, nachdem mein Sohn mich darum gebeten hatte. So also würde Friedrich Eugen in Berlin bleiben und dort sein Leben führen. Wie hätte ich in diesem Mai des Jahres 1749 beim Abschied erahnen können, dass ich meinen jüngsten Prinzen nie mehr wiedersehen würde!

Ähnliches geschah im gleichen Jahr mit dem dritten meiner Prinzen: Ludwig Eugen, der ruhige, bedachte Sonnenschein, den alle Welt nur liebte. Seit 1743 Oberst und Chef des Dragonerregiments Nr. 2, quittierte er 1749 seinen Dienst in Berlin und ließ sich von König Ludwig XV. in die französische Armee verpflichten. Auch Ludwig Eugen sollte ich danach nie mehr wieder begegnen …

Doch davon war ich im August 1749 noch weit entfernt, als ich zusammen mit dem jungen Herzogpaar in Teinach zur Kur weilte. Anschließend folgte ich für einige Wochen einer Einladung nach Dischingen, um auf Schloss Trugenhofen meine kränkelnde Mutter und meinen Bruder Fürst Alexander Ferdinand zu besuchen.

Dort auf dem Härtsfeld, inmitten einer unberührten, herben Landschaft, umgeben und umsorgt von wohlwollenden Menschen, genoss ich die Ruhe und all die Freuden, die mir die ländliche Residenz zu bieten hatte: Gesellschaften, Jagdausflüge, Theater, ja sogar Opernaufführungen! Denn schon mein lieber Vater – Gott hab ihn selig – hatte dafür gesorgt, dass die Familie samt ihren Gästen bei ihren Aufenthalten in dieser Abgeschiedenheiten auf keinerlei Annehmlichkeiten verzichten musste.

Jetzt im nachhinein kommen mir diese freudvollen Tage umso wertvoller vor, denn meine von mir – trotz aller gelegentlichen Meinungsverschiedenheiten und Kontroversen zwischen uns – innig geliebte Mutter und Vertraute, Fürstin Maria Ludovica Anna Francisca aus dem Geschlecht derer von Lobkowitz, Herzogin zu Sagan, tief gläubige Christin und Katholikin, dem Papst und dem römischen Kaiser treu ergeben, auch sie ausgezeichnet mit dem Malteser Orden, verschied wenig Monate später im Alter von 67 Jahren am 20. Januar 1750 in Regensburg.

Erst also der plötzliche Tod meines Freundes und Vertrauten Justus Christian von Schwartzenau kaum ein Jahr zuvor. Dann der Abschied von meinen beiden jüngeren Söhnen, die mich endgültig verlassen hatten, um ihr eigenes Leben in die Hand zu nehmen. Und nun auch noch der schmerzliche Verlust meiner geliebten und verehrten Mutter. Welche Schicksalsschläge mochte der Herr noch bereithalten für mich?

Am 18. Februar 1750 verstarb der Geheime Rat Georg Bernhard Bilfinger. Er hatte mir zwar nie so nahegestanden wie seinerzeit Carl Alexander. Doch hatte er sich stets als wohlmeinender Ratgeber und verlässlicher Unterstützer erwiesen, als Mittler zwischen mir, dem Ratsgremium und der Landschaft. Vielleicht erklären all diese einschneidenden Verluste, gepaart mit dem Charakterwandel meines Sohnes, wie es zu jenen so folgenschweren Auseinandersetzungen mit Carl Eugen kommen konnte, die in diesem rabenschwarzen Jahr 1750 mein Leben völlig auf den Kopf stellten.

Vorerst jedoch galt es, ein durchaus glückliches Ereignis zu feiern. Herzogin Elisabeth Friederike kam am 19. Februar 1750 mit einer kleinen Tochter nieder: Prinzessin Friederike Wilhelmine Augusta Luisa Charlotte von Württemberg. Schon im Januar war Markgräfin Wilhelmine nach Stuttgart gekommen, um ihrer Tochter bei der Geburt beizustehen. Ein wunderbarer Augenblick für beide von uns, das kleine, hilflose Wesen in den Armen zu halten. Natürlich hatte alle Welt erwartet und gehofft, *„die schöne Prinzessin werde einen Prinzen bringen"*. Carl Eugen, bereits Vater diverser illegitimer Söhne und Töchter, stand die Enttäuschung über dieses Versagen seiner Gemahlin ins Gesicht geschrieben.

Zu dieser Zeit hatte ich jedoch andere Sorgen, als mir allzu große Gedanken über die gekränkte männliche Eitelkeit meines Erstgeborenen zu machen. Denn noch war ich vollauf damit beschäftigt, die Herren vom engeren Ausschuss der Landschaft wieder zu beruhigen, die mir seit November die Auszahlung meines Deputats verweigerten – weil *„das gesamte Vaterland dermaßen in große Bestürzung und besondere Aufmerksamkeit"* gestürzt und *„ferner die landschaftliche Kasse ganz erschöpft sei."*. Das *„Vaterland"* befand sich dermaßen in Aufregung, weil zwei Proselyten, ehemalige Katholiken, die zum evangelischen Glauben übergetreten waren, verhaftet und des Landes verwiesen worden waren. Man vermutete wohl, dass ich hinter dieser Aktion stecken könnte, so wie man mir immer noch übelnahm, dass ich an der Fronleichnamsprozession im Frühjahr 1749 teilgenommen hatte. Auch hier vermutete man in mir die eigentliche Initiatorin.

Anlass für weitere Querelen bot die geplante Hochzeit einer meiner Hofdamen mit einem Kavalier vom Hofe: sie katholisch, er evangelisch. Eine Heirat der beiden vor einem katholischen Priester verboten die Landesgesetze, doch dann wurde mein Vorschlag, sie gleichzeitig von zwei Geistlichen beider Konfessionen trauen zu lassen, akzeptiert. Auch dies verfolgten die Vertreter der Landschaft mit Vorbehalten und allergrößtem Misstrauen.

Die Auseinandersetzungen über diese konfessionellen Unstimmigkeiten und Konfrontationen zogen sich bis gegen Ende Juni hin, und es kostete mich viele Erklärungen, Argumente und Überzeugungskraft, bis sich die Landschaft von meinen ehrenwerten Motiven überzeugen ließ, schließlich einlenkte und die Auszahlung der Deputatgelder bewilligte.

Doch schon stand erneut eine Fronleichnamsprozession an, die Carl Eugen wiederum dazu nutzte, die landschaftlichen Gremien vor den Kopf zu stoßen. Alle meine Einwände stießen bei Carl Eugen auf taube Ohren, meine Bedenken und Warnungen wischte er einfach vom Tisch. Stattdessen wurde das Fronleichnamfest noch pompöser gefeiert als im Jahr zuvor. Der Zulauf war enorm. Selbst aus weit entfernt gelegenen Landesteilen kamen die Katholiken nach Ludwigsburg, sodass am Ende an die tausend Gläubige an der glanzvollen Prozession teilnahmen. Diese bewegte sich erneut nur über die Höfe des Schlosses, war jedoch von der Straße her für jedermann gut einsehbar. Dazu waren das Geläut der Glocken und die Schüsse der Kanonen weithin zu hören.

Die Reaktion der Landschaft erfolgte kurze Zeit später, als es darum ging, an die herzogliche Familie, Carl Eugen und seine Brüder eingeschlossen, die fälligen Zahlungen zu leisten. Da ich den Ärger der Landschaft verstehen konnte und mich auf deren Seite stellte, herrschte zwischen mir und Carl Eugen bald nur noch eisiges Schweigen.

Im August 1750 hielt ich mich zusammen mit Prinzessin Auguste Elisabeth zur Kur in Teinach auf. Eines Tages erschien dort unangemeldet und aus heiterem Himmel ein Abgesandter Carl Eugens. Der Bote teilte mir mit, der Herzog fordere die Prinzessin, er habe beschlossen, sie meinem Einfluss künftig zu entziehen und Auguste Elisabeths weitere Erziehung selbst in die Hand zu nehmen. Wie mir gesagt wurde, hatte er schon am 31. Juli befohlen, 4.000 Gulden bereitzuhalten, um Auguste Elisabeth in das Kloster der Ursulinen nach Metz zu bringen.

Als ich dies hörte, war ich wie vom Donner gerührt! Mein eigener Sohn wandte sich offen und unverhohlen gegen mich, hatte bereits schon die Landschaft angewiesen, mir künftig die Zahlung des Deputats von 12.000 Gulden zu verweigern, die ich bis dahin jedes Jahr als Unterhaltszahlungen für Prinzessin Auguste Elisabeth erhielt! Nun, Carl Eugen wusste, dass er mich mit all dem tödlich treffen würde. Seit ihrer Geburt war Prinzessin Auguste Elisabeth ständig um mich gewesen. Ich hatte mich gesorgt und gekümmert um sie. Fast immer hatte sie mich begleitet, war sie zum festen Bestandteil meines Lebens geworden wie kein anderes meiner Kinder.

Ich hätte blind sein müssen, hätte ich nicht bemerkt, welchen Unwillen und welche Eifersucht diese enge Nähe zwischen Mutter und Tochter seit langem schon bei Carl Eugen hervorrief. Dazu kam, dass Auguste Elisabeth als erstes und einziges meiner Kinder nach dem Regierungsantritt Carl Alexanders und damit als eine echte Prinzessin von Württemberg-Teck geboren worden war. Schon bei der Geburt und Taufe hatte sie deshalb weit größere Aufmerksamkeit von Seiten der Vertreter des Landes, des Hofes und der Untertanen erfahren als Carl Eugen oder einer meiner nachgeborenen Söhne jemals zuvor.

Doch unabhängig von dieser schwelenden, bisher nie offen zu Tage getretenen Eifersucht des Herzogs: Womit hatte ich ihn jetzt so erzürnt, dass er mich so tief treffen und verletzten wollte, dass er mir meine so heiß geliebte Tochter nahm?

Und einmal mehr stürzten sich meine Feinde auf die Gelegenheit, mich als dümmliche, selbstsüchtige Ignorantin hinzustellen: Man streute das Gerücht, ich hätte Auguste Elisabeth in Teinach angewiesen, sich krank zu stellen, um der Forderung Carl Eugens nicht nachkommen zu müssen und die Unterhaltszahlungen für die Prinzessin nicht zu verlieren. Welch absurde Vorstellung! Als ob ich eine derart billige Finte jemals vonnöten gehabt hätte: Ich war die Herzogin-Witwe! Es ging mir ausschließlich um das Wohl und die Zukunft meiner kleinen Prinzessin. Und es gab klare, eindeutige Regelungen, gegen die Carl Eugen rücksichtslos und vollkommen willkürlich verstieß: Am 23. März 1948, also noch vor seiner Hochzeit mit Elisabeth Friederike, hatte ich mit Carl Eugen die Vereinbarung getroffen, dass ich mein Apartment im Schloss zu Stuttgart räumen und zusammen mit meinem Hofstaat in das nahegelegene Roedersche Haus ziehen würde. Ausdrücklich und ausführlich war in diesem Dokument mit unser beider Unterschrift und Siegel unter anderem festgehalten worden, dass ich in das Roedersche Haus auch Prinzessin Auguste Elisabeth und ihr Gefolge mitnehmen würde, um mich weiterhin persönlich um deren Wohlergehen und Erziehung sorgen zu können.

Zum Ende unseres Aufenthalts in Teinach reiste ich mit Auguste Elisabeth zurück nach Stuttgart, denn dort gab es am 30. August den 18. Geburtstag der Herzogin Elisabeth Friederike zu feiern. Carl Eugen hatte dieses Fest zum Anlass genommen, nach entsprechendem Umbau im großen Saal des Lusthauses in den Gärten des Stuttgarter Schlosses die neue Hofoper zu eröffnen. Mehr als 3.000 Gäste drängten sich dort am Geburtstag der Herzogin, um der Aufführung der Oper „Artaserse“ von Carl Heinrich Graun und Pietro Metastasio beizuwohnen.

Noch während dieser von Carl Eugen so glanzvoll inszenierten Festtage am 3. September kam es zur großen, persönlichen Konfrontation zwischen uns beiden und zum endgültigen, für mich so folgenschweren Bruch mit ihm. Sein ganzes eitles, selbstherrliches Verhalten während der letzten Jahre und Monate, gipfelnd im unverzeihlichen Raub meiner Tochter, hatten mich so sehr in Rage versetzt und gereizt, dass mein Zorn – wie leider schon so oft – keinerlei Grenzen mehr kannte. Vor versammeltem Hofe kam es zu einem Wortwechsel zwischen Carl Eugen und mir, bei dem ein Vorwurf den anderen auslöste. Ich verlor die Nerven. Wie von Sinnen überschüttete ich meinen Sohn mit den allerschlimmsten Verwünschungen!

Als ich meinen wie vom Donner gerührten Sohn einfach stehen ließ und noch immer mit Zornesröte im Gesicht und wild pochendem Herzen aus dem Saal eilte, herrschte unter den Anwesenden Totenstille.

Am liebsten hätte ich Stuttgart auf der Stelle für immer verlassen, nur um Carl Eugen nie wieder begegnen zu müssen. Tags darauf reiste ich dann mit Auguste Elisabeth und meinem gesamten Hofstaat auf mein Schloss und Landgut nach Heimsheim ab.

War ich in meinem Zorn zu weit gegangen? Natürlich bedauerte ich im nachhinein, dass ich in dieser Situation keinen kühlen Kopf bewahrt, sondern so ungemein emotional und ausfallend reagiert hatte. Doch andererseits: Mir so unvermittelt, entgegen aller zwischen uns getroffenen Vereinbarungen und aus niedrigsten Motiven heraus, meine geliebte Tochter zu nehmen – das alleine schon schien mir Grund genug für meinen heiligen Zorn! Vor aller Augen und Ohren hatte ich Carl Eugen für immer verflucht. Der Beichtvater des Herzogs, Franciscus Balthasar Heratkofer, hat meine Worte notiert und überliefert: Carl Eugen samt seiner Nachkommenschaft, so hatte ich flammenden Herzens ausgerufen, *„sollten in Ewigkeit verflucht und vermaledeit sein. Das Brot, das Carl Eugen esse, solle zu Würmern, das Wasser, das er trinke, solle zu Morast werden!“*

Der Hofklatsch sorgte dafür, dass die Situation am Ende vollkommen eskalierte: Hinter vorgehaltener Hand hieß es plötzlich, ich habe mich darüber ausgelassen, dass Carl Eugen gar nicht der Sohn Carl Alexanders sei. Das Erstgeburtsrecht und damit der Herzogsthron stehe vielmehr seinem Bruder Prinz Ludwig Eugen zu. Welch barer Unsinn! Niemals habe oder hätte ich mich in dieser Weise geäußert! Wäre Carl Eugen tatsächlich auf diese Weise illegitim auf den Thron Württembergs gelangt, so hätte dies bedeutet, dass ich Carl Alexander unmittelbar nach unserer Hochzeitsnacht schon mit einem anderen Mann hintergangen hatte. Doch wie, wann und mit wem hätte dies geschehen sollen? Und für wie dumm hielt man mich, dass ich mit einer derartigen Behauptung mir selbst, meinem Ansehen und meiner Glaubwürdigkeit in allerhöchstem Maße hätte schaden können?

Doch im Land stürzte man sich mit Wollust auf dieses unsägliche Gerücht: Seht, die Katholikin, die Landfremde, die liederliche Hure! Vom ersten Tag an hat sie dem verstorbenen Herzog Hörner aufgesetzt! Derartige Gerüchte, die zwar nicht wirklich Anlass für ernsthafte Zweifel an seiner Legitimität bieten konnten, doch seiner Autorität hätten nachhaltig schaden können, wollte und konnte Carl Eugen nicht unwidersprochen hinnehmen.

Also schaltete er nun die Landschaft ein und bauschte damit die Auseinandersetzung zuwischen Mutter und Sohn endgültig zur Staatsaffäre auf. Carl Eugen forderte eine eindeutige Stellungnahme der Landschaft, der immer noch mächtigen, im ganzen Land weit vernetzten Instanz: Wohl wissend, dass keiner der Herren es wagen würde, in diesem Streit offen meine Partei zu ergreifen! Die Vertreter der Landschaft wanden sich dann auch, sprachen ihr Bedauern aus und wünschten, *„dass Gott den gegebenen Fluch in Segen verwandeln möchte"*. Den Kommentaren der einzelnen Ausschussmitglieder war anzumerken, dass sie sich zwar am liebsten aus der *„Familienangelegenheit"* herausgehalten hätten, aber am Ende doch zu dem Schluss kamen, dass die *„abscheulichen Injurien"*, nebst *„anderer vieler Unwürdigkeiten"*, die ich in ihren Augen begangen hatte, es rechtfertigen würden, mir die Versorgung zu kürzen und mir das Schloss in Göppingen als Witwensitz zuzuweisen. Dort, so bestimmten sie, sollte ich künftig *„ein stilles und eingezogenes Leben führen, wie es einer Fürstlichen Wittib gebührt"*.

Carl Eugen hatte damit den Freibrief erhalten, mich in die Verbannung zu schicken und somit heimtückisch Rache an mir und seiner kleinen Schwester nehmen zu können. Mit nicht zu überbietender Selbstgerechtigkeit äußerte er seine tiefe Betrübnis darüber, dass er, der mich jederzeit *„zärtlich geliebt und kindlich respektiert"* habe, von mir *„mit einem ewig unwiderruflichen Fluch belegt worden"* sei.

Dabei habe er sich doch nur bemüht, seiner Schwester in brüderlicher Zuneigung eine bessere Erziehung und Ausbildung zu sichern.

Schon am 23. September, also nur 20 Tage nach unserer Auseinandersetzung, erließ er das schriftliche Dekret, die Zahlung der mir von der Landschaft jährlich gewährten 12.000 Gulden Deputatgelder unwiderruflich einzustellen. Sicher auch mit dem Vorhaben, diese Gelder künftig seinen eigenen, stets leeren Kassen zuführen zu können. Unter Androhung von Repressionen erließ er am gleichen Tag ein Kontaktverbot, von dem alle Personen betroffen waren, die auf meiner Seite standen. Dieses galt besonders für die *„Weiber vom Hof, Stadt und Kanzlei"* und *„ihren außerordentlichen Zuwandel zur Herzogin bei Cassation der Männer"*.

Am 25. September erschien ein Kommando Husaren in Heimsheim, um mich in Gewahrsam zu nehmen. Die Soldaten eskortierten mich nach Göppingen, wo ich für den Rest meines Lebens festgesetzt werden sollte. So hatte Carl Eugen mich nicht nur der Freiheit und der Tochter beraubt, sondern auch meines gesamten vertrauten Umfeldes: meiner Söhne, meiner Verwandten, meiner Freunde und Vertrauten.

Er hatte mein Einkommen drastisch reduziert und er sorgte weiter dafür, dass mir der größte Teil meines Schmucks, meiner Kleider, meiner Bediensteten und mein gesamtes, bisheriges Leben genommen wurde!

Gott möge Württemberg und die Welt vor diesem Ungeheuer schützen …

Hier enden die geheimen Aufzeichnungen der Herzogin Maria Augusta zu Württemberg und Teck.

Verbannt nach Göppingen

Nachdem Herzogin Maria Augusta von Württemberg-Teck für immer auf den ihr zugewiesenen Witwensitz Göppingen – die „Einsiedelei" – verbannt worden war, wurde es sehr still um sie.

Ihr Hofstaat hatte sich in Göppingen merklich verkleinert – und wurde während der Folgejahre aufs Nötigste reduziert. Er war sicherlich durchsetzt von Informanten, die dem Herzog regelmäßig über den Zustand und die Aktivitäten Maria Augustas berichteten. Die ganzen Jahre der Gefangenschaft stand an der Spitze des Hofstaates der Internierten der Wittum- und Regierungsrat Dr. Ernst Heinrich Mylius, jener herausragende Rechtsgelehrte, der 1741 in Berlin auf das Betreiben Maria Augustas zum Lehrer ihrer Söhne berufen worden war. Beeindruckt von dessen großem Wissen und Kompetenz hatte Carl Eugen ihn 1744 nach Stuttgart geholt. Mylius machte in Württemberg schnell Karriere und drang bis in die höchsten Ämter des Herzogtums vor.

Ihm zur Seite stand in Göppingen der neu ernannte Hofmeister und Kammerherr Friedrich Carl Leopold von Schachten, über den spätestens seit 1754 auf Anweisung des Herzogs und gegen Quittung auch alle Zahlungen der Landschaft an Maria Augusta zu laufen hatten. Die Landschaft hatte nämlich bis dahin Herzogin Maria Augusta weiterhin alle ursprünglich vereinbarten *„Donationen"* und *„Caritasgelder"* angewiesen, von denen der Herzog entweder nichts wusste oder die er anfangs nicht ausdrücklich verboten hatte.

In ihren Kontakten nach außen wurde Maria Augusta in den Jahren ihrer Gefangenschaft immer mehr eingeschränkt, ebenso in ihrer Bewegungsfreiheit. So konnte sie nicht mehr zur Jagd reiten, und wenn sie Kutschfahrten unternahm, wurde sie stets von ihrer „Ehrenwache" begleitet.

In ihrer Einsamkeit nahm Maria Augusta sich des kleinen Sohnes ihres Mundkochs Johann Christoph Haakh an, der sie nach Göppingen begleitet hatte. Johann Friedrich Haakh war im Dezember 1750 gerade fünf Jahre alt geworden und ein aufgewecktes Kind. Schon im Stuttgarter Schloss hatte er sich mit der jungen Herzogin Elisabeth Friederike angefreundet, die er oft in ihrem Apartment besuchte. Dort hatte es ihm besonders der Affe der Herzogin angetan, mit dem er spielen durfte. Am Ende waren sich die beiden so vertraut, dass der Affe oft auf der Schulter des Jungen saß und für ihn Eier abschälte oder Nüsse öffnete.

Bei seinen Besuchen im Schloss hatte Johann Friedrich auch Maria Augusta kennengelernt, die dem Sohn des Mundkochs mit der gleichen Wärme und Zuneigung begegnete wie ihre Schwiegertochter. In Göppingen nun ließ Maria Augusta dem Jungen eine Husarenuniform schneidern, verwöhnte ihn mit ihrer Aufmerksamkeit und behielt ihn oft nicht nur am Tage, sondern auch in den Nächten bei sich. Das änderte sich abrupt, als der Mundkoch Haakh zusammen mit seiner Ehefrau bei Nacht und Nebel aus Göppingen flüchtete. Die beiden hatten sich in Stuttgart ein Haus gebaut, Äcker und Baumwiesen gekauft und total verschuldet. Als ihnen ihre finanziellen Verpflichtungen über den Kopf wuchsen, verschwanden sie, ohne dass man jemals wieder etwas von ihnen gehört hätte. Ihre sechs kleinen Kinder ließen die beiden bei Verwandten in Stuttgart zurück.

Bis heute hält sich in Göppingen hartnäckig das Gerücht, angeblich durch tagebuchartige Aufzeichnungen belegt, Johann Christoph Haakh sei damals geflüchtet, weil er überführt worden war, einen Giftanschlag auf Maria Augusta verübt zu haben. Doch gibt es dafür keinen einzigen Nachweis oder Beleg. Auch die Herzogin hat sich dazu nie geäußert. Stattdessen informierte sie den Göppinger Stadtmagistrat darüber, dass Johann Friedrich bei der überstürzten Flucht seiner Eltern bei ihr zurückgeblieben war. Der Junge wurde darauf Im Februar 1755 im Stuttgarter Waisenhaus untergebracht. 1761 begann Johann Friedrich, finanziell unterstützt von Herzog Carl Eugen, eine Ausbildung beim Stadtschreiber von Göppingen, der sich ein Jura-Studium anschloss. Anschließend arbeitete sich Johann Friedrich Haakh bis zum Hofgerichts-Advokat, Hofkammerrat und schließlich zum Kanzleidirektor beim Grafen von Erbach hoch. Er verstarb 1817 im Alter von 70 Jahren als Königlich Dänischer Etats-Rat.

Maria Augustas bis dahin einzige legitime Enkelin, Prinzessin Friederike Wilhelmine Augusta Luisa Charlotte von Württemberg, verstarb kurz nach ihrem ersten Geburtstag am 12. März 1751 – am gleichen Tag, an dem 14 Jahre zuvor ihr Großvater, Herzog Carl Alexander, zu Tode gekommen war.

Ende 1750 schickte man die nun 16jährige Prinzessin Auguste Elisabeth, so wie ihr Bruder Carl Eugen sich dies in den Kopf gesetzt hatte, in den Convent der Ursulinen nach Metz. Begleitet wurde sie nur von einer Kammerfrau. Alle anderen ihrer Bediensteten, auch die ihr seit den Kindertagen vertraute und ergebene Hofmeisterin Franziska von Venediger, wurden entlassen. Kaum ein Jahr später zerbrach man sich den Kopf darüber, welche Vorteile es für Württemberg bringen könnte, Auguste Elisabeth mit Louis V. Joseph von Bourbon-Condè zu verheiraten. Zu dieser Zeit hatte der zwischenzeitlich hoch verschuldete Herzog ohne Wissen und Absprache mit seiner Regierung einen Subsidienvertrag mit Frankreich geschlossen, in dem er sich verpflichtet hatte, Frankreich auf Abruf 6.000 württembergische Soldaten zu liefern. Dafür hatte Carl Eugen im Voraus bereits die astronomische Summe von 600.000 Gulden kassiert. Statt das Geld jedoch in den Aufbau der Armee zu stecken, finanzierte er damit seine Hofhaltung und seine diversen Bauprojekte. Die Heirat seiner Schwester Auguste Elisabeth mit dem Spross des Hauses Bourbon sollte wohl das Verhältnis zu Frankreich festigen. Letztlich kam die Heirat jedoch nicht zustande.

Um den weiteren Unterhalt für seine Schwester zu sparen, stimmte Carl Eugen gerne der Verbindung mit dem Cousin Erbprinz Karl Anselm von Thurn und Taxis zu, der um Auguste Elisabeths Hand angehalten hatte. Die beiden trennte nur ein Altersunterschied von einem Jahr, und sie kannten sich von Kindsbeinen an von gemeinsamen Aufenthalten bei ihrer Großmutter in Frankfurt oder auf Schloss Trugenhofen im schwäbischen Dischingen.

Die Hochzeit von Cousin und Cousine fand am 3. September 1753 mit großem Pomp in Stuttgart statt, ehe das junge Paar wenige Wochen später in Regensburg, im Inneren Palais im Ostflügel des Klosters St. Emmeram, Wohnung nahm.

Sicher erhielt die Herzogin-Mutter Maria Augusta Kenntnis von der Vermählung ihrer viel geliebten Tochter. Ob sie dazu eingeladen wurde, ob sie eine Teilnahme ablehnte oder ob man sie absichtlich von der Hochzeit und ihrer Tochter fernhielt, ist nicht belegt.

In einem zeitgenössischen Bericht über die Gefangenschaft Maria Augustas in Göppingen steht zu lesen: *„Niemals vergab die immer noch schöne, stolze Frau ihrem Sohne diese Gewaltmaßregel. Sie schwur, ihn nie* *wiedersehen zu wollen und verließ selbst dann ihren Witwensitz nicht, als sich ihre einzige Tochter Auguste am 3. September 1753 mit ihrem Neffen Anselm von Thurn und Taxis vermählte."*

Wahrscheinlicher jedoch ist, dass Carl Eugen jeden Kontakt zwischen seiner Mutter und seiner Schwester verhindern ließ. Aus dem Jahr 1754 ist ein Ansuchen von Fürst Alexander Ferdinand von Thurn und Taxis erhalten, der bereits in den Jahren zuvor mehrfach zu Gunsten seiner in Göppingen inhaftierten Schwester vergeblich interveniert hatte. In einem neuerlichen Schreiben informierte er den Neffen in Stuttgart darüber, dass seine Schwiegertochter und Nichte, Auguste Elisabeth, sich in der Nähe von Göppingen aufhalte und dort gerne auch ihre Mutter besuchen würde.

Der Geheime Rat Friedrich August von Hardenberg beschied *„in Artigkeit"* im Auftrag seines Herrn und Herzogs dem Onkel aus Regensburg in einem zwar gedrechselt formulierten, doch nicht minder geharnischten Schreiben, dass dieser sich aus der ganzen Sache heraushalten solle. Hardenberg listete erst sämtliche tatsächlichen und vermeintlichen Verfehlungen Maria Augustas auf sowie die ihr in der Gefangenschaft trotzdem gewährten Annehmlichkeiten.

Hardenberg prangerte weiter an, wie *„Euer Hochfürstliche Gnaden sich dahin persuadieren {überreden} und bewegen lassen mögen, eine Abänderung dieser Situation anzuverlangen und sogar den Besuch der Frau Erbprinzessin … darauf anzusetzen …* " Trotz der *„besonders zärtlichen und großen"* Liebe für seine Schwester werde der Herzog niemals aber außer Acht lassen, was er sich und seinem fürstlichen Hause schuldig sei.

Das Schreiben endet mit einer glatten Abfuhr an den Fürsten, die an Deutlichkeit nicht zu überbieten ist: Hardenberg fordert den Fürsten auf, er möge doch *„fernere Erwägung … ziehen, fortan von den beschehenen Ansinnen zu abstrahieren {abzusehen}"*, sollte ihm die weitere *„fürstlich brüderliche Freundschaft"* zum Herzog lieb sein.

Kein Wunder, dass bei diesem selbst nach Jahren noch ungeminderten, abgrundtiefen Groll des Herzogs gegen seine Mutter, auch dem mittlerweile in vielen Gefechten erfahrenen jüngeren Bruder Ludwig Eugen angst und bang wurde, als das Gerücht die Runde machte, er schmiede Pläne, Maria Augusta aus ihrer Gefangenschaft zu erlösen.

Dem preußischen König Friedrich II., dem dieses Gerücht ebenfalls zu Ohren gekommen war, schrieb Ludwig Eugen deshalb abwiegelnd: *„Ich erfahre mit bitterem Kummer, dass gerade zu der Zeit, wo ich der aufrichtigste Freund des Herzogs, meines Bruders, bin und bereit bin, mich für mein Vaterland zu opfern, man Euerer Majestät weismachen will, daß ich meine Mutter aus einem Zustande zu ziehen gedenke, in welchem die Umstände und die Interessen Württembergs alle anderen Gefühle zum Schweigen bringen müssen."* Nun, die „Interessen Württembergs", die Ludwig Eugen hier anführt, waren wohl eher seine eigenen: Kurze Zeit vorher hatte er Carl Eugen dazu bringen können, dass dieser aus seiner Kasse endlich die beträchtlichen Schulden bezahlte, die Ludwig Eugen bis dahin angehäuft hatte. Das 1755 eben wieder hergestellte und für ihn äußerst vorteilhafte Einvernehmen mit dem älteren Bruder wollte Ludwig Eugen sicher nicht aufs Spiel setzen, indem er mit Plänen in Verbindung gebracht wurde, die darauf abzielten, seine Mutter aus der Göppinger Gefangenschaft zu befreien.

Und König Friedrich, der einst hoch und heilig versprochen hatte, stets die Interessen Maria Augustas verteidigen zu wollen, zeigte in seiner Antwort auf das Schreiben Ludwig Eugens gegenüber dem Schicksal der Herzogin ebensolches Desinteresse, *„da ich nie den Wunsch hatte, mich in Angelegenheiten einzumischen, die eigentlich nur das Innere der Familien betreffen … "*.

Unabhängig davon, gab sich Maria Augusta offensichtlich weiter der Hoffnung hin, dass sie eines Tages aus ihrem erzwungenen Exil befreit werden würde. Die vielen Chronisten der Geschichte Württembergs quer durch mehr als zwei Jahrhunderte – die einen eher bedauernd, die meisten aber mit mehr als süffisantem Unterton – schildern in weitgehend gleichen Worten einen Vorfall, der sich wohl Ende des Jahres 1755 zugetragen haben dürfte:

„Die Herzogin-Mutter schmeichelte sich inzwischen beständig mit der Hoffnung, daß sie endlich wieder in den vorigen Stand zurückgelassen würde, es waren aber alle ihre diesfallsigen Anschläge vergebens. Der Offizier von der ihr zugegebenen Wache versah die Kammerjunkers Stelle und gab auf all ihr Tun und Lassen genau Acht. Ein Fluchtversuch scheiterte. Schon wartete ihrer der Wagen um Mitternacht, schon war die Gartentür, aus der sie in den Wagen steigen wollte, geöffnet, als der Commandant der Ehrenwache mit den Worten zu ihr trat:

Ihro Durchlaucht sind wohl, wie ich,
durch die schöne Sternennacht
zu einem Spaziergang verleitet worden,
allein die kühle Nachtluft könnte Euch schaden.
Erlauben, Ihro Durchlaucht,
Sie in Ihr Schlafgemach zurückzubegleiten!"

Wenn dieser nächtliche Fluchtversuch in der geschilderten Weise tatsächlich stattgefunden hat, so ist er offensichtlich gescheitert.

Ende Januar 1756 erkrankte Maria Augusta. Einzelheiten über diese Erkrankung sind nicht belegt. Plötzlich und unerwartet verstarb die Herzogin im Schloss zu Göppingen an einem Schlagfluss, wie der Leibarzt der Herzogin ohne weitere Erklärungen kurz und nüchtern konstatierte.

Doch ganz so schnell und unerwartet scheint Maria Augusta dann doch nicht aus dem Leben geschieden zu sein: Am Abend des 1. Februar 1756 brachte der Wittumsrat Dr. Mylius ein Schreiben an den Herzog nach Stuttgart auf den Weg, in dem er diesem berichtete, dass er am Nachmittag des gleichen Tages um 5 Uhr zu „*Serenissima* „gerufen worden sei. Die Herzogin habe mit ihm über die von ihr im Falle ihres Ablebens erteilten Legate gesprochen. Er, Mylius habe darauf hingewiesen, dass der Wert der Legate – „*Schmuck und Garderobe an die Prinzessin von Taxis*" – doch allzu beträchtlich sei. Da doch auch noch diverse „*Creditores*" bezahlt werden müssten. Er habe die „*Ausfertigung der Disposition bis morgen früh trainiert*" und hoffe, bis dahin die Anweisungen „*Euer hochfürstlichen Durchlaucht*" zu erhalten.

Mylius schrieb dies, nicht ohne abschließend darauf hinzuweisen, dass es ihm und dem Oberhofmeister lieber wäre, „*wenn Serenissima uns mit dergleichen Legatis verschonten, weil, wenn die Passiva nicht vor allen Dingen bezahlt werden sollten, es nur Verdruß geben möchte*" …

Die Klärung der Angelegenheit und die Anweisungen des Herzogs erübrigten sich, denn nur wenige Stunden, nachdem Dr. Mylius das Schreiben an den Herzog formuliert und auf den Weg gebracht hatte, war Maria Augusta aus dem Leben geschieden.

TOD UND TRAUER

Schon am 2. Februar 1756 wurde von ihrem Sohn Carl Eugen per schriftlichem Dekret und in wohl gesetzten Worten die sechswöchige Landestrauer für die verstorbene Herzogin angeordnet:

> *„Unsern Gruß zuvor, Ehrsamer, Liebe Getreue!*
> *So hat dem Allerhöchsten nach seinem unerforschlichen Rath und Willen gefallen, die weyland Durchlauchtigste Fürstin Unserer Hochgeehrten Frau Mutter Gnaden, MARIA AUGUSTA, Herzogin zu Württemberg-Teck … gestern den 1sten dieses Monaths durch einen sanft- und seeligen Tod zu sich in die Ewigkeit abzufordern, und dadurch Uns und Unser Fürstliches Haus in besondere Betrübnis zu setzten … "*

Morgens am 9. Februar 1756 wurde der Sarg mit dem Leichnam der Herzogin auf einem mit sechs Pferden bespannten Wagen, begleitet von einer berittenen Eskorte und zwei Wagen mit Höflingen und Dienerschaft, von Göppingen nach Ludwigsburg überführt. In allen Orten, die der Leichenzug passierte, wurden die Glocken geläutet.

In Ludwigsburg hatte sich die Trauergesellschaft bereits versammelt, als der Leichenzug am Nachmittag um 5 Uhr dort eintraf. Eine Stunde später wurde der Sarg der Herzogin über die Höfe des Schlosses bis zur katholischen Hofkapelle gebracht, getragen von 12 hohen Offizieren, bedeckt mit einem schwarz-samtenen Leichentuch und überspannt von einem Himmel, ebenfalls aus schwarzem Samt. Auf dem weißen Kreuz des Leichentuches blitzten im Fackelschein die Juwelen der diversen Ritterorden, die der Herzogin verliehen worden waren.

Unmittelbar vor dem Sarg schritten die beiden Kammer-Junker von Montolieu und von Schönfeld. Am Eingang zur Kapelle erfolgte die Einsegnung, dann wurde der Sarg der Herzogin auf dem in Form einer Pyramide errichteten Podest, beleuchtet von hunderten Wachskerzen, aufgebahrt. Für die Trauerfeier hatte Herzog Carl Eugen, der zusammen mit den weiteren Mitgliedern der herzoglichen Familie in einer der drei hoch über dem Kirchenraum gelegenen Logen Platz genommen hatte, beim Hofkapellmeister Niccolo

Jommelli die Komposition eines Requiems in Auftrag gegeben, das hier nun seine Uraufführung erlebte – mit Musikern und Sängern der Hofmusik, darunter auch die Primadonna Marianne Pircker [(1)].

In den Nachtstunden vom 9. auf den 10. Februar 1756 wurde der Sarg Maria Augustas in der Familiengruft der Württemberger Herzöge in der Schlosskirche zu Ludwigsburg beigesetzt.

***

Maria Augusta hinterließ 228 Kleider, von denen das teuerste – eines von sieben aufwändigen Staatskleidern – mit 500 Gulden bewertet wurde, Schmuck im Wert von mehr als 89.000 Gulden und offene Rechnungen in Höhe von 50.402 Gulden. Die Schulden Maria Augustas wurden von der Landschaft beglichen.

Die drei Söhne der Herzogin, Carl Eugen, Ludwig Eugen und Friedrich Eugen, teilten sich später das Erbe der Mutter: 110.000 Gulden, die einst deren Vater als Mitgift bei der Stadt Augsburg hinterlegt hatte, und die einschließlich der Zinsen bis zum Tod Maria Augustas auf 289.263 Gulden angewachsen waren.

In einem Nachruf auf Maria Augusta, die *„hinterlassene Frau Witwe des 1737 gestorbenen Karl Alexanders von Würtenberg-Stutgard“*, erschienen 1757 in den *„Nützlichen Erinnerungen an die Merkwürdigkeiten des 1756sten Jahres“*, verlegt von Nikolaus Schilln zu Lauban, fanden sich, neben einer allgemeinen Beschreibung ihres Lebens, zwei äußerst bemerkenswerte Hinweise, die ein ganz besonderes Licht auf die Herzogin werfen:

„Sie war meistentheils zu Brüssel erzogen, und die hochfürstlichen Eltern hatten es an nichts fehlen lassen, um sie zu einer vollkommenen Prinzessin zu machen; wie sie es denn in den Wissenschaften so weit gebracht, daß man ihr den Namen einer gelehrten Prinzessin mit Recht (hat) beylegen können …

Anno 1742 am 21. November beehrte sie die Universität Tübingen auf einige Zeit mit ihrer Gegenwart, und vertrat bey einer daselbst gehalte-

(1) **Marianne Pircker** war nicht nur eine gefeierte Primadonna der Stuttgarter Oper, sondern auch eine enge Freundin und Vertraute der Herzogin Elisabeth Friederike. Als sie sich bei den Auseinandersetzungen um die Liebschaften Carl Eugens offen auf die Seite der Herzogin stellte, ließ der Herzog sie und ihren Ehemann 1756 kurzerhand auf dem Hohenasperg in den Kerker werfen. Die beiden kamen erst acht Jahre später auf eine Intervention Maria Theresias von Österreich hin frei. In der Haft hatte Marianne Pircker schwere Schäden an Gesundheit und Geist erlitten und ihre Stimme verloren.

nen in die Arzneykunst einschlagenden Disputation, die Stelle einer hohen Opponentin, dabey jedermann ihre große Eigenschaften und ausnehmende Gelehrsamkeit bewundern mußte".

Dieser zweite Hinweis bezieht sich auf einen dreiwöchigen Aufenthalt der Herzogin-Witwe Maria Augusta von Württemberg-Teck im November und Dezember 1742 bei und in Tübingen. In den Wäldern des Schönbuchs und auf der Tübinger Schafweide ging sie auf die Jagd. Die erwähnte Inaugural-Disputation an der Tübinger Universität fand am 11. Dezember 1742 statt. Dabei berichteten Dr. Borchard David Mauchart, Professor für Chirurgie und Anotomie, und der Physikus Christoph David Zeller über die Wirkungsweisen des sogenannten „*Haarseilziehens*". Eine Therapie, bei der mit einer langen Nadel ein kurzes Seil aus Pferdehaar in bestimmte Hautpartien, vorzugsweise im Nacken des Patienten, eingezogen wurde. Man glaubte, dass durch den dabei entstehenden künstlichen Eiterherd unter der Haut – ähnlich wie beim Aderlass – ein Reinigungsprozess und die „*Ableitung böser Säfte*" hervorgerufen werde. Eingesetzt wurde die Therapie unter anderem bei Augenerkrankungen, bei Epilepsie und schweren psychischen Störungen. Herzogin Maria Augusta übernahm in der Diskussion über den Erfolg dieser brachialen Behandlungsmethode die Rolle der Opponentin. Sie überraschte Studenten und Professoren mit ihren fundierten medizinischen Kenntnissen, als sie darauf hinwies und dies auch begründete, dass diese Behandlungsmethode „*eine unglückliche Mutter der allerbeschwerlichsten Folgen*" für den Patienten sein könne.

Mit Sicherheit war Maria Augusta eine lebenslustige, unkonventionelle Frau, die es verstand, sich vor allem bei Männern in Szene zu setzen und deren Aufmerksamkeit und Zuneigung zu gewinnen. Doch die ihr von ihren Feinden vorgeworfene Liederlichkeit und ihre angeblichen Affären sind nirgendwo eindeutig belegt oder entpuppen sich bei näherem Hinsehen als zumeist böswillige Unterstellungen.

Nur was das Verhältnis Maria Augustas zu Marquis d'Argens anbelangt, gibt es im Briefwechsel zwischen Charles Etienne Jordan und König Friedrich II. während des Berliner Aufenthalts 1742 deutliche Hinweise auf eine Liebesbeziehung zwischen den beiden. Doch was für die Herzogin offensichtlich eine ihrer beiden großen Lieben war, scheint für den Marquise d'Argens nur eine belanglose Episode in seinem so bewegten Leben gewesen zu sein. Immerhin gedachte er ihrer im 1768 erschienenen 12. Band seiner *„Historie de l'esprit humain"* knapp, aber durchaus mit Respekt und Anerkennung:

„Ich hatte die Ehre, dort [am Hof in Stuttgart] *Ihrer Durchlaucht Madame la Duchesse vorgestellt zu werden, die zu jener Zeit Vormund der drei Prinzen war. Diese Fürstin hatte viel Geist, sie mochte die Buchstaben und diejenigen, die sie pflegten. Sie gewährte mir Schutz und ich trat als Kämmerer in ihren Dienst ... "*

Quellennachweis (Auszug)

Berger, Günter, *Wilhelmine von Bayreuth*, Verlag Friedrich Pustet, Regensburg, 2018

Boepple, Ernst, *Friedrich des Grossen Verhältnis zu Württemberg*, Carl Aug. Seyfried & Comp., München, 1915

Brüser, Joachim, *Herzog Karl Alexander von Württemberg und die Landschaft (1733 bis 1737)*, Kohlhammer, Stuttgart, 2010

Bürken, Conrad Friderich, *Das Jetzt lebend- und florirende Würtemberg, Unter der Glorwürdigsten Regierung Des Durchlauchtigsten Herrn Herzogs Carl Alexanders*, Cottaische Hof- und Canzley-Buchdruckerey, Stuttgadt, 1736

Cotta, J.G., *Denkwürdigkeiten aus dem Leben der Königl. Preußischen Prinzessin Friederike Sophie Wilhelmine, Markgräfin von Bayreuth*, Tübingen, 1810

Dallmeier, Martin, Schad Martha, *Das Fürstliche Haus Thurn und Taxis, 300 Jahre Geschichte in Bildern*, Verlag Friedrich Pustet, Regensburg, 1996

Decker-Hauff, Hansmartin, *Frauen im Hause Württemberg*, DRW-Verlag, Leinfelden-Echterdingen, 1997

Dieterich, Susanne, *Liebesgunst. Mätressen in Württemberg*, DRW-Verlag 1996

Faber, Antonius, *Europäisch Staats-Canzley, Einundsiebzigster Theil*, Rönnagel, Nürnberg, 1738

Fürst Thurn und Taxis Zentralarchiv Regensburg, HFS 3638, 3643

Georgii-Georgenau, Dr. Eberhard E. von, *Biographisch-genealogische Blätter aus und über Schwaben*, 1879

Goll, Martin, Beutelsbacher Familien, Weinstadt, Bärenfelser, 2013

Haasis, Helmut G., *Wortgeburten, Süß Oppenheimer*, auf: http://haasis-wortgeburten.anares.org

Haasis, Helmut G., *Joseph Süß Oppenheimer, genannt Jud Süß, Finanzier, Freidenker, Justizopfer*, Rowohlt, 1998

Hänle, Siegfried, *Württembergische Lustschlösser*, Würzburg, 1847

Hardenberg, Friedrich August Freiherr von, *Ein kleinstaatlicher Minister des achtzehnten Jahrhunderts*, Duncker & Humblot, 1877

Häseler, Jens, *Ein Wanderer zwischen den Welten, Charles Etienne Jordan*, Beihefte der Francia, Band 28, Jan Thorbecke Verlag, 1993

Haug-Moritz, Gabriele, *Die Zeit der katholischen Herzöge (1733-1797)*, in: Biographisches Lexikon des Hauses Württemberg, Online-Version von *Das Haus Württemberg. Ein biographisches Lexikon*, hrsg. von Sönke Lorenz, Dieter Mertens und Volker Press, Stuttgart 1997

Hessisches Staatsarchiv, Bestand O 59 Schwarzenau/Nachlass von Schwarzenau

Kleinpaul, Ernst Fr. E., *Geschichte der letzten zweihundert Jahre von 1648 bis auf die Gegenwart*, 1848

Landesarchiv Baden-Württemberg, HStAS, A 48/14 Bü 22, 81; A63 Bü 125/2; A202 Bü 2409; G 197 Bü 3, 6, 18, 19; G 239 Bü 1, 2, 4, 5, 6

Matuschka, Ludwig, *Feldzüge des Prinzen Eugen von Savoyen*, Verlag des k. und k. Generalstabs, Wien, 1891

Mehler, Johannes Baptist, *Das fürstliche Haus Thurn und Taxis in Regensburg*, Commissionsverlag Habbel, Regensburg, 1898

Mell, Dr. Albert, *Die Krankheits- und Todesfälle im württembergischen Regentenhause*, Medizinisches Correspondenz-Blatt, Band 31, Stuttgart 1861

Mertens, Dieter, *Weltliche Territorien, in Handbuch der Baden-Württembergischen Geschichte, Band 2 Die Territorien im Alten Reich*, Klett-Cotta, Stuttgart, 1995

Panzer, Marita A., *Fürstinnen von Thurn und Taxis*, Verlag Friedrich Pustet, Regensburg, 2008

Remchingen, Franz Joseph von, *Innocentia Remchingiana Vindicata Das ist: Nothgedrungene Ehren-Rettung Des Freyherrn, Frantz Joseph von Remchingen*, 1742

Sauer, Paul, *Musen, Machtspiel und Mätressen. Eberhard Ludwig – württembergischer Herzog und Gründer Ludwigsburgs*. Silberburg, Tübingen 2008

Sauer, Paul, *Ein kaiserlicher General auf dem württembergischen Herzogsthron*, Markstein Verlag, Filderstadt, 2006

Schlosser, Friederich Christoph, *Geschichte des achtzehnten Jahrhunderts und des neunzehnten bis zum Sturz des französischen Kaiserreichs*, Erster Band, 1836

Schmid, Manfred Hermann, *Das Requiem von Niccolò Jommelli im Württembergischen Hofzeremoniell 1756*, in: *Musik in Baden-Württemberg, Jahrbuch 1997, Band 4*, Verlag J.B. Metzer, Stuttgart/Weimar

Schnettger, Matthias, *Das lutherische Herzogtum Württemberg und seine katholischen Landesherrn (1733-1797)*, in *Unversöhnte Verschiedenheit*, Vandenhoeck & Ruprecht, Göttingen, 2016

Schön, Theodor, *Schwäbische Biographien: Herzogin Maria Augusta von Württemberg, geborene Prinzessin von Thurn und Taxis*, in: Diözesanarchiv von Schwaben, 1907, und Schwäbisches Archiv, 1908

Schönhaar, Wilhelm Friedrich, *Ausführliche Beschreibung des zu Bayreuth im September 1748 vorgegangenen HochFürstlichen Beylagers,* Reprint auf Basis des Originals von 1749, Bayreuth, Druckhaus Bayreuth, 1976

Stern, Selma, *Jud Süss: Ein Beitrag zur deutschen und zur jüdischen Geschichte*, Gotthold Müller Verlag, München, 1973

Uhland, Roland, *900 Jahre Haus Württemberg. Leben und Leistung für Land und Volk*, Kohlhammer, Stuttgart, 1984

Vehse, Carl Eduard, *Die Höfe zu Württemberg,* Kiepenheuer, Leipzig und Weimar, 1992

Vehse, Carl Eduard, *Geschichte der deutschen Höfe seit der Reformation, 4. Band*, *Preussen*, Hoffmann und Campe, 1851

Vehse, Carl Eduard, *Geschichte der deutschen Höfe seit der Reformation, 25. Band*, *Geschichte der Häuser Baiern, Wirtemberg, Baden und Hessen,* Hoffmann und Campe, 1853

Wagner, Karlheinz, *Herzog Karl Eugen von Württemberg. Modernisierer zwischen Absolutismus und Aufklärung*, DVA, Stuttgart, 2001

Walter, Jürgen, *Carl Eugen von Württemberg. Ein Herzog uns seine Untertanen*, Stieglitz-Verlag, Mühlacker, 1987

Wedeln, Daniel Ludwig, *Des Freyherrn von Bielfeld freundschaftliche Briefe*, Danzig und Leipzig, 1765

Weiss, Dieter, *Das Exemte Bistum Bamberg: die Bamberger Bischöfe von 1693 bis 1802,* in: Germania Sacra, De Gruyter Akademie Forschung, Berlin 2016

Wilson, Peter H., *Women and imperial politics: the Württemberg consorts 1674-1757*, in: Queenship in Europe 1660-1815: the role of the consort, ed. by Clarissa Campbell-Orr, Cambridge 2004, Seiten 221-251.

Wilson, Peter H., *The politics of military recruitment in eighteenth-century Germany*, in: The English Historical Review, Oxford University Press 2002

Der Autor

Nach mehreren Jahren als freier Journalist, in denen er für diverse in- und ausländische Publikationen schrieb, startete der Autor Herbert Fiedler eine zweite Karriere als Texter und Konzeptioner in einer Werbeagentur in Stuttgart. Zuletzt war er dort als Kreativdirektor und Geschäftsführer tätig. Herbert Fiedler lebt und arbeitet seit 1978 in Schwäbisch Gmünd.

Stammbaum der Herzöge von Württemberg-Teck im 17./18. Jahrhundert

Eberhard III.
von Württemberg-Teck
*1633 †1674

Wilhelm Ludwig
von Württemberg-Teck
*1647 †1677

Eberhard Ludwig
*1676 †1733
verh. 1697 mit
Johanna Elisabeth
von Baden-Durlach
*1680 †1757

Friedrich Ludwig
*1698 †1731
verh. 1716 mit
Henriette Marie
von Brandenburg-Schwedt
*1702 †1782

Eberhard Friedrich
* 1718 † 1719

Luise Friederike
* 1722 † 1791
verh. 1746 mit
Herzog Friedrich zu
Mecklenburg-Schwerin

Friedrich Karl
von Württemb.-Winnental
*1652 †1698

Prinz Carl Alexander
von Württemb.-Winnental
Herzog ab 1733
*1684 †1737

Anselm Franz
2. Fürst Thurn und Taxis
*1681 †1739
verh. 1703 mit
Maria Ludovica von
Lobkowitz
*1683 †1750

Prinzessin Maria Augusta
von Thurn und Taxis
verh. 1727
*1706 †1756

Carl Eugen
*1728 †1793
Herzog ab 1744
verh. 1748 mit
Elisabeth Sophie Friederike
von Brandenburg Bayreuth
*1732 †1780
verh. 1785 mit
Franziska Therese von Hoheneim
*1748 †1811

Ludwig Eugen
*1731 †1795
Herzog ab 1793

Friedrich Eugen
*1732 †1797
Herzog ab 1795

Auguste Elisabeth
*1734 †1787
verh. 1753 mit
Karl Anselm
4. Fürst Thurn und Taxis
*1733 †1805